SYLVIA STREIBL
BRANDHÄUSER 41
3834 PFAFFENSCHLAG
TEL. 02862 / 580 28

Marilyn French

Meine Zeit in der Hölle

Eine Erinnerung

Aus dem Amerikanischen
von Edith Winner

———

Albrecht Knaus

Die Originalausgabe erschien 1998 unter dem Titel
«A Season in Hell» bei Alfred A. Knopf, New York

1. Auflage
Copyright © 1998 by Belles Lettres, Inc.
Copyright © der deutschsprachigen Ausgabe 1999
by Albrecht Knaus Verlag, München
in der Verlagsgruppe Bertelsmann GmbH
Gesetzt aus 11/13.35 pt. Bembo
Satz: Filmsatz Schröter GmbH, München
Presse-Druck, Augsburg · Printed in Germany
ISBN 3-8135-0128-0

Für Jamie French,
Rob French und Barbara McKechnie,
die mir die ganze Zeit zur
Seite gestanden haben.

«Love seeketh not itself to please,
Nor for itself hath any care,
But for another gives its ease,
And builds a Heaven in Hell's despair.»

William Blake

März bis Juni 1992

AM SAMSTAG, dem 7. März 1992, herrschte an der Ost-
küste Floridas strahlender Sonnenschein. Es sah morgens schon nach einem heißen Tag aus, aber ich zog einen
Hosenanzug und Schuhe mit Absätzen an, denn ich sollte an
diesem Tag vor einer Landesgruppe der Nationalen Frauen-
organisation NOW eine Rede halten. Ich lebe allein, deshalb
hatte ich noch kein Wort gesprochen, als ich das Lokal betrat, in dem die Veranstaltung stattfinden sollte. Die NOW-
Frauen begrüßten mich, und als ich die Begrüßung erwidern
wollte, fuhr mir ein Schreck durch die Glieder. Aus meiner
Kehle kam nur ein dünnes Krächzen. Das war nicht meine
Stimme. Ich war verwirrt; am Tag zuvor war meine Tochter
Jamie nach einem einwöchigen Besuch nach New York
zurückgekehrt. Zwar hatte ich in dieser Woche eine Kehl-
kopfentzündung gehabt – dafür hielt ich es zumindest –, aber
meine Stimme hatte die ganze Zeit über normal geklungen.
Jetzt klang sie alles andere als normal.

Mike Edmondson, ein Freund, kam auf mich zu, um mich
zu begrüßen. Ich war überrascht, ihn hier zu sehen – Männer sind auf NOW-Veranstaltungen selten anzutreffen. Aber
Mike ist politisch engagiert und seine Einstellung durchaus
feministisch. Wir hatten eigentlich vor ein paar Wochen miteinander ins Kino gehen wollen, aber aus irgendeinem Grund
war nichts daraus geworden.

«Schön, dich zu sehen, Mike! Wie ist es dir ergangen seit
unserem letzten Treffen?»

«Nicht besonders gut, Marilyn. Das war auch der Grund, weshalb ich mich nicht mehr gemeldet habe. An dem Montag, nachdem du bei mir zum Essen warst, habe ich eine Krebsdiagnose bekommen.»

Ich spürte, wie mir die Farbe aus dem Gesicht wich.

«Hodenkrebs. Ich bin operiert worden. Es ist vorbei. Ich bin wieder gesund.»

Ich stutzte; das klang unglaublich – Diagnose und Heilung binnen so kurzer Zeit. «Das klingt wie ein Wunder», sagte ich.

«Heute kann man das behandeln.» Er lächelte. Mike ist Mitte Dreißig, sehr attraktiv, und wirkt kerngesund. Ich weiß nicht, was mich mehr schockierte: die Vorstellung, daß dieser Mann Krebs bekommen hatte, oder die, daß er in den wenigen Wochen, seit ich ihn gesehen hatte, schon wieder davon genesen war.

Während er mir von seiner Behandlung erzählte, mußte ich an meine Freundin Sibyl Claiborne denken. Ich hatte sie im Februar in New York gesehen, wo ich an einer Podiumsdiskussion des PEN über Tabus in der Literatur teilgenommen hatte, die sie moderierte. Sibyl war an diesem Tag bei ihrem Onkologen gewesen und hatte mir bekümmert anvertraut, man habe bei ihr Lungenkrebs diagnostiziert. Die Ärzte an der New Yorker Universitätsklinik hatten ihr gesagt, der Tumor sei noch nicht sehr groß, kleiner als eine Vierteldollarmünze, so daß sie eine gute Prognose habe. Es versetzte mir einen ziemlichen Stich, als sie das erzählte, und ich bekam ein beklemmendes Gefühl in der Brust. Ich fühlte mich versucht zu sagen, ich hätte auch Krebs, und konnte mich gerade noch bremsen. Ich war gesund. Weshalb bildete ich mir ein, ich hätte Krebs? Schon seit dem letzten Herbst war mir hin und wieder der Gedanke durch den Kopf geschossen – oder sollte ich besser Einbildung dazu sagen? –, tief drinnen in meinem Körper sitze eine Krankheit. Im November hatte ich eine Grippe gehabt, die monatelang nicht richtig ausheilen wollte und in einen Husten überging, der jetzt, im März, immer noch nicht ganz abgeklungen war. Ich redete mir ein, Sybils Mitteilung hätte mir nur deshalb einen solchen Stich versetzt, weil ich mit ihr fühlte. Vielleicht hatte ich nur den Wunsch, ihr etwas von ihrem Kummer abzunehmen, weil ich sie mochte und weil sie mir leid tat – sie hatte vor ein paar Jahren ihren Mann verloren, und im letzten Jahr war ihr einziger Sohn an Aids gestorben. Nun hatte sie keine Familie mehr; sie hatte nur noch ihre enge Freundin Grace Paley.

Vielleicht hatte ich auch Schuldgefühle, weil ich immer noch rauchte. Ich rauchte seit meinem fünfzehnten Lebensjahr, seit dem Klassenball im Café Rouge im alten Hotel Pennsylvania. Gleich der erste Zug hatte mich süchtig gemacht, und danach hatte mein Zigarettenkonsum sich stetig gesteigert, bis auf eine Schachtel pro Tag – das lag nun sechsundvierzig Jahre zurück. Seit Jahren hatten mir Ärzte und Freunde ins Gewissen geredet, aber ich fand immer wieder irgendwelche Ausreden. In meiner Familie hatte es weder auf der mütterlichen noch auf der väterlichen Seite Krebs gegeben; außerdem konnte ich mir einfach nicht vorstellen, daß etwas, das mir Genuß bereitete, schädlich sein sollte. Mein gescheiter Onkel Henry (der ebenfalls rauchte und trank) erzählte mir regelmäßig von den zahlreichen Verwandten in unserer Familie (ausschließlich Männern), die mit zwei Schachteln Zigaretten und einer Flasche Bourbon am Tag vierundneunzig Jahre alt geworden waren. Ich vertraute darauf, daß ich aus dem gleichen Holz geschnitzt war.

Und nun hörte ich Mike zu, und obwohl er geheilt war und die Gefahr gebannt, kehrte auf einmal meine alte Angst zurück. Nun hatte ich auch ein Symptom. Die Angst nistete sich in mir ein und wurde ein ständiger Begleiter. Sie schwang mit wie die Baßpfeife einer mittelalterlichen Drehleier. Ein dumpfer, monotoner Ton, der manchmal zu verschwinden scheint, wenn die anderen Instrumente ihn übertönen, aber im Hintergrund ständig mitklingt, ein mahlendes Geräusch, eine unablässig mahlende Mühle.

Ich hielt meine Rede trotz meiner angeschlagenen Stimme, die sich weder an diesem Tag noch am nächsten erholte. Nach zehn Tagen rief ich Edith Langner an, meine New Yorker Internistin, der ich von allen Ärzten am meisten vertraue. Ich schilderte ihr meine Symptome und erzählte ihr von der verschleppten Erkältung. Sie verschrieb mir ein Antibiotikum und sagte, ich solle sie in einer Woche noch einmal anrufen. Eine Woche später war meine Stimme immer noch unverändert, aber weitere Symptome waren nicht aufgetaucht. Edith vermutete eine Allergie und empfahl mir ein Nasenspray. Ich selbst war inzwischen sicher, daß ich Kehlkopfkrebs hatte.

Vor mir lag ein aufregendes, arbeitsreiches Jahr. In den letzten sieben Jahren hatte ich sieben Tage die Woche neun bis zehn Stunden am Tag an einer Geschichte der Frauen gearbeitet. Es hatte sich zu einem Riesenprojekt ausgewachsen, das alles andere an den Rand drängte. Seit 1986 hatte ich kein Buch mehr veröffentlicht und seit 1985 keinen Vorschuß mehr bekommen, und das Manuskript war immer noch nicht abgeschlossen. Aber ich näherte mich dem Ende. Auf mehreren hundert Seiten hatte ich mich mit den Benachteiligungen auseinandergesetzt, denen Frauen in vergangenen Zeiten ausgesetzt waren, und dann ein Kapitel angefügt, in dem es um die juristische und gesellschaftliche Stellung der Frau in der heutigen Zeit ging, im zwanzigsten Jahrhundert. Als ich das Kapitel abgeschlossen hatte, empfand ich seinen Inhalt als so schockierend, daß ich das Gefühl hatte, das Ganze sollte als eigenes Buch vorab publiziert werden. Ich machte die geplante Kapitelüberschrift zum Titel des Buches – *Der Krieg gegen die Frauen* – und stieß bei meinen in- und ausländischen Verlegern auf großes Interesse. Das Buch sollte im März und April in mehreren Ländern gleichzeitig erscheinen, und ich hatte zugesagt, auf Lesereise zu gehen, nach England, Irland, Deutschland, Holland und durch die Vereinigten Staaten. Ich freute mich darauf, unterwegs zu sein, alte Freunde und vertraute Orte wiederzusehen und nach all den seßhaften Jahren wieder ein wenig herumzukommen. Ich würde in Flugzeugen und Zügen sitzen, in Buchhandlungen Lesungen halten, neue Leute kennenlernen – lauter Dinge, die ich liebte, aber lange nicht mehr genossen hatte.

Am 19. März flog ich nach New York und ließ mir, auf Anraten von Dr. Langner, die Lunge röntgen. Sie hatte mich seit meinem ersten Besuch in ihrer Praxis wegen des Rauchens gerügt und schien jetzt ernsthaft besorgt, ich könnte Lungenkrebs haben. Aber die Röntgenaufnahmen zeigten, daß meine Lungen in Ordnung waren.

Am Abend vor meinem Aufbruch zur Lesereise feierte ich den Frühlingsanfang im Kreise meiner Hexenschwestern. Der Hexenzirkel erblickte das Licht der Welt an einem Abend des Jahres 1988, als Gloria Steinem ein paar Frauen zum Essen einlud: E. M. (Esther) Broner, Carol Jenkins und mich. *Ms.* war – vorübergehend, wie sich zeigen sollte – an zwei australische Feministinnen verkauft worden, so daß Gloria weniger zu tun hatte als gewöhnlich; sie hatte zum erstenmal seit Jahren ein wenig Freizeit und beschloß, sie für Dinge zu nutzen, die sie schon seit langem hatte tun wollen und zu denen sie nie gekommen war. Eines dieser Dinge war, sich mit Frauen zu treffen, die sie näher kennenlernen wollte. Außerdem stand ihr der Sinn nach einer Gruppe von Gleichgesinnten, mit denen man Festtage begehen konnte – nicht die traditionellen christlichen Feiertage, sondern deren heidnische Vorläufer, den Frühlingsanfang, die Sonnenwende, den Herbstanfang. Wir beschlossen, uns «Hexenzirkel» zu nennen, in Anlehnung an die heilkundigen weisen Frauen des europäischen Mittelalters. Über die Jahre waren wir zu engen Freundinnen geworden – nicht in dem Sinn, daß wir uns täglich gesprochen und einander über jedes Detail auf dem laufenden gehalten hätten, sondern in dem Sinn, daß wir voneinander wußten, welche Qualitäten in uns steckten, welche Ängste und Sehnsüchte uns trieben, welche Launen und Verdrängungsmuster wir hatten und wo wir uns bemühten, uns aus solchen Mustern zu befreien. Wir mochten einander, und jede wünschte jeder nur das Beste. Diese Frauen waren (und sind es noch heute) meine besten Freundinnen. Unser Gründungsdinner fand in Glorias Wohnung statt. Ich erinnere mich nicht mehr, worüber wir an jenem ersten Abend sprachen, nur daran, daß wir uns um acht Uhr abends an den Tisch setzten und um drei Uhr morgens auseinandergingen. Danach hatten wir alle das Gefühl, daß etwas begonnen hatte, was wir fortsetzen sollten. Und weil der erste Abend so ein Erfolg gewesen war, blieben wir auch weiterhin bei der bewährten zwanglosen Form.

Am Morgen nach der Feier zum Frühlingsanfang, es war der März 1992, stieg ich ins Flugzeug nach London.

Meine Reise verlief überaus befriedigend. In ganz England und Deutschland waren die Buchhandlungen, in denen ich las, bis auf den letzten Platz besetzt. Meine Zuhörer (vorwiegend Frauen) teilten mein Entsetzen über die allgemeine Lage der Frauen und beschäftigten sich wie ich immer wieder mit der Frage, was man verändern könnte. In Dublin traf ich eine Freundin zum Abendessen, die Schriftstellerin Lois Gould, die eigens aus dem County Mayo nach Dublin gekommen war – wo es inzwischen unzählige gute Restaurants gibt –, wobei wir, wie jedesmal, viel Spaß miteinander hatten. Ich hielt einen Vortrag am University College und war mit einigen rührigen irischen Feministinnen zum Tee bei Mary Robinson eingeladen, der Präsidentin der Republik Irland, und zwar auf ihrem Amtssitz auf dem Howth Hill. Sie hatte den Wunsch geäußert, mich kennenzulernen (wir waren uns schon einmal auf einer Party im County Mayo begegnet, während ihres Wahlkampfs, aber damals hatte ihr mein Name nichts gesagt). Ich bewundere Mrs. Robinson sehr; sie hat Mittel und Wege gefunden, in brisanten politischen Fragen immer wieder eindeutig Stellung zu beziehen und gehört zu werden, obwohl sie ein Amt ohne Macht und wirklichen Einfluß ausübt. Ihr Treffen mit mir veranlaßte die konservative Presse ihres Landes, die schon mein Eintreffen in Irland mit Empörung quittiert hatte, auf den Titelseiten Schlagzeilen der Entrüstung zu plazieren.

Nach weiteren PR-Auftritten in England flog ich nach

Deutschland, wo mein Terminplan eine Woche lang täglich mehrere Interviews und abendlich jeweils eine Lesung vorsah. Zum Ausgleich für diese Ochsentour brachte man mich in den exquisitesten Hotels unter, in denen ich je logiert habe (in Köln konnte ich vom Balkon meiner mit Antiquitäten möblierten Suite aus den Dom auf der anderen Straßenseite sehen). Ich fuhr von Bonn nach Frankfurt, Düsseldorf und Köln. Die nächste Station war München, eine Stadt, die ich noch nicht kannte. Von dort sollte ich nach Berlin fliegen und dann zurück nach Hause. Meine deutsche Lektorin Claudia begleitete mich während der ganzen Reise und lud mich an meinem einzigen freien Nachmittag zu einem Spaziergang durch München ein.

Von allen deutschen Städten, die ich gesehen hatte (wobei ich den Osten des Landes, Berlin ausgenommen, nur von der Durchreise her kannte) war München die reizvollste, was mich äußerst merkwürdig berührte, da ich um die Rolle der Stadt während der Nazizeit wußte. Ich bat Claudia, mir die Plätze zu zeigen, an denen Hitler seine ersten Kundgebungen abgehalten hatte. Auf unserem kleinen Rundgang kamen wir auch an einen Platz, an dessen Stirnseite ein altes Monument steht, das Hitler zum Naziheiligtum erklärt hatte: die Feldherrnhalle. Claudia sagte, jeder, der daran vorüberging, habe den Hitlergruß entbieten müssen. Dieses Monument beherrscht immer noch den Platz, und ich stand lange davor, wie gebannt. Ich hatte einen Kloß im Hals und konnte nicht sprechen; mir war leicht schwindlig. Ich war überwältigt von dem Gefühl, einen komplexen Gedanken auf einen Schlag in seiner Ganzheit wahrzunehmen, wie eine riesige Landkarte, die das Auge mit einem einzigen Blick erfaßt: den Gedanken an all das Leid, das hier seinen Ausgang genommen hatte, in dieser reizenden, alten Stadt, um sich von hier nach Berlin auszubreiten, wohin ich am nächsten Morgen fliegen sollte. Für mich war es ein kurzer Flug; Hitler brauchte sehr viel länger, um von München nach Berlin zu kommen, aber seine Marschrichtung war dieselbe. Und Stalin hatte ebenfalls Berlin im Visier; der monströse Apparat, den Hitler in Gang gesetzt hatte, und der monströse Apparat, den Stalin in Gang gesetzt hatte, prallten dort aufeinander. Zwei Männer, zwei gewöhnliche Sterbliche, deren krankhafter Ehrgeiz auf makabre Weise in Berlin verschmolz. Ich war seit dem Mauerfall nicht mehr dort gewesen, aber als das häßliche Ding noch stand, war ich einmal daran entlangspaziert und hatte in das verfallende Ost-Berlin hinübergesehen.

Die Route, die ich morgen nehmen würde, war nichts weiter als eine Linie auf der Landkarte, nord-nordöstlich, fast eine Gerade. Ich sah Hitler vor mir, wie er mit seinen Anhängern, die er in München massenweise um sich geschart hatte, in Berlin einmarschierte und diese prachtvolle, königliche Stadt mit ihren Schlössern und Gärten, ihren Linden, ihren schönen Alleen, ihrer imposanten Architektur, ihren großartigen Wohnungen und ihren anrüchigen kleinen Varietés im Handstreich eroberte. Auf der anderen Seite stand Stalin, dessen Aufstieg in Rußland mit dem Gemetzel des Bürgerkriegs begonnen hatte, mit Millionen von Menschen, die im Schnee verbluteten. Stalin, der weitere Millionen umbrachte, als er an der Macht war. Und diese beiden schlossen einen Pakt, den mein Onkel Henry für unüberwindlich hielt: Deutschland hatte Industrie, Rußland besaß Rohstoffe; gemeinsam waren sie unschlagbar, das war seine feste Überzeugung. Aber sie schafften es nicht. Zwei Männer, die entgegengesetzte Ideologien vertraten, einander aber in ihrem

Terror und ihrer Tyrannei – und in ihrem Antisemitismus – wie ein Ei dem anderen glichen. Wie viele Menschenleben hatten sie zusammen vernichtet? Wie viele Juden waren in versiegelten Waggons durch Europa gekarrt und in grauenhafte Lager gesperrt worden, die kein Mensch wirklich überlebte (denn die Wahrheit ist, daß diejenigen, die mit dem Leben davonkamen, für den Rest ihrer Tage traumatisiert waren und ihr Leid noch auf die nächste Generation übertrugen). Dazu Stalins paranoide Säuberungen. Und der Krieg selbst. Wie viele Millionen Menschenleben machte das zusammen?

Ich sah diese Linie auf der Landkarte, München-Berlin, und sie kam mir vor wie ein tiefer Riß im Leib des Kontinents, aus dem das Blut in alle Richtungen strömte, um Europa und die ganze Welt zu überschwemmen, wie eine unheilbringende Flut, vor der es kein Entrinnen gab.

Jetzt war die Mauer gefallen, die Lager waren Gedenkstätten, es war alles vorüber (nur die Nazis hatten wieder Zulauf, ausgerechnet hier, in der Stadt, in der alles begonnen hatte). Der Fall der Mauer war ein historisches Ereignis, dem man Feierstunden widmen konnte, so wie der Papst und der Erzbischof von Canterbury vor ein paar Jahren zu einem Plauderstündchen zusammengekommen waren – zu einem Täßchen Tee, in dem sie alles Unheil ertränkten, mit dem ihre Kirchen zwei Jahrhunderte lang Europa überzogen hatten: die Blutbäder im Namen ihrer beider Kirchen, die Scheiterhaufen, Folterungen, Exkommunikationen, Hexenjagden, Bannflüche und Hetzreden, die ganze Inquisition. Ende des zwanzigsten Jahrhunderts war alles Vergangenheit. Noch ein Täßchen Tee gefällig?

Ich brachte keinen Ton heraus. Mir zitterten die Knie, als

ich zum Hotel zurückging. Ich ertrank in einem Gefühl von Sinnlosigkeit und Ohnmacht. Ich mußte ständig daran denken, was für ein mörderisches Tier der Mensch doch ist. Ich hatte das Gefühl, ich müsse sterben; ich hatte den Wunsch zu sterben.

Gleichzeitig wunderte ich mich über mich selbst. Schließlich machte ich mir nicht zum erstenmal Gedanken über diese beiden Männer und über dieses traurige Kapitel der Geschichte. Es war auch gar nicht meine Art, über weit zurückliegende historische Ereignisse in Wehklagen auszubrechen. Ich rätselte, was mit mir los war, weshalb ich mich derart in diesen Sumpf von Verzweiflung sinken ließ – woher diese Gefühlsaufwallungen kamen.

Am nächsten Morgen flog ich nach Berlin, wo mich ein voller Terminplan erwartete. Am Tag darauf sollte ich Deutschland verlassen. Für sieben Uhr morgens war ein Fernsehinterview angesetzt, bei dem ich unfreiwillig für großen Wirbel sorgte, weil ich in einem königsblauen Kleid erschien. Die Kulisse im Studio war ebenfalls mit königsblauem Tuch bespannt. Der Redakteur bestand auf einer andersfarbigen Bespannung und weigerte sich, mit den Aufnahmen anzufangen, solange die Panne nicht behoben wäre. Ich begann nervös zu werden – mein Flugzeug ging um zwölf Uhr, und ich mußte vorher noch ins Hotel, um mein Gepäck zu holen. Am Ende blieben mir noch zwei Stunden bis zum Abflug. Ich bat den Taxifahrer, mich durch den ehemaligen Checkpoint Charlie nach Ost-Berlin zu fahren. Früher war die Einreise nach Ost-Berlin immer eine Tortur gewesen. Jetzt fuhr man einfach die Straße weiter.

Obwohl die Sozialisten vieles verfallen ließen, vor allem in der Nähe der Mauer, hatte Ost-Berlin zu DDR-Zeiten einen Charme und eine Friedlichkeit besessen, die dem Westen fehlte. Der Westen war eine einzige große Reklametafel, ein bunter, blinkender Neonriese, der sein Haupt so hoch wie möglich reckte, um im Osten gesehen zu werden, und unablässig die Vorzüge von Fotoapparaten, Fernsehern, Radios und Autos pries. Dagegen war Ost-Berlin eine verschlafene Kleinstadt. Baumreihen säumten die Wohnblöcke; auf den Straßen sah man kaum Autos, kaum Geschäfte (Neonreklamen schon gar nicht) und kaum Leute. Alles war ruhig und bescheiden. Nun, nach dem Mauerfall, war alles voller Baustellen – riesige Kräne, aufgerissenes Pflaster, die Kaputtheit lag offen zutage. Eines Tages würde hier alles in neuer Schönheit erstrahlen – aber im Augenblick wirkte es vor allem wüst.

Als ich das Flugzeug nach New York bestieg, hatte ich das Gefühl, noch nie im Leben so müde gewesen zu sein. Es war mehr als bloße Erschöpfung, es fühlte sich an wie die große Ermattung, mit der sich eine Krankheit ankündigt. Ich bat die Stewardessen, mich nicht zum Essen zu wecken, und schlief während des ganzen Fluges.

Für eine Erholungspause blieb mir keine Zeit. Unmittelbar nach der Landung stürzte ich mich in die PR-Arbeit in New York. Ich hielt einen Vortrag beim Buch- und Autorenempfang von *Newsday* im Botanischen Garten in Brooklyn und gab anschließend Zeitungs- und Fernsehinterviews. Dr. Langner untersuchte mich, ohne Befund, empfahl mir aber einen Hals-Nasen-Ohren-Spezialisten. Ich ließ mir für den 4. Mai, zwei Wochen später, einen Termin bei ihm geben, und machte mit der PR-Arbeit weiter. Ich hielt einen Vortrag am Sarah-Laurence-College und gab eine Menge Fernseh- und

Radiointerviews. Am 23. April, Shakespeares Geburtstag, flog ich nach Terre Haute zu einem Vortrag über *Maß für Maß* an der Indiana-State-University. In der folgenden Woche flog ich nach Washington, D. C., zu weiteren Interviews und einem Vortrag am Smithsonian Institute. Anschließend flog ich nach Boston und am späten Freitagabend zurück nach New York.

Am Montag, dem 4. Mai, suchte ich den HNO-Spezialisten auf. Seine Diagnose lautete genau wie die von Edie: eine Allergie. Als er mir das gleiche Nasenspray verschreiben wollte, das ich schon hatte, sagte ich ihm, daß ich es bereits ausprobiert hätte, daß es aber nicht geholfen hätte. Er meinte, daß ich es falsch angewendet hätte, und gab mir neue Instruktionen. Ich nahm seine Unterweisung dankbar entgegen, auch wenn ich durch jedes seiner Worte meine Baßpfeife dröhnen hörte. In dieser Woche flog ich nach Philadelphia und anschließend nach Toronto, wo ich an der Universität vor einem großen Auditorium zu sprechen hatte. Michele Landsberg stellte mich vor, die brillante Kolumnistin des *Toronto Star*. Michele war seit langer Zeit mit Esther Broner befreundet und wurde auch meine Freundin; sie führte mich zum Essen aus und brachte eine Runde liebenswürdiger, aufgeschlossener Leute mit. Solche Abendessen mit anregender, geistreicher Unterhaltung gehörten für mich immer zu den größten Genüssen. Für kurze Zeit vergaß ich meine Angst.

Am Muttertag luden meine Kinder mich zu einem Brunch in SoHo ein. Und die Angst war wieder da. Ich wußte, daß ich nicht gesund war. Das Gefühl, krebskrank zu sein, hing über mir wie eine schwarze Wolke, die niemand außer mir sehen konnte – auch wenn mir gelegentlich der Gedanke kam, daß ich mir das Ganze nur einbildete. Ich sagte nichts; ich litt stumm vor mich hin, unfähig, mir das Unbehagen zu erklären, das sich in mein Dasein drängte. Da ich niemand damit belästigen wollte, sprach ich fast gar nicht. Wie ein Liebender, der sein Herz an jemanden verloren hat, der verheiratet oder sonstwie unerreichbar ist, konnte ich über das, was mich beschäftigte, nicht sprechen und mußte doch ständig daran denken. Ich absolvierte meine Interviews und Vorträge wie ein Roboter. Ich hielt einen Vortrag im Christlichen Verein Junger Frauen, gab einige Interviews und flog dann nach Chicago zu weiteren Interviews und Lesungen. Am Ende dieser Woche verlieh mir die Hofstra University, meine Grundstudiums-Alma Mater, einen Ehrendoktor, und ich hielt eine Dankesrede; sogar dort fühlte ich mich kraftlos und allein mit meinem schrecklichen Geheimnis. In der folgenden Woche gab es weitere Interviews und eine Buchpräsentation in dem wunderbaren Stadthaus meiner Agentin Charlotte Sheedy. Eine Woche darauf ging die PR-Tour an der Westküste weiter.

Anfang Juni fuhr ich nach Boston zum Halbjahrestreffen des Harvard Graduate Society Council, eines informellen Organs, das sich vorwiegend um die Kontaktpflege der Universität zu ihren ehemaligen Absolventen bemüht. Als ich mich in meinem Hotel in Cambridge zum Abendessen umzog, faßte ich aus irgendeinem Grund in das weiche Gewebe oberhalb meines linken Schlüsselbeins. Ich fühlte zwei kleine, harte Knoten. Die Angst meldete sich zu Wort, dann verstummte sie. Was nur ein Gefühl gewesen war – nun war es Tatsache.

Da ich die Reise aus meiner eigenen Tasche bezahlte, konnte ich mir Zeit für private Termine nehmen. Ich wollte Barbara Greenberg treffen, mit der ich seit fast dreißig Jahren eng befreundet bin. Barbara, eine Dichterin, die in Boston lebt, bot mir an, mich in Lincoln herumzufahren, wo ich *Vater unser* angesiedelt hatte, den Roman, an dem ich gerade arbeitete. Ich hatte diese hübsche Stadt während meiner Jahre in Harvard oft besucht, aber ich brauchte detailliertere Eindrücke für meinen Roman. Barbara und ich verbrachten einen wunderbaren Tag, wir besichtigten Kirchen und bewunderten schöne Villen.

Barbara ist mit einem Chirurgen, Harold, verheiratet und hat sich über die Jahrzehnte in ihrer Ehe beträchtliche medizinische Kenntnisse angeeignet. Als wir uns bei einem Drink in ihrem Haus entspannten, bat ich sie, meine Knoten zu befühlen und mir dann zu sagen, was sie davon halte. Sie tastete die Stelle ab, dann sagte sie mit besorgter Miene: «Zeig das heute abend mal Harold.» Harold kam nach Hause, als wir gerade in ein Restaurant aufbrechen wollten, und ich bat ihn ebenfalls um seine Meinung. Er tastete die Knoten ab und sagte mit ernster Miene: «Zeig das mal deinem Arzt.» Die Besorgnis und Bestürzung, die ich den beiden anmerkte, obwohl sie alles taten, um sie zu verbergen, verstärkten mein Gefühl, daß es sich bei den Knoten um Krebs handelte.

Sobald ich nach New York zurückgekehrt war, ließ ich mir einen neuen Termin bei dem HNO-Spezialisten geben. Er ordnete eine Computertomographie an. Als ich sein Sprechzimmer verließ, sagte er: «Es tut mir sehr leid für Sie, Mrs. French.» Ich schloß daraus, daß er keine Computertomographie brauchte, um zu wissen, daß das, was er gefühlt hatte, Krebs war. Die Computertomographie wurde am Donnerstag, dem 11. Juni, gemacht. Sie zeigte eine Geschwulst an meiner Speiseröhre. Das Ergebnis bekam ich am Freitag.

Todunglücklich flog ich am Sonntag nach Dublin, um die Eröffnungsrede auf dem Joyce-Symposium zu halten. Ich bin ein Irland-Fan und liebe es, zum Bloomsday oder bei anderen Gelegenheiten durch Dublin zu spazieren; diesmal erwartete mich sogar ein besonderer Höhepunkt – Mary Robinson, die Präsidentin höchstpersönlich sollte mich ankündigen. Aber nachdem ich meine Rede gehalten und am Bloomsday-Bankett teilgenommen hatte (das dieses Jahr am Trinity College stattfand, nicht wie sonst im Dublin Castle), reiste ich sofort wieder ab. Normalerweise hänge ich noch ein, zwei Tage an, um die Stadt zu genießen oder mir den Rest des Symposiums anzuhören. Dafür war ich diesmal viel zu nervös; es drängte mich, Pläne für die Behandlung zu machen.

Am Tag nach meiner Rückkehr unterzog ich mich im St.-Luke's-Roosevelt-Krankenhaus einer Gewebeentnahme, die der HNO-Spezialist durchführte. Das Ergebnis der Biopsie lag noch gar nicht vor, da rief er bei mir an. Für ihn stand es außer Zweifel: die Geschwulst an meiner Speiseröhre war bösartig. Er wollte operieren, er wollte sie so schnell wie möglich entfernen; ob mir Montag recht wäre? Die Vorstellung, so schnell und einfach von dem Krebs befreit zu werden, war so erleichternd, daß ich sofort einwilligte. Trotzdem rief ich anschließend noch Edie Langner an. Sie meinte, ich solle nichts überstürzen, und riet mir, einen weiteren Arzt zu konsultieren. Sie nannte mir ein paar Namen.

Am nächsten Tag, einem Freitag, sollte ich nach Stratford, Ontario, fliegen, um auf dem Shakespeare-Theatre-Festival einen Vortrag zu halten. Aber ich hatte noch zu starke Halsschmerzen von der Biopsie und konnte nicht sprechen. Es war bereits Donnerstag nachmittag – reichlich spät, um einen Ersatz für mich zu finden. Ich fand es schrecklich, die Leute in Stratford so hängenzulassen, noch dazu in letzter Minute, und zerbrach mir den Kopf nach einer Lösung. Da kam mir die Idee: Gloria! Sie war keine Shakespeare-Expertin, aber dafür die berühmteste Feministin der Welt. Außerdem war sie eine intelligente, eloquente Rednerin und eine liebenswürdige Person – alle würden sich über ihren Auftritt freuen. Falls sie Zeit hatte und bereit wäre, für mich einzuspringen, könnte sie den Vortrag, den ich geschrieben hatte, vom Blatt lesen – vorausgesetzt, das wollte sie. Vielleicht würde er ihr sogar gefallen: Ich hatte *Maß für Maß* analysiert, mit einem besonderen Augenmerk auf einige Szenen, in denen zwei Frauen, denen Unrecht geschehen ist, lautstark Gerechtigkeit fordern. Beide klagen Angelo, den Statthalter des abwesenden Herzogs, an. Der Inhalt ihrer Vorwürfe entspricht dem, was wir heute als sexuelle Belästigung oder Vergewaltigung bezeichnen würden. Das Erstaunliche ist dabei, daß die Argumente, derer sich Angelo und der Herzog (als männliche Autoritäten) bedienen, um die Klagen der Frauen abzuweisen, sich genau mit jenen decken, die Anita Hill von den Männern des Senatsausschusses zu hören bekam, als sie ihren früheren Chef, den Richter Clarence Thomas, der sexuellen Belästigung beschuldigte.

Ich rief Gloria an. Sie sagte, es wäre ihr ein Vergnügen, für mich einzuspringen, zumal ich sie noch nie um einen Gefallen gebeten hätte. Kein Wort davon, daß sie eines ihrer raren freien Wochenenden opfern und gleich am nächsten Morgen ein Flugzeug nach Kanada besteigen mußte. Sie flog hin und war, wie nicht anders zu erwarten, sensationell; die Veranstalter und das Publikum in Stratford waren begeistert. Zu allem Überfluß spendete sie auch noch ihr ganzes Honorar einer gemeinnützigen Organisation, die sie unterstützt. Es war eine der Aktionen, die für sie typisch sind und derentwegen viele sie für eine Heilige halten.

Die Gewebeanalyse ergab, daß ich ein Plattenepithelkarzinom hatte, eine langsam wachsende Krebsart, die sich auf den äußeren Organhüllen ansiedelt. Später erfuhr ich, daß die Geschwulst, die der HNO-Arzt entdeckt hatte, nicht der Primärtumor, sondern eine Metastase war. Edie hatte mich vor einem verhängnisvollen Irrtum bewahrt – hätte der HNO-Spezialist den Tumor, den er entdeckt hatte, operiert, so hätte er nur einen Teil des Krebses entfernt und dabei auch noch sehr leicht meinen Kehlkopf verletzen können, denn der Tumor lag unmittelbar an dem Nerv, der zum Stimmband führt. Ich ging nie wieder zu diesem Arzt.

Die Halsschmerzen waren nach zwei Tagen weg, und am Montag flog ich wie geplant nach Amsterdam, zur Feministischen Buchmesse 1992, auf der ich einen Vortrag halten sollte. Ich genoß die Woche auf der Buchmesse, so weit ich in dieser Zeit überhaupt etwas genoß. Ich lernte Marleen Gorris kennen (die 1996 einen Oscar für *Antonias Welt* gewinnen sollte und damals bereits *Die Stille um Christine M.* gedreht hatte, einen Film, der mich tief beeindruckt hat und den viele für den größten feministischen Film überhaupt halten). Die Diskussion über Fay Weldon (eine liebenswerte Frau, mit der ich keine nennenswerten Differenzen habe) brachte ich mehr oder weniger mechanisch hinter mich. Mit meinen Freundinnen Annaville Petterson und Nellie Blanken unternahm ich einen Ausflug zum Marken Leuchtturm, einem reizenden Fleckchen am Ysselmeer, der früheren Zuyder Zee. Der Spaziergang strengte mich sehr an, und ich war froh, daß wir auf dem Rückweg eine Pause einlegten, um ein Bier zu trinken und Sandwiches zu essen.

Ich fühlte mich die ganze Zeit wie betäubt, fragte mich dauernd, ob ich diese oder jene Freundin möglicherweise zum letzten Mal sah, ob ich möglicherweise zum letzten Mal in dieser hübschen Stadt weilte, ob ich möglicherweise zum letzten Mal als äußerlich gesunde Person in der Öffentlichkeit auftrat. Und in der Tat, genau so war es.

Juli 1992

AM TAG NACH MEINER Rückkehr aus Amsterdam ließ ich noch einmal eine Computertomographie machen und setzte mich mit einer Reihe von Onkologen in Verbindung. Edie hatte mir einen Lungenspezialisten am Sloan-Kettering-Krankenhaus, einen Onkologen am Columbia-Presbyterian-Krankenhaus und eine Onkologin mit eigener Praxis empfohlen. Meine Kinder begleiteten mich, um mir bei der Entscheidung zu helfen, von wem ich mich behandeln lassen sollte. Der Arzt am Sloan-Kettering klärte mich darüber auf, daß die entdeckte Geschwulst eine Metastase sei und man zunächst den Primärtumor ausfindig machen müsse, ehe man mit der Behandlung beginnen könne. Er vermutete den Primärtumor in der Lunge, konnte ihn aber weder auf meinen Röntgenbildern noch auf den Tomographien ausmachen.

Alle drei Ärzte behandelten mich wie eine vernünftige, eigenverantwortliche Person. Keiner der drei war in der Lage, auf meinen Röntgenbildern, die ich neuerdings immer bei mir trug (der erste Satz Aufnahmen war im Sloan-Kettering verlorengegangen), den Sitz des Primärtumors zu erkennen. Dennoch machten sie einen ganz unterschiedlichen Eindruck auf mich. Der Onkologe aus dem Columbia-Krankenhaus, ein ausgesprochen sympathischer Mann, schien so erpicht auf meine rasche Genesung, daß er sich auch in der Lage glaubte, mir helfen zu können. Er hielt die Frage nach dem Primärtumor für zweitrangig – was mein Vertrauen in ihn eher dämpfte. Die Onkologin mit der eigenen Praxis kam nicht über ihren Ärger hinweg, daß wir uns etwas verspätet hatten (ich war mit Jamie eine halbe Stunde im Stau gestanden). Sie zeigte wenig Interesse an meinem Fall, wollte sich ebenfalls nicht mit der Frage aufhalten, wie dem Primärtumor auf die Spur zu kommen sei, und äußerte sich extrem pessimistisch zu meinen Überlebenschancen. Der Lungenspezialist am Sloan-Kettering, Elliot Strong, war ausnehmend freundlich und sah mir in die Augen, wenn er mit mir sprach. Außerdem sollte er etwas tun, das mir großen Respekt und tiefes Vertrauen zu ihm einflößte.

In den Wochen, in denen ich von Arzt zu Arzt pilgerte, war ich fast nie allein. Zu jedem Arzttermin, zu jeder Computertomographie und zu der Biopsie begleiteten mich ein oder zwei Leute – meine Kinder, Charlotte Sheedy, Esther Broner, Gloria Steinem, LeAnne Schreiber, Barbara Greenberg; und es gab keinen Abend, an dem nicht einer oder mehrere zu mir zum Essen kamen. Am 2. Juli tagte der Hexenzirkel, um – wie jedes Jahr, aber diesmal etwas verspätet, weil ich soeben erst aus den Niederlanden zurückgekehrt war – die Sommersonnenwende zu feiern. Aber diesmal empfand ich die Zusammenkunft wie eine Krisensitzung, die nur meinetwegen abgehalten wurde.

Unsere Treffen beginnen gewöhnlich mit zwanglosem Geplauder beim Aperitif. Wir warten, bis alle eingetroffen sind, dann nehmen wir ein ausgiebiges Mahl zu uns. Das Licht ist gedämpft, überall im Raum stehen Kerzen. Nach dem Essen wechseln wir auf bequeme Sessel und Sofas, und dann fängt eine von uns an. Sie erläutert ein Problem, für das sie eine Hilfestellung braucht – sei es die Klärung der Richtung, die sie einschlagen muß, um zu einem bestimmten Ziel zu kommen, sei es die Frage, wie sie eine Veränderung bei sich selbst bewirken könnte, die sie sich wünscht, aber nicht zuwege bringt. Wir hören aufmerksam zu, versuchen, das Gesagte in eigene Worte zu fassen, um sicherzugehen, daß wir genau verstanden haben, was gewünscht, was gebraucht wird. Dann diskutieren wir, welche Fähigkeiten vonnöten sind, um das Gewünschte zu erlangen. Und dann kommt der magische Teil des Abends. Wir nehmen die Ratsuchende in die Mitte und rufen Geist, Mut, Klarheit, was immer sie braucht, damit ihr Wunsch in Erfüllung gehen kann, auf sie herab. Ich nenne das Ganze magisch, weil es etwas von einer Verzauberung hat: Als Ratsuchende fühlt man sich eingehüllt in Wohlwollen und Liebe; als eine der Gebenden fühlt man sich reich und mächtig, weil man eine andere beschenken kann. Und es läßt sich nicht leugnen, daß es uns hier und da gelungen ist, bei der Erfüllung von Wünschen oder der Überwindung von Schwierigkeiten behilflich zu sein.

An diesem Abend fühlte ich mich in der Mitte meiner Freundinnen wie in einem elektrischen Feld. Als sie sich um mich scharten, um alle heilenden, positiven Kräfte auf mich herabzurufen, ging von ihren Körpern, ihrem Geist eine Energie aus, die die Luft knistern ließ.

Am nächsten Tag ließ ich mich von meinem Sohn Rob zu meinem Landhaus hinausfahren. Ich fühlte mich so benebelt im Kopf, daß ich befürchtete, einen Unfall zu bauen, wenn ich mich selber hinters Steuer setzte. Die Kinder – Jamie, Rob und Barbara – hatten für das Wochenende ein großes Fest vorbereitet. Sie nannten es eine Nationalfeiertags-abins-Krankenhaus-Party; ich nannte es ein Abschiedsfest. Wir hatten Unmengen von Leuten eingeladen, teils aus meinem

Freundeskreis, teils aus dem der Kinder. Um die Planung, das Einkaufen, Kochen und Aufräumen kümmerten sich die Kinder. Viele Gäste blieben über Nacht, und als das Fest vorüber war, fühlte ich mich von Liebe und guten Wünschen umgeben. Ich hatte das Gefühl, wirklich gut aufgehoben zu sein, was bei mir eher eine Seltenheit ist.

Eine weitere Woche verging, ohne daß etwas passierte. Edie setzte mir sehr ruhig auseinander, daß ein Krebs immer unberechenbar sei und keiner wisse, was mir die Zukunft bringen werde. Sie könne mir weder das unausweichliche Ende noch die Genesung in Aussicht stellen. Aber ich wurde zunehmend nervöser: Die Zeit verging, der Krebs wucherte weiter, und niemand unternahm etwas dagegen. Ich mußte die Sache selber in die Hand nehmen (das waren Überreste von Gefühlen aus meiner Kindheit, damals glaubte ich die Alleinverantwortung für die ganze Familie zu tragen). Ich glaubte, die Ärzte seien unsicher, und legten deshalb die Hände in den Schoß. Also rief ich Dr. Strong an, der mich medizinisch und menschlich am meisten beeindruckt hatte, und sagte ihm, ich hätte das Gefühl, mir liefe die Zeit davon, und wünschte, man würde irgend etwas unternehmen. Er sagte, ich solle mir einen Termin geben lassen und zu ihm kommen. Charlotte begleitete mich.

Was einen guten Arzt auszeichnet, jenseits seiner Fachkompetenz, ist ein sehr einfaches Charakteristikum: Er muß verstehen, was Schmerz bedeutet, er muß wissen, was Leiden heißt. Man sollte meinen, jeder, der über Dreißig ist, müsse schon einmal gelitten haben. Aber Tatsache ist, daß in unserer Gesellschaft Männer dazu erzogen werden, Leid und Schmerzen zu leugnen, und daß Ärzte in ihrer Ausbildung fortwährend zu dieser Leugnung ermutigt werden. Das hat zur Folge, daß viele Ärzte, weibliche wie männliche, kalt und verschlossen sind. Natürlich kennen sie das Leid aus persönlicher Erfahrung, aber sie gestehen sich das Leiden nicht zu, weshalb sie auch keine Erkenntnisse daraus ziehen, geschweige denn diese Erfahrung anwenden können. Und was man bei sich selbst leugnet, das leugnet man auch bei anderen.

Ein Verständnis für das Leiden anderer äußert sich nicht in bestimmten Formeln oder Gesten (auch nicht in dem berühmten «Sie haben mein tiefes Mitgefühl» unseres Präsidenten). Wem es gegeben ist, bei dem drückt es sich als eine geistige Offenheit und eine Tiefe des Empfindens aus, die hinter jeder seiner Äußerungen und Gesten steht. Ein Urologe am Mount-Sinai-Hospital, bei dem ich 1995/96 in Behandlung war, kam beispielsweise jeden Morgen an mein Krankenbett – wie es die meisten Ärzte tun. Da ich nie früh aufstehe, schlief ich meist noch, wenn er gegen acht Uhr eintrat. Aber anstatt mich mit einem lauten «Mrs. French!» aus dem Schlaf zu reißen, wie es die Art der meisten Ärzte ist, blieb er still neben meinem Bett stehen und legte mir sanft die Hand auf die Stirn. Das ließ mich jedesmal in der friedlichsten Stimmung erwachen (ein wahres Wunderwerk, das bei mir morgens so leicht keiner zustande bringt!). Dafür liebte ich diesen Arzt.

Dr. Strong war ein Mann, dem ein Verständnis für das Leiden anderer gegeben war. Er sah sich noch einmal die Tomographien an und schüttelte wieder den Kopf. Er meinte noch einmal, daß nichts zu entdecken sei, nicht einmal mit dem Vergrößerungsglas. Dann sagte er: «Mrs. French, *Sie* wissen, wo der Primärtumor sitzt. Denken Sie darüber nach und rufen Sie mich an.»

Ich dachte darüber nach, und es dauerte nicht lange, da fiel mir eine Episode aus dem vergangenen Sommer ein. Ich hatte in den Berkshire Hills auf meiner Terrasse gesessen und ein Sandwich gegessen. Es war kräftiges, jüdisches Roggenbrot mit einer harten Kruste gewesen, und als ich schluckte, blieb mir der Bissen plötzlich im Hals stecken. Es fühlte sich an, als ob er auf einen Widerstand gestoßen sei. Mir war damals das Herz stehengeblieben, ich dachte: O Gott! Was ist denn das? Aber ich schob die Frage beiseite. Es war nichts. Wenn es etwas war, würde es sich schon wieder bemerkbar machen, hatte ich mir gesagt.

Jetzt machte es sich bemerkbar.

Ich rief Dr. Strong an und sagte ihm, der Primärtumor sitze etwa fünf Zentimeter unterhalb des Schlüsselbeins. Er sagte, er würde die Röntgenaufnahme Millimeter für Millimeter mit einem Vergrößerungsglas absuchen. Ein paar Tage später rief er mich an und sagte, er hätte eine kleine Geschwulst entdeckt, genau an der Stelle, die ich ihm beschrieben hatte.

Rob und meine alte Studienfreundin LeAnne Schreiber begleiteten mich zum nächsten Termin. Wir mußten vier Stunden warten. Dr. Strong sagte, er müsse eine Kehlkopfspiegelung und eine Endosonographie machen, um die Lage des Tumors zu verifizieren. Ich muß ein ziemlich betrübtes Gesicht gemacht haben, denn er bestand darauf, daß ich mich noch einmal draußen hinsetzte und auf Dr. McCormack wartete, die die Endoskopie durchführen sollte. Vielleicht meinte er, der Anblick einer Frau würde mich beruhigen. (Ich erinnere mich, daß der Hauptgrund meiner Verzweiflung an diesem Tag das lange Warten war: alles zusammen waren es sieben Stunden.) Dr. Patricia McCormack, eine ehemalige Nonne, war die Thoraxchirurgin mit dem besten Ruf am Sloan-Kettering (und vielleicht darüber hinaus). Sie war die einzige Frau unter all den Ärzten, die mich am Sloan-Kettering behandelten, und hatte eine herzliche, direkte, unkomplizierte Art. Sie sagte die ersten (und einzigen) hoffnungsvollen Worte, die ich zu hören bekam. Egal, um was für einen Krebs es sich handle, sagte sie, er sei früh entdeckt worden, noch sehr klein und lokal eingegrenzt und werde problemlos zu behandeln sein, falls mein Organismus auf Chemotherapie anspreche.

Zwei Tage später fuhr ich morgens, zu gnadenlos früher Stunde, mit Charlotte ins Sloan-Kettering. Die Endoskopie wurde unter Narkose durchgeführt. Man fand den Tumor in der Wand der Speiseröhre.

Die langwierige Suche nach dem Primärtumor war das erste in einer Reihe von Ereignissen, die mich zum Hauptakteur in meinem Krankheits- und Behandlungsverlauf machten. Viele Patienten trifft die Diagnose wie einen Strafgefangenen das Urteil: Wie viele Jahre? Todesstrafe? Das Urteil/die Diagnose fühlt sich an wie ein Schuldspruch, den eine kalte, teilnahmslose Obrigkeit verhängt hat. Patienten, die in diesem Prozeß passiv bleiben, müssen sich wie hilflose Opfer fühlen. Ich aber hatte um meine Diagnose gekämpft, ich hatte die Ärzte zum Jagen getragen; ich hatte ihnen sogar gesagt, wo sie suchen sollten. Über mich war kein «Schuldspruch» verhängt worden, ich hatte widerstrebenden Ärzten eine Diagnose abgerungen. Das war für mich eine Art Sieg, denn die Behandlung hatte nicht beginnen können, solange die Diagnose nicht feststand. Natürlich war ich nicht glücklich darüber, Krebs zu haben, aber ich war erleichtert, daß er endlich einen Namen hatte. Dadurch bekam die Behandlung etwas Positives. Es war, als wäre sie eine Belohnung für meine Mühe.

Ich rief meine Freunde an, um ihnen die Neuigkeit mitzuteilen, und hörte an ihren Stimmen, daß sie die gleiche merkwürdige Mischung von Gefühlen hatten wie ich: Trauer über die Tatsache an sich, aber Erleichterung darüber, daß der Krankheitsherd gefunden war und die Behandlung beginnen konnte. Bislang hatte ich meinem Vater noch nichts erzählt. Ich wollte es ihm nicht am Telefon sagen – er war sechsundachtzig Jahre alt und hing sehr an mir –, aber ich schaffte es auch nicht, nach Suffolk County hinauszufahren, um es ihm persönlich zu sagen. Ich rief meine Schwester an, die nicht weit von ihm entfernt wohnt. Sie wußte bereits von meinen Problemen mit der Stimme und war kaum überrascht zu hören, daß ich Krebs hatte. Ich bat sie, meinen Vater zu besuchen und ihm die schlechte Nachricht zu überbringen. Meine Schwester hat selber große gesundheitliche Probleme; sie hat nur noch eine funktionierende Niere und wurde schon vor mehr als zehn Jahren von ihren Ärzten vorgewarnt, daß sie in absehbarer Zeit abhängig von der Dialyse werden oder eine Transplantation brauchen könnte. Bisher konnte sie beides vermeiden, indem sie sich eisern (und ohne zu klagen) an eine proteinarme Diät hält. Obwohl sie selten darüber spricht, wissen alle in der Familie über ihren Zustand Bescheid.

An einem Sommernachmittag fuhr sie zu meinem Vater. Isabel lädt unseren Vater sonst *immer* zu sich nach Hause ein. Deshalb wußte er sofort, daß es sich um einen besonderen Anlaß handelte. Er bat sie feierlich ins Haus. Sie sagte, sie komme mit einer schlechten Nachricht. Als sie sich gesetzt hatten, ergriff er als erster das Wort.

«Isabel, du brauchst mich nicht zu fragen», begann er. «Selbstverständlich gebe ich dir eine meiner Nieren.»

Im nachhinein kann ich mich an kaum etwas erinnern außer an die ständige Angst und Benommenheit, aber während der Juniwochen brachte ich gelegentlich Notizen über meine Gefühle zu Papier. Aus diesen Notizen spricht große Aufgewühltheit. Ich war voller Schmerz darüber, daß ich aus dem Leben scheiden und meine Kinder verlassen sollte. Ich war in einem permanenten Zustand des Schreckens. Ich nehme an, solche Empfindungen sind normal, vielleicht sogar unvermeidlich. Aber wenn die Angst vor dem Sterben auch meine größte war – es war nicht die einzige.

Ich machte mir Sorgen um das Schicksal meines Buches *Der Krieg gegen die Frauen*. Ich hatte viele Interviews gegeben und war auf einiges Interesse an meiner Person gestoßen (auch auf Ablehnung – wie es mir seit der Veröffentlichung von *Frauen* immer wieder passiert ist), aber es waren fast keine Rezensionen erschienen. Sogar mein wissenschaftliches Buch über James Joyce, das 1977, noch vor *Frauen*, erschienen war, hatte über ein Dutzend Kritiken bekommen; bei meinen Romanen stapelten sich die Besprechungen immer zentimeterhoch, und *Jenseits der Macht*, eine trockene, wissenschaftliche Studie, war ebenfalls ausführlich rezensiert worden. Über *Der Krieg gegen die Frauen* waren bislang ganze sieben Rezensionen erschienen, allesamt Verrisse. Die Kritikerin der *Newsday* (eine Frau!) nannte das Buch «bösartig» – ein merkwürdiges Attribut für ein Werk, das hauptsächlich zusammengetragene Fakten referiert. Und die schockierenden Fakten sind treu wiedergegeben; sie sind unangenehm, aber sie machen das Buch zu einer unverzichtbaren Lektüre.

Und tatsächlich trug es ja dazu bei, die Öffentlichkeit für bestimmte Themen überhaupt erst zu sensibilisieren, beispielsweise für die Beschneidung von Frauen, die selektive Abtreibung weiblicher Föten, das Verhungernlassen weiblicher Säuglinge, den weltweiten sexuellen Mißbrauch von Mädchen durch Mitglieder der eigenen Familie – lauter Themen, denen von der *New York Times* und anderen großen Zeitungen seitdem deutlich mehr Beachtung geschenkt wird. Aber das Buch selbst wurde entweder ignoriert oder – soll ich es wagen, das Wort zu benutzen? – zensiert.

Ich sage «zensiert», weil ich Anfang Mai einen anonymen Brief von einem Literaturkritiker – ob weiblichen oder männlichen Geschlechts, ging aus dem Schreiben nicht hervor – aus England bekommen hatte, der mit einer Rezension beauftragt worden war und eine positive Kritik verfaßt hatte, da er oder sie der Meinung war, das Buch sei wichtig. Die Redaktion hatte die Kritik zurückgewiesen und mit Instruktionen versehen, wie das Buch zu verreißen sei. Der Rezensent oder die Rezensentin kam der Aufforderung zwar nach – aus Angst um den Arbeitsplatz –, fühlte sich aber wie ein elender Feigling und wollte mich zumindest davon unterrichten.

Dieser Brief machte mir endgültig klar, wie stark sich bei den Medien die Tendenz durchgesetzt hatte (eine Tendenz, die seitdem noch zugenommen hat), feministische und demokratische Ideen zu zensieren. Anstatt den Feminismus – wie in den siebziger und achtziger Jahren – zu bekämpfen oder ihn für unternehmerische Zwecke dienstbar zu machen, wurde er mittlerweile von den männlich dominierten Institutionen ignoriert und totgeschwiegen. Heute, 1999, sind die feministischen Stimmen nahezu aus den Medien verschwunden – egal, ob Fernsehen, Radio oder Printmedien. Die wenigen Frauen, die im Journalismus noch etwas zu sagen haben, gehören zu denen, die im männlich dominierten Betrieb ihre Loyalität unter Beweis gestellt haben. Das gleiche gilt für demokratische Intellektuelle, die in diesen rechtslastigen Zeiten «linke» Intellektuelle heißen. Überall ist von den «linken» Medien die Rede; dabei kann ich mich nicht erinnern, wann ich zum letzten Mal einen echten Linken im Fernsehen gesehen habe. Die Machtverhältnisse haben sich so weit zugunsten der extremen Rechten verschoben, daß heute schon die harmlose Mitte als links gilt.

Ich fühlte mich ungeheuer demoralisiert, als ich mir diese Situation vor Augen führte. Ich hatte das Gefühl, nicht nur ich sollte sterben, sondern alles, wofür ich mein Leben lang gekämpft hatte – alles, woran ich geglaubt hatte, läge ebenfalls in Agonie. Meinen Freunden gegenüber brachte ich es auf die Formel, während einer Depression sei ich geboren, während einer Depression würde ich sterben – ein hilfloser Ausdruck für den Kummer, den es mir bereitete, zu sehen, wie mein Land einer Mentalität anheimfiel, die Habgier groß schrieb und die kleinen Leute immer tiefer ins Elend stieß.

Es hatte eine Phase in meinem Leben gegeben, in der ich mich glücklich pries, weil ich einen großartigen Abschnitt in der amerikanischen Geschichte miterlebte. Ich war in bescheidenen Verhältnissen aufgewachsen; materielle Not und mangelnde Bildung sind für mich keine abstrakten Begriffe. Unterdrückung war allgegenwärtig, als ich klein war; ich sah jeden Tag, wie arme Leute – und ihre Kinder – in der Welt behandelt wurden, wie Frauen von Männern behandelt wurden; und ich bekam mit, welcher Intoleranz die Schwarzen

und die Juden ausgesetzt waren. Aber dann wurden allmählich, über die Jahre, viele Benachteiligungen abgebaut. Die
Armen erhielten Unterstützung, den Müttern wurden nicht
mehr die Kinder weggenommen und in Waisenhäusern gesteckt (wie es meiner Großmutter nach dem Tod ihres Mannes widerfahren war, was der armen Frau das Herz brach).
Arbeitsbeschaffungsprogramme wie das WPA und das CCC
linderten die Auswirkungen der Depression. Nach jahrzehn-
telangen Kämpfen wurden Gewerkschaften zugelassen und
das Streikrecht eingeführt; nach dem Zweiten Weltkrieg
wurden sie sogar gesetzlich verankert (auch wenn sie da
schon korrupt und sektiererisch geworden waren). In den
Sechzigern schließlich erhob sich die Bürgerrechtsbewegung
und erstritt humanere und sozialere Gesetze. Und dann ging
auch meine Sonne auf: Die Feministinnen nutzten die neuen
Bürgerrechte, um einen neuen Dialog, eine neue Sprache der
Gerechtigkeit zu initiieren. In den vergangenen zwanzig Jahren hatte sich diese Welle der Toleranz und Fairneß auch auf
den Umgang mit Schwulen und Lesben ausgedehnt. Mein
Land hatte begonnen, den Boden für eine Welt zu bereiten,
in der mehr und mehr Menschen frei atmen konnten. All das
hatte mich mit Stolz erfüllt – ich war stolz darauf, eine Amerikanerin zu sein – und mich optimistisch in die Zukunft der
Menschheit blicken lassen.

Jetzt aber, krank und den nahen Tod vor Augen, mußte ich
zusehen, wie das ganze Gebäude durch Profitgier und Kor-
ruptheit in seinen Grundfesten erschüttert wurde. Ein Präsident, der noch heute in hohem Ansehen steht, hatte die
Fluglotsengewerkschaft zerschlagen und damit der ohnehin
demoralisierten Arbeiterbewegung einen weiteren Stoß versetzt; er hatte einen wirtschaftspolitischen Kurs eingeschla-

gen, der das reichste Zehntel der Bevölkerung noch reicher machte und einen skandalösen Ausnahmezustand zur Normalität werden ließ – gemeint sind die Scharen von Obdachlosen, die in jeder größeren Stadt des Landes im Winter auf der Straße schlafen. Der Anblick ist uns schon so vertraut geworden, daß wir uns gar nicht mehr an die Zeiten erinnern, als es noch anders war. Die Präsidenten, die ihm folgten, sahen dem fortschreitenden Rechtsruck tatenlos zu – dessen Ursachen, da bin ich mir sicher, in der Fernsehübertragung des 1968er Parteitags der Demokraten zu suchen sind, auf dem es ausschließlich um Frauen, Rollstuhlfahrer und Schwarze ging. Das gesellschaftliche Experiment hatte nicht länger gewährt als mein kümmerliches, kleines Leben.

All diese Dinge verschmolzen in meinem Innern zu einer negativen Kraft, einem Gewicht, das mich niederdrückte. Wenn ich spätabends im Bett lag, seufzte ich und dachte: Im Grunde tut es mir nicht leid, diese Welt zu verlassen. Ich stellte mir den Tod als Erlösung vor, als Befreiung von dem quälenden Zorn, den all die Ungerechtigkeit in mir auslöste. Ich sehnte mich nach dem Tod, nach der Ruhe, nach dem Augenblick, in dem all mein Kummer ein Ende hätte und mein Geist, in dem nur noch Schmerz, keine Freude mehr wohnte, erlöschen würde.

Dieses Gefühl wurde später, als es mir schlechterging, noch stärker. Am Anfang war ich noch in der Lage, mich in diese Verzweiflung und diese Wut hineinfallen zu lassen wie in einen kalten See und ohne Strampeln wieder daraus aufzutauchen. Ich hatte die Unterstützung meiner Kinder – Jamie, Rob und seiner Frau Barbara – und meiner Freundinnen, allen voran Charlotte Sheedy, meine Hexen und Barbara Greenberg. Aber es versetzte mir einen Schock, auf einmal zu merken, wie sehr ich sie brauchte: ihre Gesellschaft, ihre lieben Worte, ihre besorgten Blicke – ich, die ich immer stolz auf meine Unabhängigkeit gewesen war, die nie um Hilfe gebeten hatte, die das gar nicht konnte.

Als ich meine Diagnose bekommen hatte, schickte Charlotte mir ein gutes Dutzend Bücher über Krebs. Die meisten davon stammten von größenwahnsinnigen Ärzten, die behaupteten (selbst da, wo sie es dementierten), sie verfügten über magische Kräfte, mit denen sie Krebs heilen könnten. Da war von wunderbaren Genesungen die Rede, die sie natürlich den Selbstheilungskräften ihrer Patienten zuschrieben, aber nicht ohne dabei ihre hellsichtige und sachkundige Führung herauszustellen. Mich überzeugten die Heilmethoden, nicht aber die Ärzte. Ein paar der Bücher waren von Patienten geschrieben, die behaupteten, sie hätten ihren Krebs selbst geheilt, ohne jede medizinische Hilfe. Ich war und blieb der Meinung, daß diese Menschen einfach Glück gehabt hatten. Ich konnte mir nicht vorstellen, daß man einfach beschließen konnte, gesund zu werden.

Nachdem klar war, welche Art von Krebs ich hatte, klapperte Charlotte die Mediziner in ihrem Bekanntenkreis ab und schickte mir Fotokopien von Artikeln aus medizinischen Fachzeitschriften, die sich mit Speiseröhrenkrebs befaßten. Der optimistische Grundton, der in den Büchern vorgeherrscht hatte, fehlte in den Fachpublikationen völlig. Es ging in den Artikeln ausschließlich um Speiseröhrenkrebs, der noch nicht metastasierte. Das Fazit lautete, bei einer Kombination von intensiver Chemotherapie mit hochdosierter Bestrahlung liege die Fünfjahresüberlebensrate bei zwanzig Prozent. Die Mehrheit der Patienten verstarb allerdings innerhalb des ersten Jahres. Die Chancen waren also minimal, selbst wenn sich noch keine Metastasen gebildet hatten: Bei mir aber hatten sich bereits welche gebildet – ich hatte einen Tumor an der Außenseite der Speiseröhre, und dazu waren zwei Lymphknoten befallen.

Ein anderer schickte mir einen Ausschnitt aus einer alten Tageszeitung – aus der *New York Times*, wenn ich mich recht erinnere. Es war ein Bericht über Susan Sontags tapferen Kampf gegen den Brustkrebs, der bei seiner Entdeckung ebenfalls als unheilbar eingestuft worden war. Sie hatte sich in Paris behandeln lassen, wo man damals – das lag Jahrzehnte zurück – eine Maximaltherapie anwandte, die keine Klinik in Amerika riskieren wollte. Ich weiß nicht mehr, ob es sich dabei um eine Kombination aus Chemotherapie und Bestrahlung handelte. Jedenfalls brachte die Therapie ihren Organismus bis an die Grenzen der Belastbarkeit, rettete ihr aber das Leben. So etwas stellte ich mir für mich auch vor. Ich wünschte es mir – und sagte mir zugleich, daß auch das womöglich schon Wunschdenken war.

Als Lungenspezialist war Dr. Strong leider, leider nicht der passende Fachmann für mich, aber er vermittelte mich an einen Onkologen aus der Gastroenterologie. Am Abend vor meinem ersten Termin bei ihm kam Barbara Greenberg aus Boston angereist. Ich dachte, sie käme einfach zu Besuch, und freute mich natürlich. Ein anderer Grund kam mir nicht in den Sinn. Sie hatte sich regelmäßig nach meinem Befinden erkundigt, und ich hatte sie auf dem laufenden gehalten, aber im Gegensatz zu meinen übrigen Freundinnen machte sie sich keine Illusionen über meine Aussichten. Sie war mit einem Chirurgen verheiratet, der zahlreiche Krebspatienten hatte und dem klar war, daß ein metastasierender Speiseröhrenkrebs nicht zu heilen war. Barbara kam, um bei mir zu sein, wenn ich den Arzt zum erstenmal sah, der mich bis zum Tod begleiten würde, und um mir die Hand zu halten, wenn er mir die Hiobsbotschaft überbrachte.

An dem Abend, als Barbara ankam, nahm ich sie mit zum Treffen des Hexenzirkels. Wir speisten im Jezebel's, einem afroamerikanischen Lokal, wo die Tische mit kostbaren, alten Spitzenservietten gedeckt sind und man eine köstliche Großstadtvariante des klassischen Soul food bekommt. Nach dem Mahl hielten wir unseren üblichen Hexensabbat ab, mit allem Drum und Dran, inklusive Adlerfedern, Leuchtstab, Kristallkugel und Zauberformeln. Die übrigen Gäste schenkten uns nicht die geringste Beachtung; so weit wir es mitbekamen, drehte nicht einmal einer den Kopf. New York ist einfach wunderbar.

Am nächsten Morgen eskortierten Barbara G., Rob und Jamie mich ins Sloan-Kettering, in die vierte Etage. Die Innenarchitekten dieser Klinik haben sich alle erdenkliche Mühe gegeben, die Räume ansprechend und behaglich zu gestalten – auch die nicht öffentlich zugänglichen Zonen. Trotzdem schlägt es mir jedesmal auf den Magen, wenn ich das Gebäude betrete, weil schon in der Eingangshalle stets riesiger Andrang herrscht. Endlose Menschenströme – lauter Krebspatienten mit Angehörigen und Freunden – bewegen sich durch die hellen Flure: ältere Leute in Rollstühlen, attraktive Frauen und Männer in den Dreißigern, kahlköpfige Kinder, Mütter mit Babys auf dem Arm; ich brauchte mich nur umzusehen, schon packte mich das heulende Elend. In meiner Generation ist das Wort «Krebs» noch immer gleichbedeutend mit Tod; daß das schon lange nicht mehr der Fall ist, war an mir vorübergegangen. Beispielsweise versicherten mir die Krankenschwestern, daß Krebs im Säuglingsalter fast immer heilbar ist.

Mit der Zeit gewöhnte ich mir an, die anderen Leute nicht mehr dauernd anzusehen, um selbst die Ruhe zu bewahren. Das Sloan-Kettering hat im Vergleich zu anderen Krankenhäusern freundliche Wartezimmer mit bequemen Möbeln, und in den Fluren hängen überall Bilder an den Wänden. Für die Patienten und die Besucher, die zum erstenmal kommen, gibt es einen großen Raum im Dachgeschoß mit bequemen Sofas, einem Klavier, einem Billardtisch, einer Bastelecke mit allerlei Material und direktem Zugang zur Dachterrasse. Als jemand, der in Krankenhäusern mittlerweile fast zu Hause ist, bilde ich mir ein Urteil nicht nur nach dem Eindruck, den die Ärzte und Schwestern auf mich machen, sondern gehe auch nach dem Aussehen der Warteräume und der Notaufnahme. Ein Krankenhaus sollte nicht nur für die Patienten da sein, sondern auch für deren leidgeprüfte Angehörige und Freunde. All diese Zonen sind im Sloan-Kettering weit besser ausgestattet als in den beiden anderen New Yorker Krankenhäusern, die ich kennengelernt habe, dem St. Luke's Roosevelt und dem Mount Sinai. Die Notaufnahme im St. Luke's spottet jeder Beschreibung, die Einrichtung ist schäbig, und der Raum ist immer überfüllt; aber dafür gibt es eine imposante, neue Lobby, eine riesige, leere Halle, die zu nichts anderem da ist, als einen einzuschüchtern. Das gleiche gilt für das Mount Sinai, mit dem der Architekt sich offenbar selbst ein Denkmal setzen wollte (was ihm zweifellos gelungen ist – der Bau ruiniert die Skyline der ganzen East Side); auch diese Eingangshalle wirkt, wie überhaupt das ganze Gebäude, snobistisch und abweisend, während die eigentlichen Funktionsräume – Operationssäle, Wartezimmer,

Röntgenräume – allesamt zu klein, zu häßlich und ungemütlich sind.

An diesem Tag, dem 23. Juli 1992, hatte ich für all das keine Augen; die schiere Menge der Kranken verschlug mir die Sprache, auf jeder Etage saßen sie und warteten, warteten, warteten, und alle waren sie Opfer der gleichen Krankheit wie ich.

Das Sloan-Kettering ist eine Uniklinik; jede Abteilung ist auf einen bestimmten Teil des menschlichen Organismus spezialisiert und hat ihren eigenen Ärztestab. Hochqualifizierte Fachärzte wechseln sich im Monatsturnus in der Stationsleitung ab. In der Gastroenterologie gab es fünf Fachärzte; das hieß, jeder von ihnen war alle fünf Monate einen Monat lang verantwortlicher Stationsleiter. (Noch vor dem Ende meiner Behandlung stieß ein weiterer Facharzt zu der Abteilung.) Der jeweilige Stationsleiter war für die tägliche Morgenvisite zuständig, bei der er (gefolgt von einem Pulk jüngerer, noch in Ausbildung befindlicher Ärzte) alle Patienten, die auf der Station behandelt wurden, am Krankenbett besuchte. Nach Ablauf seines Dienstmonats war er dann frei, sich wieder vier Monate lang seinen Forschungen zu widmen. Ich glaube, darüber hinaus hielten die Fachärzte jeweils zwei Vormittage pro Woche Sprechstunden für ambulante Patienten ab; aber das System mag sich seit meinem Aufenthalt dort geändert haben. Die jungen Ärzte assistieren den Fachärzten; sie nehmen an der Morgenvisite teil und arbeiten in den Forschungsprojekten mit, und der Umgang mit den großen Herren bringt für sie enormen Statusgewinn. Ich habe selten soviel Unterwürfigkeit erlebt wie bei manchen dieser Assistenten. Aber ich lastete das nicht den Jungen an, sondern den arroganten Herren, denen sie dienten. Die Assi stenten, die sich trauten, auch einmal persönlich das Wort an mich zu richten, waren die sympathischsten Ärzte im ganzen Krankenhaus. Man hatte ihnen den menschlichen Faktor noch nicht ausgetrieben. Aber ihren älteren Kollegen nach zu urteilen würde man das schon noch nachholen.

Darüber hinaus gibt es am Sloan-Kettering noch verschiedene weitere Ärztegruppen; eine davon ist für Überstunden zuständig und bestreitet den Bereitschaftsdienst nachts und an den Wochenenden und Feiertagen; ich glaube, sie hießen Assistenzärzte – aber ich bin mir nicht mehr sicher. Ein paar ältere Ärzte schienen eigene Praxen zu führen und im Sloan-Kettering Belegbetten zu haben; ich sah sie nur in der Ambulanz, wo sie sich um Patienten kümmerten, die mit akuten Beschwerden kamen. Die meisten von ihnen schienen Chirurgen aus New Jersey und Long Island zu sein.

Der Onkologe, bei dem ich angemeldet war, gehörte nicht zu der arroganten Sorte. Im Umgang mit seiner Assistentin (einer warmherzigen, jungen Frau, der ich leider nicht wiederbegegnen sollte) war er freundlich und höflich. Aber zum idealen Arzt fehlte es ihm an der rechten Grundhaltung. Er war ausgesprochen negativ. Seine Ausstrahlung hatte etwas Verzagtes, Depressives, was in einer Abteilung, in der die meisten Patienten sterben, vielleicht kein Wunder ist (einmal sagte er mir, seine Station nehme jährlich elftausend neue Patienten auf, von denen mehr als zehntausend sterben). Aber für einen Patienten ist dieser Zug nicht sonderlich erbaulich. Ein Teil des Problems mag auch in seiner Jugend gelegen haben. Auch wenn er vielleicht nicht so jung war, wie er aussah – ich fand ihn emotional unreif. Er war extrem selbstbezogen und von einer fast kindlichen Naivität. Er wirkte wie ein Schuljunge, der ganz hinten im Klassenzimmer sitzt und wild herumzappelt, damit er nur ja aufgerufen wird und zeigen kann, daß niemand die Lektion so schnell und ohne Fehler aufsagen kann wie er. Er schien das Leben noch als eine Sache von Sieg und Niederlage zu betrachten und war vermutlich noch nie auf die Nase gefallen. Seine medizinischen Kenntnisse waren sicher tadellos und seine Absichten nur die besten, aber da er nicht über den Tellerrand seines Ego hinaussehen konnte, war er nicht in der Lage, eine Beziehung zu seinen Patienten aufzubauen. Wenn er eine Krankenschwester an seiner Seite hatte, konnte er ausgesprochen liebenswürdig sein. In der Gegenwart mütterlicher, warmherziger Frauen kamen seine Qualitäten zum Tragen. Ihre Anwesenheit schien ihn zu beruhigen, und sie schienen ihn zu mögen. Daß er die Sympathie der Schwestern besaß, sprach in meinen Augen für ihn (Krankenschwestern wissen genau, ob ein Arzt als Mediziner und Mensch etwas taugt). Ihr unbefangener Umgang mit ihm ließ ihn den Patienten gegenüber menschlicher erscheinen, obwohl es im Grunde die Krankenschwestern waren, die für die menschliche Seite sorgten.

Er hatte keine leichte Aufgabe: Wir hatten uns eben erst kennengelernt, und er mußte mir sagen, daß ich nur noch ein Jahr zu leben hätte. Er versuchte die Aufgabe zu meistern, indem er als erstes ein nichtssagendes Gesicht aufsetzte und dann mit ausdrucksloser Stimme zu sprechen begann. Er sagte mir, mein Krebs sei unheilbar; ein Stillstand oder gar eine Rückbildung des Tumorwachstums seien ausgeschlossen; dieser Tatsache müsse ich ins Auge sehen. Sie könnten nicht viel für mich tun, sie könnten lediglich versuchen – das hoffe er zumindest –, den Krankheitsprozeß zu verlangsamen und mich schmerzfrei zu halten. Ich hätte noch ein Jahr zu leben; sechs Monate davon würde ich Chemotherapie und

Bestrahlungen bekommen, *falls* meine Nierenfunktion es zulasse und *falls* die Nebenwirkungen tolerabel wären, zu denen unter anderem Übelkeit, Gehörverlust, Taubheitsgefühle in Fingern und Zehen und starke Müdigkeit gehören könnten. Falls ich Zweifel hätte, ob ich mich überhaupt einer Therapie unterziehen solle, wenn meine Chancen so schlecht stünden, müsse ich mir vor Augen führen, daß es immer einen kleinen Prozentsatz von Patienten gebe, denen die Therapie helfe; und es sei wichtig, daran zu glauben, daß man zu diesen wenigen gehöre.

Was sagte er da? Hoffnung, aber nicht viel? Hoffen Sie, aber erwarten Sie keine Heilung? Worauf sollte ich denn dann hoffen? Er betonte, das Wichtigste bei allem sei meine innere Einstellung. Ich versicherte ihm laut und deutlich, daß ich eine starke Konzentrationsfähigkeit besitze und die Hoffnung nicht aufgeben würde. Aber er hörte mir nicht zu: Er redete an mir vorbei. Er sagte, er werde mich nicht heilen können, aber er werde versuchen, mich nicht nur medizinisch am Leben zu erhalten; er wolle mehr für mich erreichen. Ich verstand nicht, was dieses «Mehr» sein sollte, wenn eine Heilung ausgeschlossen war. Ich sagte ihm, daß meine Schluckbeschwerden in den letzten Tagen nachgelassen hätten und daß ich das auf meine Visualisierungsübungen und auf die Zeremonien meiner Hexenschwestern zurückführe. Außerdem nähme ich eine Reihe pflanzlicher Medikamente und Vitamine, die mir von Freunden empfohlen worden seien.

Bleiben Sie bei den Visualisierungsübungen, sagte er, aber lassen Sie das Durcheinander von pflanzlichen Medikamenten, Tees und Vitaminen. Und was war das mit den Adlerfedern? fragte er verwundert … Die Chemotherapie werde

Anfang August beginnen. Dann war er weg, ohne Gruß, ohne Handschlag, ohne alles.

Ich hatte gehört, was der Mann gesagt hatte. Ich hatte es verstanden. Ich weinte lange und hemmungslos, während Barbara mir unter sanftem Zureden den Rücken streichelte; meine Kinder schlichen lautlos im Nebenraum auf und ab, wohin sie sich zurückgezogen hatten, als der Arzt mich untersuchte. Es dauerte lange, bis ich mich wieder gefangen hatte. Schließlich schlug ich vor, wir sollten irgendwo etwas essen gehen; ich selbst hatte keinen Hunger, aber die anderen bestimmt. Wir fanden ein Ottomanelli's, und während die anderen aßen, starrte ich die ganze Zeit nur meine Pizza an. Wir versuchten uns zu unterhalten und einander aufzumuntern.

Ich erinnere mich nicht, worüber wir sprachen. Ich weiß bloß noch, daß ich, als wir das Restaurant verließen, im stillen aus all den Artikeln, die ich über Speiseröhrenkrebs gelesen hatte, meine Schlußfolgerungen gezogen und sie zu meinem Vorteil zurechtgebogen hatte. Von fünf Patienten mit nicht metastasierendem Speiseröhrenkrebs, die sich einer Maximaltherapie unterzogen, war nach Ablauf von fünf Jahren noch einer am Leben. Ich beschloß, daß die Zahlen auch auf mich zutrafen (trotz der Metastasen). Das Sloan-Kettering bot die erforderliche Maximaltherapie an. Obwohl keiner der Onkologen, mit denen ich gesprochen hatte, mir ernsthaft Hoffnungen gemacht hatte, sondern im Gegenteil die Mehrheit meine Aussichten schlecht einschätzte, beschloß ich, daß meine Chancen eins zu fünf standen. Ich redete es mir einfach ein.

Als ich an diesem Nachmittag nach Hause kam, hatte ich das Wort «unheilbar» vollständig aus meinem Bewußtsein getilgt. Ich benutzte es nie, wenn ich mit anderen über meine Krankheit sprach. Und als ich ein oder zwei Jahre später bei Ärzten jedesmal großes Erstaunen hervorrief, wenn ich erzählte, daß ich einen Speiseröhrenkrebs überlebt hatte, begriff ich nicht, worüber sie staunten. Es war mir gelungen, es vollkommen zu verdrängen, daß mein Krebs unheilbar gewesen war; im Grunde hatte ich die Tatsache nie zur Kenntnis genommen, *daß niemand einen metastasierenden Speiseröhrenkrebs überlebt*. Ich leugnete die Tatsache vor mir selbst und vor jedem, mit dem ich sprach. In einer Art sturem, blindem Eigensinn versteifte ich mich darauf, daß ich eine Überlebenschance hatte und daß ich auf diese Chance bauen würde. Ich konnte genausogut zu den zwanzig Prozent gehören wie zu den restlichen achtzig; das erzählte ich jedem, mit dem ich sprach, und so machte ich sie alle zu Komplizen meiner entschlossenen Selbsttäuschung. Ein paar Tage später hatte ich das Zahlenverhältnis schon aufgebessert, in eins zu vier. Zu diesem Zeitpunkt hatte ich bereits jedes Gefühl dafür, daß ich mir etwas vormachte, verloren.

Das ist merkwürdig, denn ich bin und war mein Leben lang ein Mensch gewesen, der die Wahrheit wissen will, egal, wie unangenehm sie ist. Ich sage die Wahrheit und will die Wahrheit hören, sogar wenn ich Gefahr laufe, dadurch einen Streit heraufzubeschwören. Ich verachte jedes Wunschdenken und jede tröstliche Illusion, und ich verachte Menschen, die zu feige sind, um harten Wahrheiten ins Gesicht zu sehen. Trotzdem belog ich mich selbst und alle anderen.

In der Tat macht Hoffnung die Tortur einer Krebsbehandlung erträglicher; sie ist die Voraussetzung für den täglichen Funken Freude, ohne den es nicht geht. Jeder, der die Diagnose Krebs erhält, ist sich dessen bewußt, daß er vielleicht bald sterben wird, daß der Tod sogar wahrscheinlicher ist als das Überleben; man rechnet damit, daß man sterben wird, sogar dann, wenn die Ärzte einem Hoffnung machen: Die wenigsten Krebspatienten sind optimistisch, mögen manche auch machohaft daherreden. Ich weiß noch genau, wie skeptisch und pessimistisch Sibyl Claiborne ausgesehen hatte, als sie mir von der im Grunde doch zuversichtlichen Einschätzung ihres Arztes erzählte. Meine Ärzte dagegen waren nicht zuversichtlich. Ich glaube, Ärzte lehnen es ab, einem Hoffnung zu machen, weil sie fürchten, daß man ihnen später vorwirft, sie hätten falsche Hoffnungen geweckt (oder sie gar dafür verklagt), aber ich finde, sie sollten einem Patienten, der sich mit allen Fasern an ein Fünkchen Hoffnung klammert, seine Zuversicht nicht rauben.

Ich gab mich während meiner ganzen Krebsbehandlung nicht nur falschen Hoffnungen hin; ich leugnete die Realität, die Unheilbarkeit meiner Krankheit, nachdem ich sie nur einen Augenblick lang an die Oberfläche meines Bewußtseins hatte dringen lassen. Es gab keinen Zeitpunkt, zu dem mir nicht klargewesen wäre, daß ich möglicherweise innerhalb eines Jahres sterben würde – ich hatte mein Testament noch einmal durchgesehen, sogar noch vor dem Termin bei dem neuen Onkologen. Mein Verstand weigerte sich, weit vorauszudenken und sich mit irgend etwas zu befassen, das weiter als ein paar Stunden in die Zukunft reichte. Und doch hatte ich die ganze Zeit über das sichere Gefühl, daß ich eine Chance hatte zu überleben. In diesem merkwürdigen Zustand – wer ebenfalls schon einmal eine lebensbedrohliche Krankheit durchgemacht hat, kann es vielleicht nachempfinden – stehen die widersprüchlichsten Gedanken und Gefühle in trauter Eintracht nebeneinander, wie dissonante Akkorde in einem melancholischen Musikstück. Man begreift, daß beides möglich ist, das Sterben ebenso wie das Überleben, und nach einer Weile erscheint einem auch beides annehmbar.

Ich hatte auch ein Patiententestament gemacht und bei meinem Anwalt hinterlegt. Ich hatte so viel über das Thema nachgedacht, daß ich genau wußte, wie ich zu intensivmedizinischen Eingriffen stand. Seit meinem fünfzigsten Geburtstag hatte ich mit zwei engen Freundinnen, Charlotte und Barbara, beide realistisch denkende Frauen wie ich, immer wieder über unsere Vorstellungen von Selbstbestimmung im Falle schwerer Krankheit gesprochen. Wir hatten alle drei die schlimmsten Geschichten gehört von Menschen, die man, an Beatmungs- und wer weiß was noch alles für Geräte angeschlossen, über Monate oder Jahre künstlich am Leben erhalten hatte. Sogar meine eigene Mutter war nach einem chirurgischen Eingriff wegen einer krankhaften Arterienerweiterung zunächst ganz normal aufgewacht, und dann, als sie aufstand, in ein Koma gefallen. An ein Beatmungsgerät angeschlossen und mit Schläuchen in allen möglichen Körperteilen siechte sie über einen Monat lang dahin. Während dieser Zeit quoll sie scheußlich auf, weil ihre Nieren versagten. Als ich ihren aufgeblähten Körper sah, mußte ich weinen, denn ich wußte, sie hätte es gehaßt, in diesem Zustand gesehen zu werden. Es half alles nichts. Nach fünf Wochen starb sie.

Charlotte, Barbara und ich empfanden alle das gleiche beim Gedanken an ein solches Ende: So wollten wir nicht sterben. Ich wußte mit absoluter Sicherheit, daß ich nicht an irgendwelche Geräte angeschlossen und künstlich am Leben erhalten werden, daß ich nicht der Würdelosigkeit ausgesetzt sein wollte, mit tausend Schläuchen verkabelt, zu doppelter

Größe aufgeblasen, hilflos im Bett zu liegen, während kalt-
herzige Ärzte und Assistenten um mich herumstanden und
mich ansahen wie ein Stück Fleisch in der Auslage einer Metz-
gerei. Als überzeugte Anhängerin von Dr. Kevorkian und der
Hemlock-Society war ich der Meinung, daß jeder das Recht
hat, über sein Ende selbst zu bestimmen. Ich wußte, daß ich
alles tun würde, um einer solchen Erniedrigung zu entge-
hen – und wußte mich darin mit Charlotte einig. Wir beide
schlossen einen Pakt: Falls eine von uns beiden in die Lage
käme, ihr Leben beenden zu wollen, würde die andere ihr
helfen, die Mittel dafür zu besorgen. Barbara bat ich ebenfalls
um diese Hilfe, auch wenn ich mit ihr keinen Pakt auf Ge-
genseitigkeit schloß.

In meinem Patiententestament verfügte ich, daß ich alle
lebensverlängernden Maßnahmen ablehnte. Wenn keine
Aussicht auf Genesung bestand, wollte ich keinerlei Schläuche, Apparate und sonstigen Interventionen. Ich teilte meinen Kindern mit, daß ich ein solches Testament verfaßt hätte,
welchen Inhalts es war und wo sie es finden würden. Aber
ich sagte ihnen auch, daß meine Mutter, die nichts so sehr
fürchtete wie Entwürdigung, wahrscheinlich trotzdem nicht
gewollt hätte, daß man die Maschinen abschaltete, die sie am
Leben hielten. Sie hätte ihren Zustand gehaßt und sich dennoch ans Leben geklammert, so lange sie gekonnt hätte. Ich
erklärte den Kindern, daß ich lebensverlängernde Maßnahmen ablehnte, wenn es keine Hoffnung mehr gab, aber daß
ich, solange es noch einen Funken Hoffnung gebe, am Leben hängen würde. Aber im Grunde war ich mir sicher, daß
intensivmedizinische Maßnahmen bei mir nicht nötig sein
würden; ich hatte das sichere Gefühl, daß mir all diese Dinge nicht widerfahren würden.

Auch wenn ich mich nach außen hin gelassen gab, hatte ich panische Angst vor der Chemotherapie; die erste Augustwoche rückte bedrohlich näher. Meine Psyche spielte mir seltsame Streiche und schleuderte mich von Himmelhochjauchzend nach Zutodebetrübt und wieder zurück. In der letzten Woche, bevor ich ins Krankenhaus mußte, blühte mein Glück auf wie ein Wassertropfen, der sich auf einem Aquarell verteilt und Formen und Farben zum Leuchten bringt.

Anfang der letzten Juliwoche rief eine Freundin an und fragte, ob sie auf einen Kaffee vorbeikommen könne. Ich mochte die Frau, auch wenn wir uns nicht besonders nahestanden – was hauptsächlich an ihrem mangelnden Talent zur Vertrautheit lag. Wir waren verschiedentlich gemeinsam auf akademischen Veranstaltungen und in Fernseh-Talkshows aufgetreten, lasen immer gegenseitig unsere Bücher und gingen drei-, viermal im Jahr zusammen essen. Ich mochte ihren Esprit und ihre Intelligenz. Trotzdem überraschte mich ihr Anruf: Sie war selten diejenige, die die Initiative zu unseren Treffen ergriff. Ironischerweise beklagte sie sich gern darüber, daß sie keine Freunde hätte, während alle anderen sich beklagten, daß sie sich nie von sich aus melden würde. Es war eine absolute Premiere, daß sie bat, mich besuchen zu dürfen.

Am Mittwoch nachmittag kam sie dann. Ich hatte Tee gekocht, und wir setzten uns in mein Arbeitszimmer. Sie sagte, sie wüßte, daß ich sehr krank sei. Obwohl sie nicht von «unheilbar» oder gar «todkrank» sprach, brachte sie doch zum Ausdruck, daß sie wußte, wie es um mich stand. Wir hätten nie über unsere Gefühle gesprochen, sagte sie, so vertraut wären wir nicht miteinander. Andererseits, wer war das schon?

Es sei ein bißchen ungehörig, über seine Gefühle zu sprechen. Aber das habe leider zur Folge, daß man einander wichtige Dinge nicht sage, bis es irgendwann zu spät sei. Sie hätte das schon häufiger erlebt, und sie wolle nicht, daß uns das passiere. Und deshalb möchte sie mir jetzt, solange ich am Leben sei, sagen, daß sie mich sehr mögen würde.

Ich konnte mir denken, wie schwer es ihr fiel, mir gegenüber so offen freundschaftliche Gefühle zu zeigen. Deshalb wußte ich es besonders zu schätzen, daß sie sich die Mühe gemacht hatte, zu mir zu kommen, und daß sie den Mut aufgebracht hatte, mir das zu sagen. Außerdem freute mich natürlich ihre Sympathiebekundung. Ich erwiderte, daß ich sie ebenfalls sehr gern habe. Ihr Besuch gehörte zu den Ereignissen, die mir in dieser Zeit sehr nahegingen, und ich werde ihn nie vergessen.

Am nächsten Tag begleitete Gloria mich zu einem Termin bei meinem Onkologen. Sie fragte den Mann aus, als wäre sie beauftragt, meinen Fall zu überwachen. Das tat mir wohl, weil mir selbst das nicht so recht gelingen wollte. In manchen Dingen habe ich ein unglaublich schlechtes Gedächtnis. Beispielsweise kann ich mir optische Eindrücke nicht einprägen: Ich habe oft versucht, mir zu merken, welche Blattform zu welchem Laubbaum gehört, weil ich gerne lernen wollte, die verschiedenen Bäume auseinanderzuhalten, aber mein Hirn weigert sich, solche Informationen zu speichern. Andererseits brauche ich eine Melodie oder eine Gedichtzeile nur einmal zu hören, schon kann ich mir den Rhythmus und den Klang mühelos ins Gedächtnis rufen. Bei Zahlen und wissenschaftlichen Fakten setzt meine Merkfähigkeit ebenfalls aus. Ich wußte, daß ich mir all die medizinischen Details nie und nimmer merken könnte, während Gloria damit keine

Probleme hatte. Sie hat schon oft Leuten beigestanden, die schwerkrank waren, und merkt sich die Namen von Medikamenten, die Namen der Ärzte, die Behandlungsabläufe. Während der nächsten Monate behielt sie den Überblick über meine Therapie; einmal rief sie sogar über den Kopf meines Onkologen hinweg den Facharzt der gastroenterologischen Abteilung an und erkundigte sich bei ihm nach meinem Befinden.

An diesem Abend kam der Hexenzirkel wieder zusammen. Damals dachte ich, es wären unsere regulären Zusammenkünfte, aber wenn ich jetzt in meinen Kalender sehe, wird mir klar, was für eine riesengroße Mühe sich meine Freundinnen gaben, während dieser Phase für mein psychisches Gleichgewicht zu sorgen. Daß mir das damals völlig entging, zeigt nur, wie paralysiert ich war. Ich erhielt mechanisch meine Lebensfunktionen aufrecht – ich sprach, ich lachte, ich aß, ich hielt mich in Bewegung –, aber innerlich zupfte ich die ganze Zeit über die Blätter von einer Blüte und zählte aus: Ich werde sterben, ich werde überleben, ich werde sterben, ich werde überleben. Ich befand mich in einem Zustand der Erstarrung, der mich isolierte, aber ich war dennoch nicht allein. Meine Freundinnen holten mich immer wieder zurück und nahmen mich in die Arme.

Esther brachte zu dem Treffen eine beglaubigte Urkunde mit, auf der stand, man habe in meinem Namen den Segen ihrer rabbinischen Vorfahren angerufen, namentlich Aryeh Judah Leib, gestorben 1770, und Jacob Joseph Ha-Kohen, gestorben 1782, von denen sie, Esther Masserman Broner, in der zehnten Generation abstammt; nicht zu vergessen ihre Ururgroßmutter Tsadika selig, die den Kranken und Leidenden im Traum erscheint und ihnen die Hand auflegt, um sie zu

heilen. Gloria brachte einen kleinen Lederbeutel mit, der mit
Perlen besetzt und mit duftenden Kräutern (vorwiegend Salbei) gefüllt war. Sie hatte ihn am Ende einer Schwitzzeremonie in einem Wigwam bekommen, die unter anderem
auch für mein Wohlergehen abgehalten worden war. Carol
brachte Zuni-Fetische mit, kleine Bären aus Silber, für jede
von uns einen; die Bären sind Symbole der Stärke. An einem
schwarzen Seidenband gaben sie hübsche Halsbänder ab, und
meine Freundinnen versprachen, die Bänder jedesmal zu tragen, wenn ich ins Krankenhaus käme. Ich war gerührt: Als
Kind hatte ich eine Mutter gehabt, die stets guten Rat gewußt, aber mir nie emotionalen Rückhalt gegeben hatte
(wenn ich sie darum bat, erntete ich Spott). Bei dem Gedanken, daß meine Freundinnen bei mir wären, wenn ich
Angst oder Schmerzen hätte, kamen mir die Tränen.

Barbara McKechnie, meine inoffizielle Schwiegertochter
(sie und Rob waren seit über zehn Jahren ein Paar) brachte
mir Entspannungskassetten zur Unterstützung meiner Visualisierungsübungen. Außerdem brachte sie Boji-Steine mit,
auf die ich mich, zusammen mit den Kindern, einen Nachmittag lang zu konzentrieren versuchte, um die positiven
Schwingungen zu spüren, die angeblich von ihnen ausgehen.
Wir mußten ständig kichern und verächtliche Grimassen
ziehen, aber wir bemühten uns redlich, an die Wirkung zu
glauben, denn ganz von der Hand weisen wollten wir die
Sache nicht, auch wenn wir das Ganze im Grunde für Aberglauben hielten. Nach einer Weile gelang es mir sogar, mit
enormer Konzentration (oder auch enormer Selbsttäuschung) doch so etwas wie leichte Schwingungen zu ver-
spüren. Wiederholen ließ sich der Effekt allerdings nicht. Andere Leute – entfernte Bekannte oder Leser meiner Bücher,

die irgendwie erfahren hatten, daß ich krank war – ließen mir mit der Post oder durch Freunde Geschenke zukommen. Ich wurde überschüttet mit Kristallen, geweihten Kieseln, Edelsteinen, Halsketten, Anstecknadeln.

Rob besorgte einen Entsafter und mixte mir Obst- und Gemüsesäfte, die mein Immunsystem stärken sollten. Er entsaftete Karotten, Äpfel, Sellerie, Kohl, rote Bete, was auch immer, und ich trank das Zeug artig, wenn auch in winzigen Schlucken. Er und Barbara ließen mich nicht aus den Augen und paßten auf, daß ich die scheußlichen braungrünen Drinks nicht wegkippte.

Wann immer sie ein Wochenende frei hatten, fuhren die Kinder mich in die Berkshire Hills. Dort draußen war ich jedesmal glücklich und faßte neuen Mut. An einem Wochenende in der zweiten Julihälfte hatten Rob und Barbara Freunde eingeladen, ohne mir etwas davon zu sagen. Am Sonntagnachmittag wirkten sie beide ein bißchen zerstreut, besonders Barbara. Mir wurde erst am nächsten Tag klar, weshalb: Sie war sich nicht sicher, ob die Gäste kommen würden, und wußte nicht so recht, wie ich auf sie reagieren würde. Sie hatte zwei ehemalige Krebskranke eingeladen, die von ihrer Krankheit genesen waren, und hoffte, daß die beiden mir die Angst vor der Therapie ein wenig nehmen würden.

Die beiden hießen Roz und Fred Stein. Roz studierte mit Barbara an der New York University. Fred, ihr Mann, hatte früher als Marinepilot gearbeitet und war jetzt bei der FAA. Roz und Fred hatten sich in einer Krebsselbsthilfegruppe kennengelernt. Fred hatte Hodenkrebs gehabt und durfte sich als geheilt betrachten. Er war ein lebhafter, humorvoller Typ, der ganz in seiner Arbeit aufging. Roz, deren Brustkrebs problematischer gewesen war (sie hatte die Diagnose in sehr jungen Jahren bekommen und in der Zwischenzeit bereits einen Rückfall erlitten), war tapfer in ihr altes Leben zurückgekehrt und studierte mit Barbara Französisch. Demnächst wollte sie ihren Abschluß machen. Sie hatte Witz, aber man spürte, daß sie von Angst getrieben war.

Roz und Fred wurden in den folgenden Jahren gute Freunde von Rob und Barbara, und auch ich entwickelte große Sympathie für die beiden. Aber diese erste Begegnung hatte ganz und gar nicht den Effekt auf mich, den Barbara sich gewünscht hatte. Roz, eine zierliche, nervöse, hübsche Frau, war bis vor kurzem noch in Behandlung gewesen; ihr Krebs war wieder geheilt, aber sie war von der Idee besessen, daß er zurückkommen würde. Sie hatte begonnen, sich streng makrobiotisch zu ernähren, obwohl das mit einigen Umständen verbunden war und die makrobiotische Küche ihr nicht besonders schmeckte. Und sie konnte über fast nichts anderes sprechen als über die Gefahr eines Rückfalls. Irgendwann wurde es mir zu bunt, und ich sagte: «Aber jetzt geht es Ihnen doch gut? Der Krebs ist weg?»

«Ja», sagte sie.

«Warum versuchen Sie nicht, Ihre Gedanken darauf zu konzentrieren?» schlug ich vor. «Sagen Sie sich, daß es Ihnen wieder gutgeht, versuchen Sie, zur Ruhe zu kommen und das Leben zu genießen.»

Sie machte ein erstauntes Gesicht, als hätte man ihr einen Weg gezeigt, von dem sie gar nicht wußte, daß er existierte.

«Ja», stimmte sie zu. «Wahrscheinlich sollte ich das.»

Aber dann sprach sie weiter über Rückfälle, als wäre nichts gewesen. Man konnte auf den Gedanken kommen – mir selbst kam dieser Gedanke, ich gebe es zu –, daß sie durch ihre un-

unterbrochene Beschäftigung mit dem Thema den Rückfall überhaupt erst provozieren würde, daß sie ihn durch ihre Angst regelrecht herbeiredete. Natürlich hat der Gedanke etwas Abergläubisches, aber bei Krebs sind die meisten von uns abergläubisch. Aus heutiger Sicht könnte ich genausogut sagen, sie wußte, welches Schicksal ihr bevorstand – ihr Körper wußte es –, und sie versuchte lediglich, mit diesem niederschmetternden Wissen fertig zu werden.

Während ich ihr zuhörte, wurde mir immer mulmiger zumute. Ich hätte am liebsten den Raum verlassen, als sie plötzlich verkündete: «Na ja, wenn der Krebs wiederkommt, habe ich wenigstens schon meinen Port!»

Ich fragte sie, was sie damit meine.

«Meinen Port», wiederholte sie und deutete auf eine Stelle an ihrem Hals. «Ich habe einen Port am Hals. Das ist eine Art bleibende Venenöffnung. Sie wird mit einem Plastikstöpsel verschlossen, bis sie wieder gebraucht wird. Dann habe ich das nächste Mal keinen Ärger, wenn ich wieder Infusionen bekommen soll; dann müssen sie mich nicht stechen und wieder stechen, weil sie keine Vene mehr finden. Mit der Zeit werden die Venen nämlich porös und vernarben.»

Ich nahm Reißaus. Mir wurde übel. Solche Dinge gingen über meinen Verstand – und das sollte auch so bleiben. Ich wollte nichts von Ports und Infusionen und porösen Venen wissen. Ich ging nach draußen, um meinen Magen und meinen Kopf zu beruhigen. Ich legte das Gesicht in die Hände und versuchte alles wieder zu vergessen, was ich soeben gehört hatte.

Zwei Jahre später starb Roz, ganz so, wie die arme Seele es uns dauernd zu verstehen zu geben versucht hatte.

Am letzten Juliwochenende fuhren wir wieder alle zusammen in die Berkshire Hills, zu einem letzten ruhigen Beisammensein. Wir wollten ein paar Tage ausspannen, gut essen und zum letzten Mal ein paar unbeschwerte Sommertage genießen, bevor man mich krank machen würde – wie krank, das ahnten wir damals nicht. Wir packten den Picknickkorb, suchten im Wanderführer eine mäßig lange Route aus und gingen in die Berge. Stunden später wanderten wir immer noch durch die Berkshire Hills. Wir hatten uns verlaufen. Irgendwann stießen wir auf einen Weg, der «Appalachenpfad» hieß und Jamies Orientierungssinn wieder auf den Plan rief. Ich legte mich ins Gras, unfähig, auch nur einen Schritt weiter zu gehen, und Rob marschierte mit seinen langen Beinen zu dem Platz zurück, an dem Jamie schwor (sie hatte recht), daß unser Auto stünde. Wir sind keine Familie, in der Emotionen oder Konflikte unterdrückt werden. Wir können uns ziemlich laut anbrüllen und heftig miteinander streiten. Aber an diesem Tag wurde keiner wütend oder gemein; wir lachten über uns und unser Mißgeschick; und als das Wochenende vorüber war, fühlte ich mich so satt und zufrieden, wie jemand in meiner Lage sich nur fühlen konnte.

August 1992

A M DIENSTAG, dem 4. August, ging ich ins Sloan-Kettering, um den ersten Zyklus meiner Chemotherapie anzutreten. Die Aufnahmeprozedur im Sloan-Kettering ist per-
fekt durchorganisiert und läuft glatt und reibungslos ab. Man
wird von einer Crew munterer, wohlgelaunter schwarzer
Frauen in Empfang genommen, die Blutdruck und Temperatur messen, EKGs machen und einen gegebenenfalls zum
Röntgen schicken. Man kommt sich vor, als sei man in einem Luxuskurort gelandet und nicht in einem grotesken und
schmerzlichen neuen Lebensabschnitt, dem Vorzimmer des
Todes. Alle sind freundlich und entgegenkommend, aber im
gleichen Maße zutiefst teilnahmslos; solche reizenden, desin-
teressierten Wächter könnten einem ebensogut die Tür zu
einer Euthanasieanstalt oder zum Country Club des Him-
mels oder der Hölle aufhalten.

Manchmal geht es schneller, aber normalerweise dauert es
eine gute Stunde, bis man die Anmeldung passiert hat und
nach oben geschickt wird; ist man erst einmal auf der Station, kann es sehr schnell gehen, aber manchmal auch noch
Stunden dauern, bis die zuständige Schwester einen gefunden, noch einmal sämtliche Daten abgefragt und einem ein
Bett zugewiesen hat. Bei meinem ersten Aufenthalt wurde
ich in den elften Stock geschickt, wo das Personal eigens für
die chemotherapeutische Behandlung ausgebildet ist. Aber
egal, auf welcher Etage man liegt, die Schwestern im Sloan-
Kettering sind sensationell – effizient, professionell, herzlich,

mitfühlend und so ungeheuer nett, daß sie einen glauben machen, sie sorgten sich wirklich um einen. Darin unterscheiden sie sich gravierend von den Schwestern der anderen New Yorker Krankenhäuser, die ich kennengelernt habe, vor allem von denen im St. Luke's Roosevelt, wo ich nur mürrische, schlecht gelaunte Schwestern und Schwesternhelferinnen erlebt habe. Oder von denen im Bellevue, die (das weiß ich nur vom Hörensagen) manchmal richtig unerträglich sein sollen. In Provinzkrankenhäusern, wie beispielsweise dem Fairview in den Berkshire Hills, habe ich durchweg angenehme, manchmal sogar humorvolle Krankenschwestern angetroffen, aber an die exzellente Ausbildung ihrer Kolleginnen im Sloan-Kettering reichen sie nicht heran.

Chemotherapie-Patienten bleiben im Durchschnitt sechs Tage pro Zyklus in der Klinik und kommen ein halbes Jahr lang (manchmal länger) jeden Monat wieder. Dadurch lernen die Krankenschwestern ihre Patienten oft näher kennen. Eine Schwester, die mich während meines ersten Aufenthalts betreute, kam während späterer Aufenthalte häufig vorbei, um mir guten Tag zu sagen. Sobald sie irgendwo auf der Station zu tun hatte, sah sie bei mir herein. «Ich habe gehört, daß Sie wieder hier sind; da dachte ich, ich komm mal auf einen Sprung vorbei – und hier bin ich», sagte sie jedesmal und strahlte mich an. Manche Schwestern merkten sich Kleinigkeiten, bis man wiederkam. Einmal wurde ich gefragt: «Haben Sie Ihren Teddybär bekommen?» (Bei meinem letzten Aufenthalt hatte Carol mir einen weißen Teddybär mitgebracht und mir das Versprechen abgenommen, daß ich jeden Tag mit ihm schmusen würde. Ich liebte den Teddy, aber das mit dem Schmusen klappte nicht, und als ich entlassen wurde, paßte der Teddy nicht in meine Tasche, so daß ich ihn kurzerhand dalie. Meine Krankenschwester versah ihn mit einem Zettel, auf dem mein Name stand, und bewahrte ihn für mich auf.) Wie ich höre, will das Sloan-Kettering die Zahl seiner Krankenschwestern reduzieren. Die Schwestern sind das einzige, was den Krankenhausaufenthalt und die Chemotherapie erträglich macht; ihnen verdanke ich meine einzigen angenehmen Erinnerungen.

Ich kam mit dem festen Vorsatz, guter Dinge zu bleiben; ich zog ein gewisses Triumphgefühl aus der Tatsache, daß ich apathischen Ärzten eine Diagnose entlockt hatte und nun mit der Behandlung beginnen konnte. Außerdem hatte ich die «Nierenprobe» bestanden. Bevor man Cisplatin bekam, mußte die Nierenfunktion getestet werden. Als ich das hörte, wurde Cisplatin in meinen Augen sofort zum Wundermittel: Ich wollte es unbedingt bekommen und war begeistert, als ich die erforderlichen Nierenwerte knapp erreichte.

Dennoch hatte ich über die Jahre genug über Chemotherapie und Bestrahlung gehört, um zu wissen, daß manche Leute Scheußliches durchmachten. Barbara, die Frau meines Studienfreundes Barry aus Harvard, arbeitete als junge Ärztin an einem Krankenhaus, als sie sich eines Tages, nachdem sie sich wochenlang krank gefühlt hatte, selbst Blut abnahm und die Probe im Labor abgab. Die Analyse ergab, daß sie Leukämie hatte, und zwar eine Leukämieform, die eigentlich nur bei Kindern vorkommt – dabei war sie kein Kind mehr, schließlich hatte sie die Promotion schon hinter sich. Während der langen, zermürbenden Therapie schwebte sie mehrmals in akuter Lebensgefahr und fiel einmal in ein Koma, das um ein Haar tödlich gewesen wäre. Dank Barrys liebevoller Fürsorge kam sie durch, aber danach sagte sie, auch wenn die

Leukämie wiederkommen sollte, die Hölle dieser Behandlung wolle sie nicht noch einmal erleben. Und Barry meinte, er sei glücklich über ihre Genesung (sie ist immer noch gesund und munter), aber die Chemotherapie, die sie bekommen hätte, sei barbarisch – er verglich sie mit den Methoden der Psychiatrie im achtzehnten Jahrhundert. Das hatte ich nie vergessen.

Die Mutter einer anderen Freundin von mir hatte mit Brustkrebs im New York Hospital gelegen und während der Chemotherapie eine Bluttransfusion gebraucht. Das Blut, das sie bekam, war infiziert; sie erkrankte an AIDS und war fünf Jahre später tot. Das waren nur zwei der Horrorgeschichten, die mir im Gedächtnis geblieben waren. Sie gehörten zu einer ganzen Sammlung, wie jeder von uns sie mit sich herumträgt, und sie trugen zu meiner unbewußten, untergründigen Panik bei.

Rob begleitete mich, als ich ins Sloan-Kettering ging. Obwohl die Chemotherapie erst am nächsten Tag beginnen sollte, legten die Schwestern bereits einen venösen Zugang. Sie gaben mir eine Infusion zur Vorbereitung auf die Zytostatika – ich sollte Fluorouracil und Cisplatin (im Volksmund Platin) bekommen. Am Mittwoch, dem 5. August, meinem zweiten Tag im Krankenhaus, begannen die Schwestern mit der Gabe von Fluorouracil. Die Vorschrift verlangt, daß die Zytostatika durch zwei Krankenschwestern verabreicht werden, die das Prozedere Schritt für Schritt gemeinsam durchgehen. Eine muß die ärztliche Anweisung laut vorlesen, die andere muß die Aufschriften auf den Infusionsbeuteln laut vorlesen und darauf achten, daß der Name des Medikaments, die Konzentration, die Dosierung und andere Details übereinstimmen. Dann hängen sie die Beutel an die Arme eines fahrbaren Infusionsständers – einen mit dem Zytostatikum und einen zweiten mit Kochsalzlösung.Von den Beuteln führen Schläuche zur Tropfenkammer, einem durchsichtigen Kästchen mit einem kleinen Rädchen an der Unterseite, mit dem die Tropfgeschwindigkeit reguliert werden kann. Von der Tropfenkammer schließlich führt ein Schlauch zu der Kanüle, die man im Arm hat.

Ich beobachtete die beiden Krankenschwestern und verfolgte jeden ihrer Handgriffe mit Habichtsaugen. So höflich ich konnte, fragte ich sie aus. Ich setzte ein Lächeln auf und achtete auf meinen Tonfall – bloß nicht aggressiv werden! Ich sagte, ich wollte auf keinen Fall ihre Kompetenz anzweifeln, aber ich hätte solche Angst vor dem Sterben und müsse andauernd an die beiden Frauen denken, die durch falsch dosierte Zytostatika im Krankenhaus gestorben waren; die Zeitungen hatten erst vor einer Woche darüber berichtet. Deshalb sollten sie mir die Frage nicht verübeln: Hatten sie auch bestimmt das richtige Medikament? Und die richtige Dosierung? Die beiden Krankenschwestern reagierten nicht im mindesten gereizt, sie zeigten sich im Gegenteil verständnisvoll und beantworteten mir geduldig jede Frage – entweder ein Zeichen ihrer guten Ausbildung oder ihrer Menschlichkeit. In den folgenden Jahren sollten mir viele Krankenschwestern erzählen, daß sie selbst bereits Krebs gehabt hatten.

Das Fluorouracil zeigte keine spürbaren Nebenwirkungen, und meine Panik ließ ein wenig nach. Erst am dritten Tag verabreichten sie mir Cisplatin – nach dem gleichen Prozedere wie das Fluorouracil. (Cisplatin greift die Nieren stark an. Mein Onkologe hatte mir gesagt, die toxische Wirkung ließe sich dämpfen, wenn man darauf achte, daß die Nieren ausreichend mit Kochsalzlösung durchgespült würden. Das erwies sich leider als Wunschdenken.) Als das Platin in meine Adern drang, war ich zum Zerreißen angespannt, wie jemand, der auf dem elektrischen Stuhl sitzt und auf den tödlichen Stromstoß wartet: Ich wußte, daß Cisplatin ein tödliches Gift war, und ich rechnete damit, daß ich seine Toxizität irgendwie spüren könnte. Aber ich fühlte nichts, auch während der nächsten Tage nicht, abgesehen von leichten Übelkeitsanfällen, die aber durch ein weiteres Medikament, Zofran, rasch unter Kontrolle waren. Allmählich löste sich meine Anspannung. Das Ganze war nicht annähernd so schlimm, wie man es mir in Aussicht gestellt hatte. Bis jetzt war die Sache nahezu schmerzlos.

Als Chemotherapie-Patient ist man ununterbrochen an Infusionen angeschlossen, Tag und Nacht, sechs Tage oder länger. Wenn man das Kleidungsstück, das man am Oberkörper trägt, an- oder ausziehen will, sind immer die Schläuche im Weg. Ich haßte die losen, dünnen Krankenhaushemden; sie waren nicht schön und hielten nicht besonders warm. Die Heizung wird im Sloan-Kettering immer niedrig eingestellt, was für die Apparate gut sein mag, aber nicht für die Patienten. Deshalb entwarf ich nach meinem ersten Krankenhausaufenthalt ein Oberteil, dessen Ärmel anstelle der Nähte Klettverschlüsse hatten, so daß man sie leicht über die Schläuche an- und ausziehen konnte. Meine Schwester brachte die Zeichnung zu einer Näherin, die mir aus buntem Velours mehrere Oberteile nähte. Während meiner späteren Krankenhausaufenthalte trug ich immer diese Sonderanfertigungen – jedenfalls in den Zeiten, in denen ich bei Bewußtsein war.

Der Infusionsständer ist mit einer Steckdose an der Wand verbunden, aber das Kabel ist lang genug, um – mit dem

Ständer im Schlepptau – zur Toilette zu gehen oder sich auf einen Stuhl zu setzen; man kann den Stecker sogar für mehrere Stunden herausziehen und den Ständer über den Flur zur Küche schieben oder mit dem Aufzug in den Aufenthaltsraum im Dachgeschoß fahren. An dem Tag, an dem ich entlassen wurde, sah ich mehrere Leute (darunter eine sehr junge Frau) mit ihren Infusionsständern vor dem Haupteingang des Krankenhauses stehen und Zigaretten rauchen.

Ich war erleichtert, daß es mir relativ gutging, und holte den Laptop heraus, den ich mir eigens für das Krankenhaus angeschafft hatte, um ein paar Seiten an meinem Roman zu schreiben, den ich unbedingt beenden wollte, bevor ich starb. Aber ich bekam so viel Besuch und so viele Anrufe, daß ans Arbeiten kaum zu denken war. Schließlich kaufte Rob mir einen Anrufbeantworter, den ich anschalten konnte, wenn ich das Bett verließ oder ein wenig schlafen wollte.

Eines der Dinge, die mir bei jedem Krankenhausaufenthalt zu schaffen machten, war der Mangel an Privatsphäre. Einzelzimmer sind meist unerschwinglich; im St. Luke's Roosevelt beispielsweise gibt es seit der Modernisierung auf jeder Station hübsche Einzelzimmer, die jedoch meist leerstehen, weil die Preise so hoch sind. (Zu der Zeit, als ich dort war, lag die Preisdifferenz zu einem Mehrbettzimmer bei rund fünfhundert Dollar pro Tag, wobei schon ein Bett im Mehrbettzimmer etwa zweitausend Dollar täglich kostete, in denen die Kosten für Medikamente und Behandlung noch gar nicht enthalten waren. Meine Krankenversicherung, Florida Blue Cross/Blue Shield, zahlte davon lediglich achtzig Dollar pro Tag.) Im Sloan-Kettering dagegen gab es eine faire und vernünftige Regelung: Die Preisdifferenz war unerheblich; aber die Einzelzimmer, die lediglich etwas kleiner, ansonsten aber genauso eingerichtet waren wie die Zweibettzimmer, waren für Patienten reserviert, die eine Knochenmarktransplantation bekamen. Nur wenn gerade kein solcher Patient da war, wurden Einzelzimmer auch an andere Patienten vergeben. Mein Problem war aber nicht, daß ich etwas dagegen gehabt hätte, mein *Zimmer* mit jemandem zu teilen; was mich störte, war der *Fernseher*. Ich sehnte mich nach Ruhe und wurde häufig von früh bis spät und manchmal auch noch nachts – es gibt Leute, die das Gerät *nie* abschalten – vom Fernseher beschallt. Manchmal beschwerte ich mich, und eine Krankenschwester bat meine jeweilige Zimmerkollegin, den Apparat abzustellen. Aber die ließ ihn weiterlaufen, auch wenn sie dabei (im Gegensatz zu mir) einschlief. Die meisten Leute weigern sich, Kopfhörer zu benutzen. Und daß eine Krankenschwester es wagt, einem Patienten etwas zu befehlen, ist in diesen aufgeklärten Zeiten undenkbar.

Dabei bin ich kein prinzipieller Fernsehhasser. Vor meiner Krankheit – und jetzt auch wieder – habe ich gern ferngesehen. Ich sehe beispielsweise fern, wenn ich abends allein zu Hause esse oder wenn es einen guten Film oder ein Fernsehspiel auf BBC gibt. Aber ich kann es nicht ertragen, wenn der Fernseher die ganze Zeit läuft, wie es auf manchen Intensivstationen oder auch in den Wohnungen mancher Leute üblich ist. Und aus irgendeinem Grund hatte ich seit meiner Krebsdiagnose eine regelrechte Aversion gegen das Fernsehen entwickelt. Ich konnte es nicht mehr ertragen, weder im Krankenhaus noch daheim. Während meiner Krankheit empfand ich das Fernsehen als ein Instrument der Unterdrückung. Meine fernsehsüchtigen Zimmerkolleginnen waren schuld daran, daß ich ganze Nächte auf kurzen, unbequemen Sofas im Besucherraum der Station verbrachte (kein schöner Ort zum Schlafen, nicht einmal im Sloan-Kettering) oder mich fluchend an die Schwestern wandte, sie sollten mir ein anderes Zimmer geben oder ich würde auf der Stelle das Krankenhaus verlassen. Die einzigen Zimmergenossen, die einem noch mehr zusetzen als Fernsehsüchtige, sind Alzheimerpatienten, die rund um die Uhr immer die gleichen Sätze sagen oder die gleichen Lieder singen. Im St. Luke's Roosevelt teilte ich einmal das Zimmer mit einer Alzheimerpatientin – und bekam zusätzlich die alzheimerkranken Männer auf dem Flur mit, die den lieben, langen Tag lautstark ihre immergleichen Vorträge hielten.

Während meines ersten Chemotherapie-Zyklus hatte ich eine liebe, reizende Frau als Zimmergenossin, die sagte, sie könne beim Fernsehen keine Kopfhörer benutzen, weil die Chemotherapie ihr Gehör geschädigt habe. Es war mir neu, daß man mit schlechtem Gehör keine Kopfhörer benutzen konnte; im übrigen sagte ich mir, die Frau sei bestimmt eine Ausnahme. (Tatsächlich gehört eine Beeinträchtigung des Gehörs zu den üblichen Nebenwirkungen einer Chemotherapie.) Aber zum Glück sah sie nicht ständig fern, und außerdem erlaubte mir ein Arzt, den Aufenthaltsraum der Ärzte zu benutzen, ein schmales Zimmer mit einem (meist ungemachten) Bett und einem langen Holztisch, um den mehrere Holzstühle herumstanden. Ich ging ein paarmal mit meinem Laptop in diesen Raum, hatte aber Probleme, mich dort zu konzentrieren. Das ist bei mir normal: Ich habe überall Probleme zu arbeiten, außer bei mir zu Hause. Es fiel mir leichter, in meinem Bett zu arbeiten, als im Aufenthaltsraum der Ärzte; vielleicht sind Betten austauschbar genug, um meine Schreibblockaden zu überlisten.

Diese Zimmergenossin bekam seit mehreren Monaten Chemotherapie und hatte damit große Probleme. Ich wußte nicht, ob ihr Krebs weiterwucherte oder ob die Probleme durch die Chemotherapie verursacht waren. Mir fiel nur mit Bestürzung – nein, mit Entsetzen – auf, wie egal mir ihre Probleme waren. Diese Haltung fand ich abscheulich. Ich war immer stolz darauf gewesen, daß ich vor harten, unbequemen Tatsachen nicht die Augen verschloß und auch den Blick auf das Häßliche und Unangenehme ertrug. Und auf einmal war ich genau die Sorte Mensch, die ich verachtete: jemand, dem seine Bequemlichkeit und sein billiges kleines Wohlergehen wichtiger waren als das Leid der anderen. Trotzdem, ich wollte nicht wissen, was mit dieser Frau los war; ich hatte keine Ahnung, was mich während meiner eigenen Chemotherapie noch erwartete, und wenn ich sie ansah, bekam ich Angst um mich selbst. Sie schien niemanden zu haben außer einer treuen Schwester, die sie jeden Tag besuchen kam und nach einigen Tagen auch nach Hause holte.

Meine nächste Zimmergenossin war eine schöne, junge Frau, die überhaupt nicht fernsah – ein Segen für mich, aber nicht für sie: Sie war schlichtweg zu krank, um sich noch für irgend etwas zu interessieren. Sie hatte seit einigen Jahren Brustkrebs – bei der Diagnose war sie erst neunundzwanzig gewesen – und bereits eine Brustamputation hinter sich. Inzwischen hatte sie Metastasen in der Wirbelsäule, in der Leber und im Magen. Oft klingelte sie nach der Krankenschwester und bat flüsternd um ein Schmerzmittel. Ich hatte das Gefühl, sie würde bald sterben, und versuchte, die Krankenschwestern danach zu fragen. Sie murmelten, die Frau sei sehr krank. Eine der Schwestern deutete an, daß sie nicht mehr lange zu leben habe. Da Krankenschwestern es normalerweise als einen Verstoß gegen ihr Berufsethos betrachten, über ihre Patienten zu sprechen, war die Tatsache, daß man mir überhaupt Antwort auf meine Fragen gab, ein Hinweis darauf, daß die Schwestern enorm in Sorge um diese Frau waren. Sie waren sehr fürsorglich zu ihr, aber die Arme nahm in ihrem Kummer und Schmerz kaum etwas davon wahr.

Über das Verhalten der Familie dieser Frau war ich so entsetzt, daß ich jedesmal, wenn sie Besuch bekam, konzentriert zu schreiben oder zu lesen versuchte, um nicht alles mitzuhören. Aber das ging natürlich nicht. Ich bekam unweigerlich das eine oder andere aus ihrem Leben mit; sie lag ja nur knapp zwei Meter von mir entfernt. Am ersten Abend kam ihr Ehemann sie besuchen; er hatte seine Kollegen mitgebracht – er war Polizist. Die Männer waren alle nett und freundlich zu ihr, aber sie fühlten sich sichtlich unwohl und verabschiedeten sich bald wieder. Ihr Mann begleitete seine Kollegen hinaus und kam erst viel später wieder zurück.

Der Mann war klein, dunkelhaarig, gut gebaut und sah gut aus, aber er sprach wenig; sie mußte ihm jedes Wort aus der Nase ziehen. Wenn sie allein waren, zeigte er sich sehr anhänglich, aber nicht auf eine liebevolle, sondern auf eine erpresserische Weise. Er versuchte immer wieder, sie festzunageln, sie solle ihm jetzt definitiv sagen, ob sie tatsächlich die Scheidung einreichen würde, sobald sie wieder daheim wäre, wenn er sich weigere, eine Psychotherapie anzufangen. Offenbar hatte sie ihm so etwas angedroht. Sie reagierte mit Ausflüchten. Ich konnte nicht beurteilen, ob sie Angst hatte, ihm klipp und klar zu sagen, was sie wollte, oder ob sie es gar nicht wußte; vielleicht ahnte sie, daß sie das Krankenhaus gar nicht mehr verlassen würde. Jedenfalls versuchte sie Druck auf ihn auszuüben, das war nicht zu übersehen.

Nach einer Weile kamen die Hintergründe heraus. An dem Abend, als sie ihn bat, sie wieder ins Krankenhaus zu bringen, hatte er sie geschlagen. Nun wollte sie von ihm hören, daß es ihm leid täte, aber er machte keinerlei Anstalten, etwas dergleichen zu sagen. Er wollte die Sache vergessen und begraben. Er hing sehr an seiner Frau, aber worum es ihm in der Hauptsache ging, waren ihre Dienste im gemeinsamen Haushalt: Er sorgte sich nicht um sie, sondern um sich selbst, um sein bequemes Leben. Er war weder bereit, eine Therapie anzufangen, noch wollte er von ihr verlassen werden. Seine Frau war ihm eminent wichtig, aber nicht um ihrer selbst willen, sondern weil sie ihn versorgte. Er schien überhaupt nicht zu ahnen, daß sie ihn bald für immer verlassen würde. Offenbar war er viel zu sehr mit sich selbst beschäftigt, um zu merken, daß sie im Sterben lag.

Sie hatte zwei Schwestern, genauer gesagt Stiefschwestern, die sie häufig besuchen kamen und wahrscheinlich dachten, sie täten ihr damit etwas Gutes. Aber sie waren immer so aufgekratzt und fröhlich – wie viele Menschen es Kranken gegenüber sind. Die Leute meinen es gut und merken dabei nicht, wie distanzierend übertriebene Fröhlichkeit ist, weil sie die Realität des anderen leugnet und dem Kranken keinen Raum und kein Recht läßt, krank und bedrückt zu sein. Sie ignorierte ihre Schwestern oder litt still vor sich hin, fragte aber oft nach ihrer Mutter, die eigentlich ihre Stiefmutter war. Die Schwestern erklärten umständlich, weshalb die Frau nicht zu ihr käme. Es sei eine weite Reise für sie, sagte die eine; die andere machte der Kranken sogar Vorwürfe, sie erwarte zuviel. Eines Tages brach die Arme in Tränen aus und schrie, sie brauche ihre Mutter, sie müsse sie sehen. Und schließlich erschien sie, eine müde Frau mittleren Alters, gleichgültig und desinteressiert. Sie machte ein mürrisches Gesicht und redete die ganze Zeit nur davon, wie beschäftigt und überarbeitet sie sei, zumal jetzt, da sie sich auch noch um den Sohn der Kranken kümmern müsse. Die junge Frau wurde dazu erniedrigt, um ein winziges bißchen Liebe zu betteln, und bekam sie doch nicht. Und als eines Tages ihr Mann den kleinen Jungen mitbrachte, ein Kind von etwa acht Jahren, sprach sie kaum mit ihm und setzte die höllische Familiendynamik damit fort.

Ein Arzt kam ein paarmal zu ihr und sprach vage über Behandlungsmöglichkeiten, insbesondere über eine Knochenmarktransplantation. Sie setzte ihre ganze Hoffnung auf die Transplantation und berichtete jedem Besucher davon. Aber der Arzt traf keine Vorkehrungen für den Eingriff; er zögerte alles hinaus, genauso wie meine Ärzte es getan hatten, bevor ich selbst die Initiative ergriffen hatte. Ich dachte im stillen, in Wirklichkeit wolle der Arzt sie der schmerzvollen Behandlung gar nicht aussetzen, weil sie ohnehin kaum Chancen hätte, sie zu überleben; in Wirklichkeit warte er nur darauf, daß sie starb. Aber vielleicht bildete ich mir das alles auch nur ein. Jedenfalls lag sie immer noch in diesem Bett, als ich wieder entlassen wurde. Ich habe sie nie wiedergesehen.

Niemand in ihrer Umgebung schien stark genug, die arme Seele zu trösten; sie mußte dem Tod ganz allein ins Angesicht sehen. Ich hatte großes Mitleid mit ihr, nachdem ich ihre Verhältnisse mitbekommen hatte, und konnte ihren Schmerz nachempfinden – als Kind hatte ich mich ebenfalls ungeliebt gefühlt (aber jetzt wurde ich geliebt!). Dagegen kam meine eigene Situation mir nicht annähernd so traurig vor. Ich konnte dem Tod mit einigem Gleichmut entgegensehen: Ich war einundsechzig Jahre alt und hatte ein reiches, erfülltes Leben hinter mir, auch wenn ich viel gelitten hatte. Aber ich sah vieles von meinem Leid in dem intensiven Leben begründet, das ich gewählt hatte, in meinem Eigensinn und meiner Unbeständigkeit; ich hatte es mir nie leicht gemacht. Aber ich hatte mir auch, trotz mancher Rückschläge und zuweilen im Schneckentempo, das Leben geschaffen, das ich mir gewünscht hatte. Schon mit zehn Jahren hatte ich genau gewußt, was ich wollte. Und ich hatte es mit einer Klarheit und Leidenschaft gewußt, daß ich glaubte, nichts könne meine Pläne durchkreuzen. Dennoch bin ich von meinem Weg abgekommen und habe fast zwei Jahrzehnte lang ein falsches Leben gelebt.

Aber ich habe meinen wahren Weg nie ganz aus den Augen verloren. Ich sehnte mich nach Wissen aller Art – Literatur, Philosophie, Geschichte, Kunst, Musik, *Leben*. Ich wollte mir dieses Wissen aneignen, ich wollte meine eigenen Prinzipien und meinen eigenen Geschmack entwickeln, und aus all dem heraus wollte ich schreiben. Ich hoffte natürlich auf Veröffentlichung, aber ich rechnete nicht damit, mit dem Schreiben viel Geld zu verdienen (allerdings genug, um davon zu leben – so träumte ich damals; ich wußte ja nicht, wie schwer sogar das ist). Ich wollte um die ganze Welt reisen, ich wollte sexuelle Erfahrungen mit allen möglichen Menschen machen, und ich wollte kultivierte, gebildete Freunde haben. Ich träumte von Menschen, die kulturell auf einem höheren Niveau standen als andere, die immer nur geistreiche Unterhaltungen führten und von Natur aus mit gutem Geschmack, Grazie und Ansehen gesegnet wären. Es war mir nie in den Sinn gekommen zu verlangen, daß diese Leute außerdem anständige Menschen sein sollten. Ich träumte von einem Stadthaus auf Manhattans East Side mit einer schwarzen Eingangstür und einem Türklopfer aus Messing. Und bis zu einem gewissen Grad hatte ich meine Träume alle wahr gemacht. Trotzdem hatte ich noch nicht genug; ich wollte noch mehr; ich würde nie genug haben. Ich war noch nicht in Japan gewesen oder in Südamerika …

Oscar Wilde hat einmal gesagt, es gebe zwei Tragödien: nicht zu bekommen, was man wolle, und es zu bekommen – was schlimmer wäre. Aber ich bin glücklich, daß ich bekommen habe, was ich wollte, obwohl sehr viel Wahrheit in diesem Spruch steckt.

Als ich fünfzehn war, hatte ich keinen Wunsch danach, eine Familie zu gründen. Ich bekam die Kinder aus Versehen, wie jedes brave Mädchen in den vierziger Jahren, weil es damals eben so war. Und trotzdem waren meine Kinder jetzt meine größte Freude, meine größte Liebe. Und sie waren erwachsen. Es machte mich traurig, sie vielleicht bald nicht mehr sehen und berühren zu können, nicht zu wissen, wie ihr Leben weitergehen würde. Aber ich mußte mir keine Sorgen machen, sie hilflos und allein in einer Welt zurückzulassen, in der nie wieder jemand sie so lieben würde, wie ich sie geliebt hatte – wie meine arme Bettnachbarin. Wenn ich überleben sollte, wäre alles, was ich meinen Kindern noch geben könnte, meine Freude an ihrem Dasein. Im Grunde war es ironisch, sagte ich mir, daß zwei Dinge, die ich mir in jungen Jahren gar nicht gewünscht hatte, weil sie mir nicht eingefallen wären, zu zwei der drei Säulen in meinem Leben geworden waren: Kinder und gute Freunde. Das dritte war meine Arbeit. Das Unerwartete, das Unverhoffte erwies sich als der größte Segen. Reiner Zufall.

Während ich so über die Willkür des Schicksals und über das traurige Los dieser armen Frau nachdachte, wurde mein Wunsch immer größer, mit ihr zu sprechen, ihr auf irgendeine Weise zu helfen – nur wie? Wer dachte ich denn, daß ich war, ihr helfen zu können? Niemand konnte einer Frau helfen, die ihr Leben lang keine Liebe erfahren hatte und nun im Sterben lag. Sie lebte in einer Welt, in der es keinen Trost gab, genauso wie meine Mutter. Trotzdem wußte ich, daß es manchmal schon half, wenn einem einfach jemand zuhörte – ich habe in meinem Leben schon viele Stunden zugehört. Deshalb versuchte ich mehrere Male, ein Gespräch mit ihr anzufangen. Aber es gelang mir nicht, den Wall aus Kummer, der sie umgab, zu durchdringen.

Andererseits sagte ich mir: Vielleicht hatte ich ja in mancherlei Hinsicht mehr Glück als sie, aber letztendlich waren wir doch beide in der gleichen Lage. Tod war Tod, und wir standen ihm beide, wie jeder Mensch, allein gegenüber (sie vielleicht etwas näher). Ich hätte mir ebenfalls gewünscht, daß meine Mutter käme, um mich zu trösten – obwohl ich genau wußte, daß sie, wäre sie noch am Leben gewesen, es gar nicht geschafft hätte, mich zu trösten. Meine Mutter war so verbittert über ihre eigene Kindheit, daß sie jede Krankheit und jeden Kummer, der mir zustieß, für einen Akt absichtlicher Aggression ihr gegenüber hielt, den sie nicht verdiente und der ungerecht war, weil sie in ihrem Leben schon soviel gelitten hatte, mehr als irgend jemand sonst auf der Welt. Im Grunde war es gut, daß meine Mutter tot war; so mußte sie sich nicht über meine Krankheit beklagen, und ich mußte mich nicht über sie ärgern und darüber in bitteres Selbstmitleid verfallen. Und dennoch versuchte ich Nacht für Nacht, wenn ich schlaflos im Bett lag, meine Mutter im

Himmel zu erreichen. Nacht für Nacht rief ich sie stumm zu mir herab, wo immer sie war. Aber ich konnte sie nicht spüren, sie hatte ihr Gesicht von mir abgewandt.

Ein weiterer ärgerlicher Punkt bei allen Krankenhäusern ist das Essen. Es hat nicht nur keinen Geschmack, sondern ist zudem von erbärmlicher Qualität. Wenn man für eine so riesige Zahl von Menschen kocht, mögen geschmackliche Beeinträchtigungen unvermeidlich sein, aber es ist mir ein Rätsel, weshalb Krankenhäuser ungesunde Lebensmittel einkaufen. Heute weiß jedes Kind um die Bedeutung der Ernährung für die Gesundheit. Warum kaufen ausgebildete Diätetiker noch immer Unmengen grüner Grütze, plastikartiger Eiskrems und Desserts, billiges, klebriges Weißbrot, die Abfälle vom Gemüsemarkt und zähes, minderwertiges Fleisch? Und dann kochen sie das Essen noch so lange, bis auch die letzten Nährstoffe, die es vielleicht einmal besaß, verdampft sind. Von dieser Regel scheint kein Krankenhaus eine Ausnahme zu machen.

Allerdings stellte sich heraus, daß es für mich keine Rolle spielte, wie gut oder wie schlecht das Essen war: Ich konnte nicht essen. Die Kinder und meine Freundinnen brachten mir von zu Hause oder aus dem Restaurant alles mit, wovon ich sagte, ich könnte es vielleicht essen: gute Suppen und Eintöpfe, die ich in der Krankenhaus-Mikrowelle aufwärmen konnte, leckere Kuchen. Carol fuhr einmal durch die ganze Stadt zu einem Bäcker, um Madeleines für mich zu besorgen (die ich dann tatsächlich aß); Jamie kochte mir einen Nudel-Käse-Auflauf, wie ich ihn früher oft für die Kinder gekocht hatte. Rob versuchte jedesmal irgendeine Suppe oder einen Kuchen aufzutreiben, den ich hinunterbekommen könnte.

Aber ich konnte nicht viel essen, und mit der Zeit brachte ich überhaupt nichts mehr hinunter. Den Geruch der Chemikalien auf dieser Station habe ich nie wieder vergessen, und seit meiner Chemotherapie war ich nie wieder in der Lage, in einem Krankenhaus zu essen, egal, in welchem.

Chemotherapie hat bei vielen Menschen starke und anhaltend negative Auswirkungen auf die Psyche. Mir wird jedesmal mulmig, wenn ich am Memorial-Sloan-Kettering-Krankenhaus an der Park Avenue vorbeikomme. Manchen Leuten wird physisch übel, wenn sie an dem Krankenhaus vorbeigehen, in dem sie behandelt worden sind. Mein Arzt erzählte mir von einem Patienten, dem sich jedesmal der Magen umdrehte, wenn er seinen Onkologen zu Gesicht bekam. Eines Sommers, im Urlaub, ging er in Paris eine Straße entlang und wurde plötzlich von einer extremen Übelkeit befallen. Er wandte sich verwirrt an seine Frau, weil er sich wunderte, warum ihm gerade jetzt und hier so schlecht wurde. Dann drehte er sich um, und als er die Straße hinuntersah, erkannte er einen Mann, der ein paar Sekunden vorher an ihm vorbeigegangen war, ohne daß er ihn registriert hatte – seinen Onkologen.

Am Montag, dem 10. August, eine Woche nach meiner Aufnahme, wurde ich aus dem Krankenhaus entlassen. Meine Assistentin, Isabelle de Cordier, kam mich abholen und trug meinen Laptop und die Taschen mit den vielen Sachen, die sich in den sechs Tagen angesammelt hatten. Gehen Sie nach Hause, führen Sie Ihr normales Leben, sagten die Ärzte. Ich war begeistert: Ich hatte die Chemotherapie ohne ernsthafte Schäden überstanden! Ich hatte sie hinter mir und lebte noch. Ich war wieder daheim. Ich ging nach oben und duschte (Krankenhausduschen sind häßlich und unbequem) und zog frische Kleider an.

Aber kaum hatte sich die erste Euphorie, wieder daheim zu sein, gelegt, merkte ich, daß ich mich gar nicht wohl fühlte. Ich versuchte zu arbeiten. Während meines Krankenhausaufenthalts hatte ich kaum mehr als ein Kapitel geschrieben. Fünf Kapitel lagen noch vor mir, ehe die erste Fassung meines Buches fertig wäre. Aber ich konnte nicht schreiben; es fiel mir nichts ein. Am Abend kamen meine Kinder, um für mich zu kochen, und als sie merkten, wie entkräftet ich war, setzten sie sich alle zu mir. Sie schimpften: Du trinkst nicht genug, du trocknest völlig aus, du ißt nicht. Aber ich konnte weder trinken noch essen: Ich konnte kaum schlucken, ich wußte nicht, wieso. War das eine psychische Reaktion auf sechs Tage ohne Essen? Während die Kinder sich am Herd zu schaffen machten, saß ich am Küchentisch und versuchte mit größter Konzentration, Wasser zu schlucken. Aber es ging nicht. Als es auch am nächsten Tag noch nicht besser war, rief ich meinen Onkologen an. Er sagte, ich solle ihn Donnerstag in der Ambulanz aufsuchen. Von dort kam ich gleich wieder auf die Station.

Die Ambulanz des Sloan-Kettering, eine Unterabteilung der Notaufnahme, die den hauseigenen Patienten vorbehalten ist, sollte mir während der nächsten Monate vertraut werden, da ich unter verschiedenen «Nebenwirkungen» litt. Am Tag meiner Diagnose hatte mein Onkologe ein paar mögliche Nebenwirkungen der Chemotherapie erwähnt, und jeder neue Chemotherapie-Patient bekam ein Informationspaket, das neben einer Aufklärung über die Patientenrechte eine Reihe von Karten enthielt, auf denen zu jedem Zytostatikum die möglichen Nebenwirkungen aufgelistet waren

– eine reichlich unpersönliche Art, der ärztlichen Informationspflicht nachzukommen. Aber nichts kann einen auf das vorbereiten, was dann kommt. Die einfachen Worte – Entzündung der Mundschleimhaut, leichte Übelkeit, Durchfall, Gehörverlust, Neuropathie, möglicher Haarausfall, vorübergehende Abnahme der weißen Blutkörperchen und so weiter – vermitteln nichts von der physischen Realität dessen, was mit dem eigenen Körper passiert. Niemand sagt einem darüber hinaus, daß diese Nebenwirkungen oft bleibend sind. Wer überlebt, dessen Gesundheit ist ruiniert.

Trotzdem, was täten wir, wenn man uns die schreckliche Wahrheit sagen würde? Jeder Onkologe weiß, daß die Krebstherapie den Körper fast so schlimm schädigt wie der Krebs selbst, und daß viele der Schäden dauerhaft sind. Krebs überhaupt zu behandeln, ist genaugenommen per se schon ein Verstoß gegen den hippokratischen Eid, dessen erster Grundsatz lautet: Füge kein Leid zu. Aber das zugefügte Leid variiert von Patient zu Patient und je nach Art der Krebserkrankung sehr stark. Beispielsweise greift die Bestrahlung der Brust den Körper weniger stark an als die Bestrahlung der Speiseröhre (da bei der letzteren die Strahlen auch auf die Wirbelsäule und das Herz treffen). Ebenso ist das Alter des Patienten von Bedeutung: Wenn ich mich unter meinen Freundinnen und Bekannten umsehe (unter denen Brustkrebs epidemisch ist), scheint die Behandlung von Brustkrebs bei älteren Frauen (und Männern) inzwischen sehr erfolgreich zu sein, während sie jungen Frauen oftmals nicht helfen kann.

Die Ambulanz des Sloan-Kettering ist mit den Notaufnahmen anderer Krankenhäuser nicht vergleichbar: Sie ist nur für die Nachbetreuung der hauseigenen Patienten bestimmt; niemand kann von der Straße aus einfach hereinkommen. Die Abteilung ist klein und weniger chaotisch als die meisten Notaufnahmen, und normalerweise wird einem schnell und unbürokratisch geholfen. Aber wie in anderen Notaufnahmen auch, gibt es nur wenig Privatsphäre.

Ich habe fünf verschiedene Notaufnahmen kennengelernt, aber nicht eine davon ähnelte auch nur entfernt dem, was man aus Fernsehserien kennt: den großzügigen Räumlichkeiten, der Hektik und dem Lärm, wenn ein besonders schlimmer Notfall eingeliefert wird. Ich habe nie erlebt, daß unter lautem Geschrei Türen aufgestoßen wurden und eine aufgeregte Crew im Laufschritt eine Trage hereinschob. Im Gegenteil, wenn ernste Notfälle auftauchen, bemühen sich alle, Ruhe zu bewahren. Die Atmosphäre ist nicht, wie im Fernsehen, von Machtkämpfen geprägt: von dem brillanten Arzt, der einen rebellischen Kollegen davon abhalten muß, die Routine zu stören. Es läuft auch nicht bei jeder neuen Einlieferung das ganze Personal zusammen. Im wirklichen Leben herrscht in einer Notaufnahme vor allem Ruhe, wenn auch eine geschäftige Ruhe. Die Schwestern und Schwesternhelferinnen sind freundlich und kooperativ. Die Ärzte sind mehr oder weniger gleichgültig und desinteressiert (obwohl in kleineren Krankenhäusern wie dem Fairview auch in der Notaufnahme sehr freundliche Ärzte anzutreffen sind). Außerdem sind meistens nur ein oder zwei Ärzte anwesend und ansonsten nur Krankenschwestern und Pfleger.

In der Notaufnahme des Mount Sinai gab es, als ich dort war, einen schwarzen Krankenpfleger, der das Regiment zu führen schien. Er bemühte sich sehr um die Patienten und schien ein ausgezeichnetes Verhältnis zu allen übrigen Krankenschwestern und Pflegern zu haben. Die Betten waren dort links und rechts an den Wänden aufgereiht, durch Vorhänge voneinander getrennt. In der Mitte gab es einen Gang, der etwa eine Bettlänge breit war. Weil es so voll war, mußte ich stundenlang warten und verlor jedesmal, wenn ich zum Röntgen oder zu einer Laboruntersuchung geschickt wurde, meine Kabine. Dann mußte ich im Mittelgang zwischen den Betten warten und bekam, da die Trennvorhänge selten zugezogen waren, alles mit, was sich bei den anderen Patienten abspielte. Einmal ging ein Pfleger durch den Raum und bat alle Besucher, sich zu verabschieden. Später fragte ich ihn, weshalb man die Leute fortgeschickt habe. Gab es in der Notaufnahme etwa Besuchszeiten? Davon hatte ich noch nie gehört. Nein, antwortete er, sie hätten nur einen schweren Notfall am anderen Ende des Raumes gehabt und Ruhe gebraucht, um sich auf den Patienten zu konzentrieren. Ich war die ganze Zeit über dagewesen, während dieser Patient behandelt worden war, und der Raum war nicht übermäßig groß, aber ich hatte nichts davon mitbekommen.

In der Ambulanz des Sloan-Kettering bekommt jeder, sobald er aufgerufen wird, ein Bett zugewiesen. Auch hier ist der Raum mit rosa Trennvorhängen in kleine Parzellen unterteilt. Man hört alles mit (und wenn die Vorhänge offenbleiben, sieht man auch alles), was bei den drei oder vier nächstliegenden Patienten vor sich geht. Außerdem bekommt man in der durchsichtigen, kleinen Welt der Ambulanz die Krankenhaushierarchie ganz unverstellt mit. Sieht man einen weißen Mann (was nicht so häufig vorkommt), so ist er garantiert ein Arzt (Ärztinnen sind mir in der Ambulanz nie begegnet); sieht man eine weiße Frau, so handelt es sich um eine Krankenschwester. Schwarze Frauen sieht man im Sloan-Kettering fast nie (ich begegnete nur ein einziges Mal einer schwarzen Krankenschwester), dafür gibt es eine Menge schwarzer Männer, die alle geschäftig herumlaufen und Abfalleimer leeren oder Schränke auffüllen.

Die Krankenschwestern in der Ambulanz des Sloan-Kettering übertreffen sogar noch ihre Kolleginnen in der Chemotherapie-Station. Es ist ihnen nicht gestattet, Diagnosen zu stellen, aber sie tun es natürlich, wenn auch im stillen; wie alle Krankenschwestern, die in Notfallabteilungen arbeiten, erkennen sie sofort, wenn jemand rasche Hilfe braucht, und tun für die Patienten alles, was ihnen im Rahmen ihrer Kompetenzen erlaubt ist. Sie führen die vielen erforderlichen Maßnahmen routiniert und sachkundig durch. Sobald man in den Händen der Krankenschwestern ist, fühlt man sich sicher, auch wenn man noch lange auf einen Arzt warten muß.

Unter all den Ärzten, die ich während der sechs Monate, in denen ich mich mit «Nebenwirkungen» herumschlug, in der Ambulanz erlebte, waren nur ein oder zwei freundliche Männer, die ihre Patienten wie Menschen behandelten; alle übrigen verhielten sich arrogant und abweisend. Ich sah auch Ärzte, die nicht zum Ärztestab des Sloan-Kettering gehörten, sondern von außerhalb kamen und im Sloan-Kettering nur ein paar Belegbetten hatten und sich ausschließlich um ihre eigenen Patienten kümmerten. Im Vergleich zu ihnen wirkten die Ärzte des Sloan-Kettering wie Vorbilder an Professionalität und Kompetenz. Fast alle dieser Belegärzte waren äußerst unangenehme Zeitgenossen, laut, schikanös, arrogant und ungeduldig. Ich fand das unverzeihlich, wenn man bedachte, daß ihre Patienten erstens schwerkrank und zweitens auch noch in akuten Notlagen waren, denn jeder, der hierherkam, hatte irgendein drängendes, gravierendes Problem.

Bei meinem ersten Besuch lag ich neben einem dickleibigen Mann, der etwas älter war als ich und ebenfalls Speiseröhrenkrebs hatte. Sein Arzt, ein Chirurg aus New Jersey, hatte ihn vor kurzem operiert. Er war in einem erbärmlichen Zustand. Er konnte zwar essen, aber es blieb nichts in seinem Magen. Der Arzt, ein lauter, polternder Mann, stellte ihm Fragen, aber seine Antworten blieben vage. Er wiederholte nur dauernd: «Fragen Sie meine Frau; meine Frau merkt sich das alles.» Er konnte nicht einmal sagen, welche Medikamente er nahm. Irgendwann ließ der Arzt endlich die Frau kommen und fragte sie nach den Informationen, die er brauchte. Sie hatte alles parat, was mit der Krankheit ihres Mannes zu tun hatte: wann er Schmerzen hatte und wie lange, wann er was gegessen und wann er es wieder erbrochen hatte. Sie wußte alles über seinen Stuhlgang, über die Medikamente, die er nahm, und über seine Schlafgewohnheiten. Schließlich erklärte der Arzt, daß eine zweite Operation nötig sei. Und der Patient und seine Frau fügten sich, ohne Widerrede, ohne Nachfrage.

Ein anderes Mal lag in dem Bett am Ende des Raumes ein gutaussehender Mann Anfang Vierzig. Er schlief. Eine schöne Frau saß still an seinem Bett und beobachtete ihn. Immer wieder erhob sie sich und beugte sich über ihn – vielleicht hatte er sich bewegt oder mit den Augenlidern gezuckt. Während all der Stunden, die ich an diesem Tag in der Ambulanz verbrachte, erschien kein Arzt an seinem Bett, und die ergebene Frau rührte sich nicht von der Stelle. Es waren keine Worte nötig, um ihre Liebe zu zeigen. Ich habe sie heute noch vor Augen, ein Inbild der Hingabe und Geduld.

An einem Nachmittag schob eine Krankenschwester leise einen jungen Mann in einem Rollstuhl herein, der eine

Schüssel auf dem Schoß hatte. Während die Schwestern eilig ein Bett für ihn herrichteten, saß er ein paar Minuten lang in der Mitte des Raumes. Niemand außer Rob und mir konnte ihn sehen (bei den anderen Patienten waren überall die Vorhänge zugezogen). Mir stockte der Atem bei seinem Anblick: Er war zum Skelett abgemagert und so weiß wie der Albino-Junge in meiner ersten Klasse. Sein großer, eiförmiger Kopf war kahl – vermutlich aufgrund einer Chemotherapie – und schauderhaft weiß. Als ich zu ihm sah, öffnete er den Mund und beugte sich über das Becken. Er spuckte bestimmt einen Viertelliter Blut in die Schüssel, die schon zur Hälfte mit Blut gefüllt war. Er war jung, vielleicht Mitte Zwanzig, und er lag im Sterben. Es war einer der schlimmsten Anblicke meines Lebens; sein Leiden – es mußte unermeßlich sein – war mit Händen zu greifen, auch wenn er kein Wort sagte und keinen Ton von sich gab, weil er dafür schon zu schwach war.

Bei meinen sämtlichen Besuchen in der Ambulanz waren alle übrigen Patienten Männer; ich weiß nicht, woran das lag. Aber ich war froh darüber, denn es brachte mir eine neue Erfahrung – ich entdeckte nämlich einen verblüffenden Unterschied zwischen ihnen und den Frauen, mit denen ich oben auf der Station das Zimmer teilte: die meisten Männer hatten Frauen dabei, die sich um sie kümmerten, während meine Zimmergenossinnen so gut wie nie von Männern besucht wurden und keine einzige von ihnen einen Mann hatte, der sich ernsthaft um sie kümmerte. Die Frauen wurden hauptsächlich von anderen Frauen besucht; Frauen waren es, die sich um die Kranken beiderlei Geschlechts kümmerten, wobei ich nie erlebt habe, daß eine Frau eine andere Frau mit der gleichen Hingabe und Fürsorge betreut hätte, wie die

Ehefrau des Mannes mit dem Speiseröhrenkrebs ihren Gatten umsorgt hatte. Mit Ausnahme des Jungen im Rollstuhl kamen sämtliche Männer, die ich in der Ambulanz sah, in Begleitung ihrer Ehefrauen und manchmal auch noch ihrer Schwestern und Töchter. Ein älterer chinesischer Mann erschien mit einem ganzen Harem von Frauen. Kurz bevor er wieder nach Hause ging, mühten sich zwei Krankenschwestern geduldig damit ab, die Frauen zu instruieren, wie sie ihn daheim pflegen sollten. Die Frauen machten den beiden Krankenschwestern mit Händen und Füßen deutlich, daß sie es nicht schafften, ihn davon abzuhalten, allein aus dem Bett zu steigen, wenn er zur Toilette müsse – wahrscheinlich hatte der Mann seinen Stolz. Eine der Krankenschwestern nahm sich unendlich viel Zeit und überlegte gemeinsam mit den Frauen, ob es nicht einen Weg gäbe, ihm seinen Stolz zu lassen und ihn trotzdem davon abzuhalten, allein aufzustehen.

Ein paar meiner Zimmergenossinnen waren verheiratet, aber keiner der Ehemänner sorgte sich um seine Frau wie mein Freund Barry sich um seine Barbara gekümmert hatte. Einer der Ehemänner brachte jeden Abend in einer Tüte sein Essen mit, setzte sich mit dem dampfenden Teller ans Bett seiner Frau und starrte sie unausgesetzt an, während er speiste. Ich fand das rührend; ich dachte: Wie nett, wahrscheinlich ist er so sehr daran gewöhnt, mit ihr zu essen, daß es ihm allein nicht mehr schmeckt. Das dachte ich eine ganze Weile und lächelte ihn jedesmal an, wenn er ins Zimmer kam, bis sie eines Abends mit schwacher, gequälter Stimme protestierte: «Lou, mußt du mit Chili hier reinkommen? Du weißt genau, daß mir schlecht wird, wenn ich das rieche. Bei all diesen scharf gewürzten Sachen wird mir schlecht.»

Er sagte keinen Ton und aß weiter, bis der Teller leer war. Ich fragte mich, ob sein Abendessen ihr jeden Abend Übelkeit verursachte. Nach ihrer Entlassung dachte ich: wundern würde es mich nicht. An dem Tag, an dem sie entlassen werden sollte, war sie überglücklich. Als er kam, um sie abzuholen, trat sie fertig angezogen und mit einer dunkelblonden Perücke auf dem Kopf aus dem Badezimmer und strahlte über das ganze Gesicht.

«Na, was sagst du?» fragte sie fröhlich und wartete auf ein Kompliment zu ihrer Perücke.

«Grauenhaft», brummte er.

Soviel zum Thema Zärtlichkeit unter Eheleuten. Wenn man einen Mann wie ihn an seiner Seite hatte, wie sollte man da wieder gesund werden? Ich dankte wieder einmal dem Schicksal, daß mein letzter Liebhaber mich vor so langer Zeit verlassen hatte, daß ich längst darüber hinweg war, als ich krank wurde. Ich wußte, wenn wir noch zusammengewesen wären, hätte er mich im Stich gelassen, sobald ich die Diagnose bekommen hätte, und das hätte mich umgeworfen, möglicherweise so schlimm, daß es meine Heilungsaussichten beeinträchtigt hätte.

Eine Zimmergenossin hatte einen erwachsenen Sohn, der lange Zeit weg gewesen war – ich glaube, in Europa. Als er sie zum letzten Mal gesehen hatte, war sie noch gesund gewesen. Jetzt kam er jeden Nachmittag, um mit ihr Karten zu spielen und zu plaudern; er fragte sie immer über ihr Befinden und ihre Behandlung aus und blieb häufig etwas länger, um noch mit einem Arzt über seine Mutter zu sprechen. Auch ich hatte einen ergebenen Sohn. Diese beiden Söhne nahmen zwar nicht die ganze Verantwortung für die Behandlung ihrer Mütter in die Hände (eine so weitgehende

Unterstützung brauchte ich gar nicht – und hätte sie womöglich auch nicht angenommen), aber sie nahmen beide großen Anteil und hielten sich über alle Details auf dem laufenden. Außerdem wußte ich – ohne zu fragen –, daß mein Sohn mich auf jede erdenkliche Weise unterstützen würde, falls ich darauf angewiesen wäre. Wenn ich in der Ambulanz war, merkte ich jedesmal, daß ich in puncto Unterstützung durch andere wirklich Glück hatte. Immer saßen draußen meine Kinder oder meine Freundinnen und warteten auf mich, und wenn sie hereinkommen durften, saßen sie still an meinem Bett und warteten. Rob konnte stundenlang bei mir sitzen und mir die Hand halten. Ein Arzt aus der Ambulanz, ein sehr netter Mann, sah uns eines Tages im Vorbeigehen so sitzen und machte ein verdutztes Gesicht.

Bei meinem ersten Besuch in der Ambulanz wurde Soor bei mir festgestellt, eine Pilzerkrankung, die auftreten kann, wenn sehr viele weiße Blutkörperchen abgetötet worden sind. Es hörte sich für mein Empfinden trivial an, aber die Ärzte hielten es für ernst und sagten, ich müsse mich wieder ins Krankenhaus einweisen lassen. Sie sagten, damit sei nicht zu spaßen, denn es sei ein Indiz für eine zu niedrige Anzahl weißer Blutkörperchen und könne deshalb meine inneren Organe in Mitleidenschaft ziehen – mein ganzer Rachen sei bereits befallen, daher rührten meine Schluckbeschwerden. (In den folgenden Monaten bekam ich jeweils vor und nach der Chemotherapie ein Medikament, das die Bildung von Soor verhindert.) Nach langem Warten bekam ich ein Bett zugewiesen, wenn auch nicht im elften Stock, weil dort alles belegt war.

Die Krankenschwestern sagten mir, es sei nicht weiter ungewöhnlich, daß Patienten in der Mitte des Zyklus wieder ins Krankenhaus kämen. Die Behandlung verläuft dann allerdings nicht mehr nach dem relativ unkomplizierten Schema: eine Woche drin, drei Wochen draußen. Wie sich herausstellen sollte, war mein Schema letzten Endes drei Wochen drin, eine Woche draußen, und das fast jeden Monat. Am Anfang, als ich meine Diagnose bekam, hatte ich neben der Angst vor dem Sterben noch eine andere Panik. Bei meiner Odyssee von Arzt zu Arzt sah ich Hunderte von Menschen in Wartezimmern sitzen, in Krankenhäusern, in Labors, in Arztpraxen. Sie saßen Stunden und Aberstunden auf einem Fleck, sprachen kein Wort und warteten und warteten, mit einer Engelsgeduld. Ich war eine von ihnen, aber geduldig war ich nie. Ich war nervös und unruhig, ich legte mich mit Sprechstundenhilfen und Angestellten an, ich protestierte gegen Wartezeiten von drei Stunden. (Ein Jahr darauf war ich so weit, jeden Arzt anzuschreien, der den Fehler beging, den Kopf aus seinem Sprechzimmer zu strecken, wenn das Wartezimmer voll war.) Ich hatte das Gefühl, daß diese geduldig wartenden Leute alle in Elefantenmist getreten waren. (Es gibt ein Sprichwort in der akademischen Welt für Leute, die das Pech haben, immer nur an Universitäten mit geringem Renommee zu arbeiten: Wer einmal in Elefantenmist getreten ist, schleppt ihn ewig mit sich herum.)

Ihr Elefantenmist war die zum Dauerzustand gewordene Krankheit: Sie hatten nicht *eine* Krankheit, eine eingegrenzte, vorübergehende Störung, sondern sie steckten in einem chronischen Zustand von Kranksein fest. Für diese Leute war Krankheit ein Lebensstil. Sie organisierten ihre Tage um die Termine bei diesem oder jenem Arzt herum, um den Gang zur Apotheke, um die Überwachung der Nebenwirkungen, um die Einnahme eines neuen Pflanzentonikums, das ein

Freund empfohlen hatte. Eheleute machten die Krankheit des einen (oder beider) zum Mittelpunkt ihres Lebens. Stundenlang in einem Wartezimmer zu sitzen, war für sie ein normaler Bestandteil dieser Art von Leben, etwas, worüber man sich nicht aufregte, etwas, worauf man sich einstellte. Für einen Krebspatienten wurden das Krankenhaus und die Ärzte zum Lebensinhalt, sie bestimmten das ganze Dasein, gaben dem Alltag seinen Rahmen. Was konnte man denn dagegen tun? Man konnte nur noch beklagen, was aus dem eigenen Leben geworden war.

Mir würde das nicht passieren, hatte ich mir geschworen, was zu meiner schlechten Laune in Wartezimmern noch beitrug. Aber ich war nicht nur ungeduldig. Ich hatte dauernd das dringende Bedürfnis auszubrechen. Als Kind hatte ich immer, wenn ein Erwachsener mich auszankte oder andere Kinder mir drohten, den Kopf gehoben, die Brauen hochgezogen und versucht, so hochmütig wie möglich auszusehen – um «über der Sache zu stehen» (meist mit Erfolg, wie ich zugeben muß). Also hob ich auch jetzt den Kopf und spitzte den Mund und schwor mir, daß sie mich nicht unterkriegen würden, daß ich kein hauptberuflicher Patient werden, daß ich ein Mensch bleiben würde, eine Intellektuelle und Schriftstellerin, die vorübergehend erkrankt war. Aber am Ende gibt es doch kein Entrinnen.

Am Tag nach meiner Rückkehr ins Krankenhaus bekam ich eine Mundschleimhautentzündung. Wie viele andere Chemotherapie-Patienten sollte ich sie jeden Monat wieder bekommen. Es hört sich harmlos an, aber es ist grauenhaft. Die Zytostatika töten alle schnellwachsenden Zellen im Körper ab. Außer den Krebszellen zerstören sie auch die Schleimhäute im Mund, im Rachen, im Magen und im Darm. An den Wänden der Mundhöhle bilden sich Risse, das Zahnfleisch und die Zunge schmerzen, wenn man zu essen oder auch nur zu sprechen versucht. Zwei- oder dreimal am Tag kommt eine Krankenschwester vorbei und sprüht einem etwas in den Mund – ich glaube, es hieß Borsäure –, um den pochenden, brennenden Schmerz zu lindern. Aber die Linderung hält nicht lange an. Die Entzündung zog sich etwa zwei Wochen hin und dezimierte die Zeit, die ich eigentlich zu Hause zu verbringen gehofft hatte. Mundschleimhautentzündungen gehören zu den weniger gravierenden Nebenwirkungen – aber sie sind qualvoll.

Aber der Tiefpunkt dieses zweiten Krankenhausaufenthalts hatte wieder einmal mit dem Fernsehen zu tun. Mit meiner Zimmergenossin hatte ich Glück: Sie ließ den Apparat nicht ununterbrochen laufen, und wenn sie fernsehen wollte, benutzte sie bereitwillig die Kopfhörer. Ich wußte, daß in dieser Woche in Houston der Parteitag der Republikaner stattfinden sollte (ich wußte es nicht aus dem Fernsehen, sondern aus der Zeitung: Ich bekam jeden Tag die *New York Times* geliefert, und Isabelle brachte mir zusätzlich die *Nation*). Pat Buchanan sollte die Eröffnungsrede halten. Ich hatte gebetet, daß meine Zimmergenossin nicht die Absicht hätte, sich die Übertragung anzusehen, und war erleichtert, als sie an diesem Abend früh einschlief. Aber ich sollte trotzdem nicht entkommen – ein Mann am Ende des Flurs war fest entschlossen, die Sendung in ganzer Länge zu verfolgen und jeden auf dem Flur zum Mithören zu zwingen. Er drehte die Lautstärke so weit auf, daß der ganze Flur dröhnte. Ich flehte die Krankenschwester an, ihn dazu zu überreden, das Gerät leiser zu stellen; aber sie zog nur eine Grimasse und sagte, ich sei nicht die erste, die sich beschwere, aber der Mann weigere sich strikt, den Ton auf Zimmerlautstärke zu drehen.

Für mich war Buchanans Rede symbolisch. In meinem geschwächten Zustand hatte ich keine Abwehr dagegen; sie paßte genau zu meiner verzweifelten Stimmung. Die Worte des Redners, sein Ton – in allem spiegelten sich die Seiten meines Landes und der Welt, die mich empfänglich für den Tod machten, die mir in düsteren Stunden das Gefühl gaben, es wäre nicht schlimm, diese Welt verlassen zu müssen. So stehen unpersönliche Ereignisse mit unserem Leben und Sterben in heimlichem Einklang.

Ich hatte damit gerechnet, drei, vier Tage im Krankenhaus bleiben zu müssen, aber sie behielten mich elf Tage da, bis zum Sonntag, dem 23. August. Ich hätte heulen können, als mir klarwurde, daß mir nur noch sieben Tage blieben, bis ich zur nächsten Runde Chemotherapie antreten mußte. Die Kinder merkten, wie elend mir zumute war, und boten an, mich für das Wochenende aufs Land hinaus zu fahren. Wir brachen noch am gleichen Tag in die Berkshire Hills auf, unmittelbar nach meiner Entlassung. Kaum war ich dort angekommen, konnte ich wieder freier atmen, wie jedesmal. Aber das lange Liegen und die mangelhafte Ernährung hatten mich geschwächt und zermürbt. Diesmal gab es keine Bergwanderungen; mein einziger Luxus bestand darin, auf meinem Sofa in der verglasten Veranda zu liegen, die Kinder um mich herum zu haben und in den duftenden Garten hinauszusehen. Ich beobachtete die Kolibris, wie sie um die Zitronenmelisse und den Rittersporn schwirrten, und sah den Pirolen und Finken und Rotkehlchen, den Bussarden und Eichelhähern und Spatzen bei ihren Spielen zu.

Am Morgen nach unserer Ankunft stand ich vor dem Badezimmerspiegel und kämmte mir das Haar. Plötzlich hatte ich ein dickes Büschel Haare in der Hand. Und als ich verwundert meinen Hinterkopf abtastete, löste sich gleich noch ein Büschel.

Der Haarausfall war die einzige Nebenwirkung, auf die ich mich eingestellt hatte. Ich hatte mir keine großen Gedanken darüber gemacht. Na und, dachte ich, und sagte zu meinen Freundinnen, damit komme ich klar, das bringt mich nicht um. Sowenig kennt man sich selbst! Als es passierte, brach ich in Tränen aus; ich fand es entsetzlich. Ich fühlte mich wie eine Leprakranke, der die Glieder verfaulten und abfielen. Innerhalb weniger Tage war ich vollkommen kahl. Ich starrte kummervoll in den Spiegel. Als junges Mädchen war ich auf der Straße von fremden Frauen angesprochen worden, die wissen wollten, welches Shampoo ich benutze, weil sie mich um mein glänzendes Haar beneideten. Wir waren zu arm, um Shampoo zu kaufen; meine Mutter gab uns Kernseife zum Haarewaschen, aber das verriet ich niemandem. Jetzt wurde mir klar, daß ich zeitlebens stolz auf mein Haar gewesen war, daß es ein Quell der Eitelkeit für mich gewesen war, auch wenn es seinen Glanz schon vor langer Zeit verloren hatte. Daheim lief ich kahl herum, aber sobald ich aus dem Haus ging, setzte ich eine Kopfbedeckung auf.

Etwas Magisches passierte während dieses Monats. Es war so bemerkenswert, daß ich es in meinem Laptop-Tagebuch festhielt. An dem Abend, als ich wieder ins Krankenhaus zurückkehrte, fand ich keine Ruhe. Ich konnte nicht einschlafen, weil mir immer wieder eine Zeile aus einem Gedicht von Rilke durch den Kopf ging: Worte, die ein kleiner Junge aus dem Jenseits zu seinen Eltern spricht; der kleine Junge ist schon gestorben, die Eltern aber leben noch. Seine Worte lauten: «Hier ist ein jeder wie ein frischer Trank / Noch hab ich, die uns trinken, nicht gesehen.» In meinem Kopf wandelten sich die Worte in ein wiederkehrendes «Hier ist ein jeder Körper sterbenskrank», und bewußt fügte ich hinzu, «und die uns helfen wollen, sehen nur die Körper.» Sterbenskrank zu sein, war die Essenz, auf die das Dasein für jeden schrumpfte, der in diesem Krankenhaus lag.

Ich fand diesen Gedanken tröstlich, was merkwürdig war, da ich meinen Körper die meiste Zeit meines Lebens selbstherrlich ignoriert hatte. Ich hatte von ihm nur das eine erwartet: daß er tat, was ich von ihm verlangte. Und auf einmal war es fast eine Erleichterung, vollständig auf den Körper reduziert zu sein, als wäre ich wieder ein Baby. Ich mußte mich um nichts kümmern. Andere versorgten mich, bewachten mich und paßten auf mich auf. Hier war man nur noch pures Sein; ich konnte nicht so tun, als ob da mehr wäre; mehr gab es nicht zu hoffen. Ich sah abgemagerte Männer mit dürren Beinen in schlotternden Krankenhaushemden über den Flur hasten, ihre Infusionsständer im Schlepptau, und ihre Haut war so weiß, als wären sie schon gestorben. Etwas, das man im Krankenhaus dauernd hörte, eine ständige Geräuschkulisse, waren weinende Frauen. Oft hörte ich eine Frau in einem Zimmer am anderen Ende des Flurs leise weinen, und dann kam eine Krankenschwester an meiner Tür vorbei, mit Tränen in den Augen.

An diesem Abend fand ich keine Ruhe. Irgendwann flüsterte ich mir selber zu, ohne nachzudenken, ohne mir auch nur dessen bewußt zu sein: «Träum schön!» – wie meine

Mutter es in meiner Kindheit jeden Abend getan hatte, wenn sie mich ins Bett brachte. «Gute Nacht, Marilyn, träum schön», sagte ich zu mir selber, genauso wie sie es immer gesagt hatte. Und in diesem Moment fühlte ich ihre Anwesenheit. Sie paßte *doch* auf mich auf, sie spürte *doch*, daß ich krank war und sie brauchte. Sie hatte sich, wenigstens einen Augenblick lang, aus ihrer Selbstbezogenheit gelöst und mir zugewandt. Ich konnte spüren, wie traurig sie über meine Krankheit und mein Leid war, und ich fühlte, wie sie mir sanft mit der Hand über die Stirn fuhr – was sie nur ein einziges Mal in meinem Leben getan hatte, als ich nach einer Operation aus der Narkose erwachte. Ich bat sie, bei mir zu bleiben und mich weiter zu streicheln, bis es mir wieder besser ginge. Und endlich konnte ich einschlafen.

Sie ist mir nie wieder erschienen. Aber ich war zufrieden: Jetzt wußte ich, daß sie bei mir war und auf mich aufpaßte.

September 1992

EINE WOCHE SPÄTER, am 31. August, kehrte ich ins Sloan-Kettering zurück, um den zweiten Zyklus meiner Chemotherapie anzutreten. Diesmal bekam ich ein Einzelzimmer und schaffte es, mehr an meinem Roman zu arbeiten. Eines Tages überraschten mich meine Schwester Isabel und meine Nichte Cary aus Long Island mit einem Besuch. Ich hatte mich schon ein paar Tage vorher zu einer kleinen Veranstaltung für Krebspatientinnen angemeldet – eine Make-up-Präsentation; auf der Einladung stand, Expertinnen würden uns zeigen, wie man aus einem Schal eine attraktive Kopfbedeckung zaubert. Ich hätte meine Teilnahme wieder abgesagt, aber Isabel und Cary meinten, sie hätten Lust mitzukommen.

Die Veranstaltung fand in dem Aufenthaltsraum im Dachgeschoß statt. Etwa zwanzig Frauen hatten sich eingefunden. Einer von ihnen war ich auf meinen Rollstuhlausflügen im Krankenhaus – zum Röntgen, zu einem Gehörtest in der HNO-Abteilung und zu allerlei anderen Untersuchungen – schon häufiger begegnet. Jedesmal, wenn ich sie sah, hatte ich das Gefühl, sie werde noch am gleichen Tag sterben. Sie saß immer im Rollstuhl, wurde aber nicht, wie ich, von einem Pfleger geschoben, sondern von einer Frau, die vermutlich ihre Tochter war. Häufig wurden die beiden auch noch von ein paar Männern begleitet, wahrscheinlich den Söhnen oder den Brüdern der Frau (wie ein Ehemann benahm sich ihr gegenüber keiner von ihnen). Die Familie schien aus einem anderen Kulturkreis zu stammen. Die Frau sah alt aus, konnte aber durchaus jünger sein als ich; sie wirkte vollkommen abwesend. Wahrscheinlich sprach sie kein Englisch. Was mir an ihr am stärksten ins Auge sprang, war ihre graugelbe, fast bläuliche Hautfarbe – ihre Haut sah zyanotisch aus, wie die einer Leiche. Diese Leute taten mir leid; die Frau sah so krank und verloren aus, die ganze Familie wirkte so benommen, keiner sah einem direkt ins Gesicht. Ich malte mir aus, daß sie alle aus einem Land am anderen Ende der Welt stammten – aus Albanien oder aus Usbekistan – und sich hier in der Fremde, mit der Mutter im Krankenhaus, wie in einem Alptraum vorkamen.

Die Make-up-Präsentation wurde vermutlich von einem Konsortium von Kosmetikfirmen finanziert, denn jede von uns bekam eine große Tüte voller Kosmetika, in der zwei, drei Marken dominierten. Zwei junge Frauen führten die Produkte vor. Ihrem Vortrag nach zu urteilen, hatten sie an einer Vertreterschulung teilgenommen. Ein junger Mann schien ebenfalls dazuzugehören, womöglich war er ihr Boß, er hielt sich aber im Hintergrund. Die beiden Frauen waren jung, oberflächlich und von einer kriminellen Ignoranz: Das einzige, worauf sie geschult zu sein schienen, war die Neutralisierung von Störenfrieden (wie mir). Über die körperlichen und seelischen Auswirkungen von Krebs und einer Krebstherapie wußten sie nicht das geringste.

Die Patientinnen, alle in unterschiedlichen Stadien krebskrank, saßen um einen langen, rechteckigen Tisch. Mir gegenüber saß die Frau mit der zyanotischen Haut – ich war überrascht, sie auf einer solchen Veranstaltung zu sehen. Vielleicht war sie gar nicht so krank, wie ich dachte, auch wenn sie mit ihrer bläulichen Haut und ihrem leeren Gesichtsausdruck wie eine wandelnde Leiche wirkte. Sie sprach kein Wort, aber sie machte alles mit und versuchte, wenn auch zögernd und konfus, den Anweisungen zu folgen. Bis zu einem gewissen Grad schien sie Englisch zu verstehen, aber um den Instruktionen zu folgen, hätte sie Hilfe gebraucht. Sie wandte sich jedoch mit keinem Wort, nicht einmal mit einem Blick, an eine der anderen Patientinnen oder an die beiden Vorführdamen. Auch mich sah sie nicht an, obwohl ich ständig zu ihr hinüberblickte. Aber da war sie nicht die einzige: Fast alle Frauen fixierten wie gebannt ihre Schminkspiegel, als hätten sie Angst, dem Blick einer der anderen zu begegnen. Vielleicht hätten sie es nicht ausgehalten, ihr eigenes Bild in den Augen eines anderen Menschen widergespiegelt zu finden; vielleicht konnten sie sich mehr Illusionen machen, wenn sie ihr Bild nur in dem kleinen Schminkspiegel sahen. Die meisten Frauen beherrschen diese Kunst und wenden sie gelegentlich an, und sei es nur um der beruhigenden Wirkung willen.

Die oberflächliche Betulichkeit der Vorführdamen wäre mir auch aufgestoßen, wenn ich gesund gewesen wäre. Aber als eine dieser makellos schlanken, makellos geschminkten jungen Frauen dramatisch verkündete: «Augenbrauen sind in der kommenden Saison absolut *in*, meine Damen!», packte mich das blanke Entsetzen. Eine solche Feststellung war schon unter normalen Umständen lächerlich, aber hier an diesem Tisch war sie grotesk: Die meisten Frauen hatten keine Augenbrauen mehr, weil sie ihnen zusammen mit dem Haupthaar ausgefallen waren. Ich sagte nichts, warf ihr aber einen zornigen, mißbilligenden Blick zu. Sofort rauschten beide Vorführdamen herbei und widmeten sich mir mit überschwenglicher Aufmerksamkeit – gewiß nicht das, was ich bezweckt hatte. Und dann widmeten sie sich auch gleich dem anderen Problemfall, der Frau mir gegenüber. In ihr steckte ebenfalls Störpotential, aber nicht deshalb, weil sie, wie ich, irgend etwas sagte oder tat oder ein wütendes Gesicht machte, sondern weil sie so abwesend war. Mit gönnerhafter Freundlichkeit zogen die Damen die Kosmetika aus ihrer Tüte und zeigten ihr die einzelnen Produkte. Die Frau zeigte sich jedoch mit keinem Wort erkenntlich, würdigte die beiden nicht einmal eines Blickes. Aber es schien ihr Freude zu machen, sich mit ungeschickter Hand Make-up, Rouge und Lidschatten ins Gesicht zu tupfen. Schließlich nahm eine der Vorführdamen die Sache in die Hand und half ihr, Grundierung, Lidschatten, Rouge und Lippenstift aufzutragen. Dennoch schaffte die Frau es, während der eineinhalb Stunden, die die Vorführung dauerte, kein einziges Wort zu sagen.

Meine versteinerte Miene sorgte bei den Vorführdamen weiterhin für Nervosität. Das war mir vollkommen egal. Wenn sie schon einen solchen Job übernahmen, hätten sie sich informieren müssen, von welchen Gegebenheiten sie bei den Frauen, mit denen sie es hier zu tun hatten, ausgehen mußten. Zumindest hätten sie sich sensibler verhalten können, auch wenn sich niemand die Mühe gemacht hatte, sie im Vorfeld aufzuklären. Aber die traurige Wahrheit war: außer mir schien keine der Patientinnen an ihrer Taktlosigkeit Anstoß zu nehmen.

Gegen Ende der Vorstellung, nachdem ich die ganze erbärmliche Show über mich hatte ergehen lassen, bat ich um die angekündigte Vorführung der Kopfbedeckungen, worauf die Damen sagten, davon wüßten sie nichts. Ich hatte mir diese ganze groteske Aufführung für nichts und wieder nichts angetan! Das einzig Gute, was bei der Veranstaltung herauskam, war die Tüte mit Kosmetika, die ich hinterher an Cary und Isabel, Barbara und Jamie und wer mich sonst noch besuchen kam, verteilen konnte.

Auch diesmal verursachten mir die Zytostatika keine unmittelbaren Beschwerden, aber als die sechs Tage um waren, wollten die Ärzte mich trotzdem nicht entlassen. Sie sagten, die Anzahl meiner weißen Blutkörperchen sei zu niedrig. Sie erkundigten sich nach meiner Verdauung. Als ich ihnen sagte, ich hätte seit fünf Tagen überhaupt keinen Stuhlgang mehr gehabt, schienen sie äußerst beunruhigt – boten mir aber keinerlei Mittel an, um Abhilfe zu schaffen; ich fing an, mir Sorgen zu machen, und trank den Pflaumensaft, den Jamie mir mitgebracht hatte. Zwei Tage später ließen die Ärzte mich nach Hause gehen. (Ich litt während der ganzen Chemotherapie regelmäßig unter Verdauungsschwierigkeiten, die übergangslos zwischen Durchfall und heftiger Verstopfung schwankten. Pflaumensaft zu trinken, war daher eine heikle Sache – wenn die Verstopfung gerade im Begriff war, in Durchfall umzuschlagen, war Pflaumensaft genau das Falsche.)

Als ich am Montag, dem 7. September, dem Labor Day, wieder daheim war, ließ ich mir ein heißes Bad ein, drehte das Radio auf WNCN (damals noch ein Klassiksender!) und rekelte mich in der Wanne. Rob und Barbara kamen und kochten mir einen Topf köstliche Hühnersuppe. Ich schaffte es, einen Teller davon zu essen. Aber ein paar Stunden später hatte ich qualvolle Magenkrämpfe. Ich nahm über mehrere Stunden verteilt ein Magenpräparat ein, was zu explosionsartigem Durchfall führte. Nachts wachte ich aus dem Schlaf auf, würgte und spuckte Blut. Als ich die Notarztnummer anrief, die man mir gegeben hatte, wurde ich gebeten, am nächsten Tag wieder anzurufen. Ich spuckte weiter Blut. Am folgenden Nachmittag sagten die Ärzte schließlich, ich solle in die Ambulanz kommen.

Wieder fuhr Rob mich ins Krankenhaus. Der Arzt in der Ambulanz – diesmal leider nicht der nette – benahm sich, als ob etwas sehr Schlimmes passiert wäre, sagte mir aber nicht, was. Er steckte mir einen Sauerstoffschlauch in die Nase, zog die rosa Vorhänge zu, und ließ mich allein. Ich fing an zu weinen. Es ist so weit, dachte ich, jetzt geht es los mit der Hilflosigkeit und der Erniedrigung, mit all den Scheußlichkeiten des Dahinsiechens.

Ich lag stundenlang hinter den zugezogenen Vorhängen und hörte die Gespräche zwischen den Ärzten und den anderen Patienten. Und wieder war ich verblüfft über das Verhalten der Leute, das mich schon bei meinen Zimmergenossinnen frappiert hatte. Die meisten Menschen stellen ihre Ärzte nicht in Frage, sondern nehmen klaglos alles hin, was sie sagen. Die Ärzte schlagen die grausamsten Dinge vor, und die Leute nicken einfach. Das schockierte mich, weil meine automatische Reaktion, wenn ein Arzt etwas anordnete – selbst wenn es um relativ harmlose Dinge ging: ein Knochenszintigramm, eine Röntgenaufnahme, eine Computertomographie –, stets die Frage war, wozu die Sache nötig sei und was man dadurch herausfinden könne. Sobald man mir meine Fragen beantwortet hatte, willigte ich fast immer in die angeordneten Maßnahmen ein.

Zu dem Mann im Nachbarbett sagte ein Arzt: «Ich muß Sie noch einmal operieren – wir werden versuchen, zwischen Ihre Speiseröhre und Ihren Magen eine Plastikröhre zu legen. Ich hole Ihre Frau noch mal herein, dann machen wir gleich einen Termin fest.» Und der Mann sagte nur: «Ist gut, Herr Doktor.» In einem anderen Krankenhaus bekam ich einmal mit, wie ein Arzt zu einer Patientin sagte, er müsse ihr eine Niere entfernen. Nicht einmal diese Frau wollte wissen, weshalb das notwendig sei. Nicht einmal sie fragte: «Warum müssen Sie das? Was kann ich dabei gewinnen? Werde ich weniger Schmerzen haben? Wird mir das helfen, wieder gesund zu werden? Werde ich sterben, wenn Sie es nicht machen?» Sie fragte nicht einmal: «Wie werde ich mit nur einer Niere zurechtkommen?»

Patienten nicken einfach. Männer und Frauen verhalten sich dabei gleichermaßen passiv, und diese Passivität scheint so weit verbreitet zu sein, daß Ärzte, die mich nicht kannten, oftmals ungehalten wurden, wenn ich wissen wollte, welchen Zweck eine Untersuchung oder eine Behandlung hätte – für sie war es, als wollte ich mich verweigern oder als stellte ich ihre Kompetenz in Frage. Sie waren an passiven Gehorsam gewöhnt.

Ich glaube zwar nicht, daß diese Passivität irgendwelche Folgen für die Qualität der Behandlung hat, denn die meisten von uns (mich eingeschlossen) haben zuwenig medizinische Kenntnisse, um einschätzen zu können, ob die Antworten, die wir bekommen, ehrlich und plausibel sind. (Weshalb muß meine Lunge nun schon zum viertenmal innerhalb von vier Tagen geröntgt werden? Um sicherzugehen, daß die Lungenentzündung ganz ausgeheilt ist. Aha, okay – Sie haben mir heute schon zweimal Blut abgenommen, weshalb noch ein drittes Mal? Ach so, ein anderer Test. Okay.) Aber sie trägt zweifellos zur Arroganz und Selbstherrlichkeit der Ärzte bei. Wenn man ihnen keine Fragen stellt, benehmen sie sich wie Halbgötter. Die Mehrzahl meiner Ärzte, Männer wie Frauen, waren auskunftsbereit, höflich und freundlich. Die Ärzte, die mürrisch oder unfreundlich, gleichgültig oder arrogant waren, kann ich an den Fingern einer Hand abzählen – na gut, an zwei Händen, aber ich hatte während der letzten fünf Jahre buchstäblich mit Hunderten von Ärzten zu tun, wenn auch mit manchen nur sehr kurz. Inkompetente Ärzte sind mir sogar noch seltener untergekommen. Aber Ignoranz ist allgegenwärtig, und gesegnet sei der Arzt, der das zugibt, denn *alle Ärzte sind ignorant.*

Allerdings eilte mir bei den meisten Krankenhausaufenthalten mein Ruf voraus; die Ärzte wußten in der Regel, daß ich Schriftstellerin bin und ein gewisses Renommee habe: Man behandelte mich meinem Status entsprechend. Den normalsterblichen Patienten erging es ganz anders. Bei jedem meiner Krankenhausaufenthalte, egal, in welcher Klinik, erlebte ich mindestens eine Situation, in der mich das Verhalten irgendeines Arztes schockierte, sei es einer Zimmergenossin gegenüber, sei es – gelegentlich, *sehr* selten – mir gegenüber.

An diesem Tag waren die Ärzte in der Ambulanz reserviert und nicht sehr mitteilsam, fast schon grob. An diesem Tag, wie an vielen anderen Tagen, sagte ich nichts. Ich wurde nach oben geschickt – in die Abteilung für Herzkranke, wie mir bald klarwurde, denn an jedem Bett stand ein Herzmonitor. Als ich oben ankam, war es bereits dunkel geworden. Abends und an den Wochenenden taten immer eine Menge junger, unerfahrener Ärzte Dienst (die häufig genauso unfreundlich waren wie ihre Vorgesetzten). Zwei junge Ärzte schlossen mich an ein Gerät an, das ich nicht kannte. Die beiden gehörten zu den netteren unter den jungen Ärzten. Als ich sie fragte, was sie da täten, sagten sie, sie schlössen mich an einen

Herzmonitor an. Wozu? fragte ich. Sie sagten, ich hätte einen Herzinfarkt gehabt. «Was?» rief ich. Ich fragte, ob sie das heutige EKG mit dem verglichen hätten, das bei meiner Einlieferung Anfang des Monats gemacht worden sei. Das Sloan-Kettering bewahrt tonnenweise Dokumente auf (meine Krankenakte ist inzwischen knapp eineinhalb Meter dick), aber die Ärzte werfen selten einen Blick in all die Akten. Tun sie es doch, so ist in der Regel genau das Dokument, das sie einsehen wollen, unauffindbar. Sie hatten mein früheres EKG gesucht, aber nicht gefunden.

Ich klärte sie darüber auf, daß ich keinen Herzinfarkt gehabt hätte. (Damals glaubte ich zu wissen, wie ein Herzinfarkt sich anfühlt.) Ich sagte, ich hätte eher den Eindruck, es wäre ein akutes Magengeschwür. (Als ich 1994 tatsächlich einen Herzinfarkt hatte, glaubte ich ebenfalls, es wäre ein Magengeschwür. Soviel zu meinen diagnostischen Fähigkeiten. Zu meiner Verteidigung muß ich aber sagen, daß ich beim zweitenmal die Diagnose nicht in Frage stellte.) Sie sahen mich verdutzt an, dann wechselten sie einen Blick, als sei ihnen gerade etwas aufgegangen. Das könnte es sein, sagten sie und nickten lebhaft. Das wäre eine Erklärung. Eine Erklärung wofür? Nun, dafür, daß mein Herzschlag kräftig und regelmäßig sei. Sie gaben mir ein Magenpräparat. Zwei Tage später bat ich darum, entlassen zu werden, und man ließ mich gehen. Ich nehme das Medikament, das die beiden mir damals gaben, immer noch.

An dem Tag, als ich wieder nach Hause durfte, hatte sich erneut eine Mundschleimhautentzündung gebildet. Im August hatte sie elf Tage nach dem Beginn der Chemotherapie begonnen und dreizehn Tage lang angehalten. Im September ging es am zehnten Tag nach dem Beginn der Chemotherapie los, aber zehn Tage später heilte sie schon wieder ab. Daß ich die Dauer der Mundschleimhautentzündungen penibel in meinem Kalender notiert habe, zeigt, wie sehr ich sie fürchtete und wie stark sie mein Befinden beeinträchtigten – sie waren eine höllische Quälerei.

Meine Freundinnen ließen in ihrer Treue nicht nach. Falls sie nur ihrem Pflichtgefühl nachkamen, ließen sie es sich nicht anmerken: Ich empfand ihre regelmäßigen Besuche als Zeichen der Anhänglichkeit. Carol besuchte mich während meines Septemberzyklus fast jeden Tag im Krankenhaus, oft spät am Abend, wenn die Besuchszeiten längst vorüber waren. Das Sloan-Kettering handhabt die Besuchszeiten flexibel, kein einziges Mal versuchte irgend jemand sie aufzuhalten. Carol moderierte zu der Zeit die Elf-Uhr-Nachrichten auf NBC und kam nie vor Mitternacht aus dem Studio. Wenn sie gegen halb eins auftauchte, spielten die Krankenschwestern verrückt. Ich hörte kreischende Frauenstimmen auf dem Flur: «Carol Jenkins! Carol Jenkins!» Ihre Besuche machten mich in mehreren Krankenhäusern der Stadt zu einer kleinen Berühmtheit, denn Carol ist eine der beliebtesten Frauen New Yorks, wie jeder merken wird, der mit ihr eine Straße entlanggeht.

Rob, Barbara und Jamie kamen regelmäßig. Barbara war so anhänglich und lieb, daß die Krankenschwestern dachten, ich hätte zwei Töchter. Esther und Charlotte, Linsey Abrams und Ann Volks waren ebenfalls treue Besucherinnen. An jedem Tag, den ich im Krankenhaus verbrachte, kamen zwei oder drei Leute, und in den Zeiten, in denen ich zu Hause war, blieb immer jemand über Nacht bei mir. Sie taten das, weil ich sie darum bat; daran läßt sich unschwer erkennen, wie verzweifelt ich war. Es fiel mir unglaublich schwer, jemanden um etwas zu bitten, aber während dieser Phase sprang ich über meinen Schatten. Mittlerweile sank die Anzahl meiner weißen Blutkörperchen nach der Chemotherapie jedesmal stark ab, und ich bekam häufig Fieber. Dann rief ich bei der Ambulanz an und wurde in der Regel gleich einbestellt. Ich wußte nie, ob ich womöglich mitten in der Nacht würde aufbrechen müssen, und ich hatte Angst davor, den Weg allein zu machen. Mein altes unabhängiges Selbst war nichts als eine vage Erinnerung. Mein neues Ich fürchtete sich davor, ein Taxi auftreiben und allein durch die Stadt fahren zu müssen und dann in einem Bett in der Ambulanz zu liegen, ohne daß irgend jemand draußen saß und wartete, um zu hören, wie es mir ginge. Andererseits wollte ich die Leute nicht noch spätabends anrufen müssen, vor allem Rob nicht, der in Staten Island wohnte und einen weiten Weg in die Stadt hatte. Daß er trotzdem jedesmal kam und nie ein Wort darüber verlor, war nur ein schwacher Trost.

Die Nachricht hatte sich rasch unter New Yorks Feministinnen herumgesprochen, und ich bekam Anrufe von allen möglichen Frauen, die sich für den Nachtdienst anboten (zum Beispiel von Catherine Stimpson – sie war keine enge Freundin von mir, nur sehr großzügig). Mir fiel ein, wieviel Unterstützung die Historikerin Joan Kelly und ihr Ehemann während Joans langwieriger Krankheit von all ihren feministischen Kolleginnen bekommen hatten, und ich fühlte eine tiefe Dankbarkeit für diese großartige Bewegung und ihre wunderbaren Mitglieder, die ich plötzlich in ganz neuem Licht sah. Und ich mußte daran denken, wie fürsorglich die Frauen im neunzehnten Jahrhundert einander gepflegt hatten: Wenn eine von ihnen krank wurde, scharten sich die anderen wie helfende Engel um sie.

Barbara und Rob blieben am Freitag abend bei mir und kochten mir wieder ein wunderbares Abendessen. Leider bekam ich kaum etwas hinunter, und als ich mich schlafen legte, hatte ich den ersten einer Serie von Alpträumen, die in einer vergifteten Umwelt spielten: Rob, Barbara und ich waren in einem Spielkasino (eine treffende Metapher für das Krankenhaus, wie ich fand), das in einem giftigen Sumpf zu versinken drohte. Den ganzen Rest des Traumes hindurch unternahm ich panische Anstrengungen, mit meinen Kindern aus diesem tückischen Gebäude zu fliehen. Ich erwachte aus dem Traum und fiel danach in einen schweren, dumpfen Schlaf. Dennoch fühlte ich mich am nächsten Morgen erfrischt und voller Kräfte, sogar schmerzfrei, bis auf meine arme zerklüftete Mundhöhle. Sich einfach nur gut zu fühlen, war nach der tagelangen Erschöpfung, die ich vermutlich meiner niedrigen Anzahl weißer Blutkörperchen zu verdanken hatte, eine Wohltat. Ich saß in meinem Bett, trank Tee und sah hinaus in den Central Park. Es war ein herrlich sonniger Tag, und ein Glücksgefühl überschwemmte meinen Körper, so intensiv, wie ich es noch nie erlebt hatte, selbst in gesunden Tagen nicht. Ein alter Freund, Herb Weiss, hatte Anfang der Woche angerufen und angeboten, mich zu einer Fahrt «ins Grüne» mitzunehmen. An diesem Tag kam ich auf sein Angebot zurück.

Ich war neugierig zu sehen, was Herb mit «ins Grüne» meinte: Vielleicht kannte er einen Schleichweg, eine versteckte, kleine Nebenstraße, die in ein ländliches Paradies direkt vor den Toren New Yorks führte. Er kutschierte mich an der Westküste des Hudson entlang, auf dem Palisades Parkway. Und in der Tat, ich kam mir vor wie auf dem Land. Dieser Samstagsausflug war eine Wohltat. Immer noch etwas schwach, lehnte ich mich einfach im Sitz zurück und genoß den milden Septembertag. Ich ließ mir die Sonne ins Gesicht scheinen und weidete mich am Anblick des vielen Grüns, der Bäume und Wiesen. Die Fahrt war ein intensives Erlebnis. Vor meiner Krankheit hatte ich es geliebt, durch die Straßen der Stadt zu laufen und das pulsierende Leben um mich herum zu beobachten. Aber die Krankheit hatte mich der Welt entfremdet. Jedesmal, wenn ich aus dem Krankenhaus kam, starrte ich aus dem Taxi auf die vertrauten Straßen, auf denen es wie immer von geschäftigen Menschen nur so wimmelte, die ihrem ganz normalen Alltag nachgingen, aber der Anblick heiterte mich nicht auf. Menschen, Lärm, Betriebsamkeit – nichts von all dem vertrieb mein Gefühl, krank und durch die Krankheit isoliert zu sein; nichts radierte all die kranken, sterbenden Menschen aus, die zu Hunderten meinen Geist bevölkerten. Die Sorgen der normalen Menschen waren nicht meine Sorgen: Was mich beschäftigte, waren Leiden und Sterben. Wenn ich nach Hause kam, legte ich mich in meinem Arbeitszimmer aufs Sofa und las oder hörte Musik, um all die traurigen Bilder loszuwerden.

Hier aber, in der ländlichen Umgebung von Palisades Park, sah man die Leute spazierengehen. Herb und ich waren uns einig, daß es sich um Europäer handeln mußte – denn nur sie spazieren einfach so zum Vergnügen herum. Amerikaner, vor allem New Yorker, gehen nicht einfach spazieren – sie joggen oder fahren Rad, am besten noch mit der Stoppuhr; sie wollen richtig ins Schwitzen kommen, wie bei einer Aerobicstunde. Auch dem Aussehen nach wirkten die Spaziergänger wie Europäer – sie trugen keine Trainingsanzüge oder Leggings, sondern Kleider, Straßenanzüge und Hüte. Außerdem gingen sie paarweise oder in kleinen Grüppchen und plauderten und lachten miteinander. Sogar die Wege ähnelten den Spazierwegen in den Bergen, die diese Leute wahrscheinlich gewohnt waren: Genau so spazierten die Leute in der Umgebung von Genf durch die Alpen. Sie wanderten gemütlich dahin, und wenn ihnen jemand entgegenkam, lüpften sie den Hut und grüßten «M'sieur, 'dame.» (Das tun sie wirklich – die Leute dort haben vollendete Manieren.) Herb parkte den Wagen, und wir stiegen aus, um uns ebenfalls ein wenig die Beine zu vertreten; wir wollten nicht sehr weit gehen, denn meine Muskeln waren noch schwach. Aber während wir so dahinschlenderten, fühlte ich mich wieder wie ein Teil der Welt – nicht wie eine Patientin, sondern wie eine Frau, die es genießt, am Arm eines Freundes in den Bergen spazierenzugehen. Ich war wieder Teil dieser grünen Landschaft und dieses milden Tages; was auch immer das Schicksal mit mir vorhatte, jetzt in diesem Moment lebte ich. Ich fühlte mich wie ein Mensch, nicht wie ein kranker Körper.

Dennoch kehrten in den folgenden Nächten die toxischen Träume wieder. In mehreren dieser Träume kam eine Freundin von mir vor, die damals gerade eine schwere Zeit durchmachte. Ihr ganzes Leben lag in Trümmern: Eine psychische Störung, die von einem traumatischen Kindheitserlebnis herrührte und sie seit vielen Jahren begleitete, war wieder aufgeflammt, ausgerechnet zu einer Zeit, als die politische Situation in ihrem Land umschlug, was dazu führte, daß sie ihre Arbeit verlor. Ihre glänzende Karriere löste sich in Luft auf; da sie kein Einkommen mehr hatte, mußte sie ihr Haus verkaufen und aufgrund ihrer Zwangslage einen Preis akzeptieren, der weit unter dem lag, den sie selbst dafür bezahlt hatte. Und dann trennte sich zu allem Unglück auch noch ihr Lebensgefährte von ihr. Diese Freundin war weit weg, und ich konnte nichts tun, um ihr zu helfen, aber ich wurde fast verrückt vor Sorge um sie. Sie war während dieser Wochen ein häufiger Gast in meinen Träumen.

Fast die ganze erste Septemberhälfte verbrachte ich im Krankenhaus, aber in der zweiten Monatshälfte war ich halbwegs bei Kräften und hatte, abgesehen von der Mundschleimhautentzündung, keine Schmerzen; ich kam außerhalb des Krankenhauses zurecht. Daß viele Leute während der Chemotherapie ihrem Beruf nachgehen, ist mir schleierhaft. Bei mir gab es keinen einzigen Monat, in dem ich die Kraft dazu gehabt hätte, einen Job mit regelmäßigen Arbeitszeiten durchzustehen. Das äußerste, was ich zustande brachte, wenn ich mich gut fühlte, war das Schreiben; nicht einmal für mich selber kochen konnte ich. Aber ich hatte mir eine Reihe von Pflichten auferlegt, von denen ich zwei Dinge mit peinlicher Sorgfalt einhielt: meine Visualisierungsübungen und den Vorsatz, jeden Tag bewußt einen Augenblick der Freude zu erleben.

Für die Visualisierungsübungen benutzte ich eine Kassette, die Barbara M. mir gebracht hatte. Sie war eigens für Krebspatienten aufgenommen und von einem Mann mit einer ausgesprochen angenehmen Stimme besprochen worden. Ich hatte eine Menge anderer Kassetten ausprobiert, bis ich schließlich bei dieser hier gelandet war; außer Barbara hatten mir noch einige andere Leute Kassetten mitgebracht. Beim Anhören fiel mir auf, daß ich extrem sensibel auf Stimmen reagierte. Der eine sprach mir zu ausdruckslos, der andere legte mir zuviel Modulation in die Stimme; unmusikalische Stimmen konnte ich ebenso wenig ertragen wie einen Long-Island-Akzent; grammatische Nachlässigkeit oder schlampige

Aussprache waren mir zuwider – jedesmal riß ich dann die Kassette sofort wieder aus dem Recorder. Außerdem störte es mich, wenn zu viele Bilder vorkamen, die Assoziationen an Krieg und Zerstörung weckten – Metaphern wie einen «Krieg gegen den Krebs führen», ihn «angreifen», ihn «zerstören» und dergleichen. Und dann war mir auch noch New-Age-Musik unangenehm. Auf der Kassette, für die ich mich schließlich entschied, kam zwar eine kriegerische Metapher vor und ein bißchen New-Age-Musik (heute brauche ich nur die pentatonischen Klänge zu hören, die für New-Age-Musik typisch sind, schon wird mir übel), aber der Sprecher hatte einen kultivierten Akzent, die meisten Bilder waren mir angenehm, und die Stimme des Mannes war einfach wunderbar.

Ich war auf die Kassette angewiesen, um in den Zustand zu gelangen, den ich für notwendig hielt. Das lag vor allem daran, daß ich mich ohne Hilfe nicht ausreichend entspannen kann. Und vollkommen entspannt zu sein, ist die Voraussetzung für die intensive Konzentration, die man für eine Visualisierung braucht (so dachte ich mir das jedenfalls). Sobald man die völlige Entspannung erreicht hat, fordert die Stimme einen (erstens) auf, sich bildlich vorzustellen, wie der eigene Körper den Krebs bekämpft (dies war die einzige kriegerische Metapher) und dann (zweitens), daß der eigene Körper vollkommen gesund sei. Ich hatte eine merkwürdige Aversion dagegen, in Kategorien des Kampfes zu denken (merkwürdig deshalb, weil ich mich mein Leben lang als Kämpferin gefühlt habe). Denn das, wogegen ich kämpfen sollte, war ja ein Teil von mir selbst. Deshalb stellte ich mir vor, wie meine weißen Blutkörperchen den Krebs umarmten und schrumpfen ließen, nicht aus Haß, sondern als Teil eines natürlichen Prozesses, der den Krebs in etwas Gutartiges verwandelte. Als nächstes stellte ich mir vor – nein, ich fühlte es, so tief war ich in die Vision versenkt –, in meinem Körper sei ein starkes, blaues Licht, das magische Strahlen aussandte, die alles, worauf sie trafen, reinigten und heilten. Bei diesem Bild blieb ich immer sehr lange, länger als die Kassette angab, und wäre am liebsten noch länger dabei geblieben, wenn mein Kassettenführer mich gelassen hätte. Aber er war hartnäckig, wie die Tonbandführungen in Museen, die einen unbarmherzig weiterscheuchen: weiter zum nächsten Bild!

Als nächstes sollte man sich selbst gedanklich an einen Ort versetzen, den man mag, an dem man sich wohl fühlt und an dem man sich gesund und kraftvoll fühlt. Ich versetzte mich an die verschiedensten Orte – in ein kleines Boot im Mittelmeer, an der Seite eines Mannes stehend, den ich liebte, und Ausschau nach dem Hafen haltend, wo wir an Land gehen sollten – Tunis, Hydra oder Alexandria; ein andermal war ich allein in Griechenland, im Tempel von Sounion oder in Delphi, oder ich kniete an der Quelle von Pieria, um aus ihr zu trinken; oder ich sah mich in der Altstadt von Jerusalem, wo ich einmal nahezu mystische Erlebnisse gehabt hatte. Aber egal, wohin meine Phantasien mich auch trugen, am Ende landete ich doch immer wieder in meinem Haus in den Berkshire Hills, sah mich auf dem Sofa in meiner Veranda liegen und in den Garten hinausschauen. Dann zwang ich mich aufzustehen, über die Wiese zum Pool zu gehen, in das wunderbar warme Wasser einzutauchen und voller Kraft und Freude ein paar Runden zu drehen. Dieser letzte Teil der Vision fiel mir immer am schwersten.

Kurz darauf war die Kassette zu Ende, aber da war ich

meist schon eingeschlafen. Ich ging davon aus, daß es nicht schadete, wenn ich den Schluß nur noch im Schlaf mitbekam. Ich stellte mir vor, wie die Worte trotz allem in mein Unterbewußtsein drangen und dort ihre Wirkung entfalteten. Diese Übungen machte ich zweimal täglich, egal, ob ich daheim war oder im Krankenhaus lag.

Außerdem suchte ich aktiv jeden Tag nach einer kleinen Freude – eine Gewohnheit, von der ich immer überzeugt war, die ich aber selten gepflegt habe. Auch an den Tagen, an denen ich mich schwach fühlte, weil ich Fieber oder Schmerzen hatte, suchte ich nach irgendeinem Quell des Wohlgefühls. Wenn ich im Bett lag, freute ich mich am Anblick des Parks vor meinem Fenster; wenn ich essen konnte, gönnte ich mir irgendeinen kleinen Leckerbissen. Eine anregende Diskussion mit einer Freundin – vorausgesetzt, ich hatte die Kraft dazu – versetzte mich zuverlässig in Hochstimmung (das war mein Leben lang so gewesen); ebenso ein Besuch von jemandem, der mir am Herzen lag; oder Musikhören. Rob hatte mir einen tragbaren CD-Player gekauft, den ich mit ins Krankenhaus nehmen konnte. Charlotte hatte mir einen halben Meter Mozart-CDs geschenkt und Carol ein Album von Billie Holiday. Wenn ich las, versank ich vollständig in der Lektüre (Bücher, bei denen das nicht ging, las ich nicht weiter). Und manchmal tauchte einfach so, aus heiterem Himmel, ein Wohlgefühl auf und umarmte mich. Ich *kultivierte* diese innere Einstellung – daß man das konnte, hatte ich früher nicht für möglich gehalten. Aber solange es mir noch einigermaßen gutging, verschaffte ich mir mindestens einmal am Tag irgendein Glücksgefühl.

Eines der Bücher, die ich in diesem Monat verschlang, hatte Linsey Abrams mir gegeben: Diana Souhamis Biographie von Gertrude Stein und Alice Toklas, die das Leben der Exilantinnen im Frankreich der zwanziger Jahre beschreibt. Die meisten dieser Frauen waren wohlhabend und lebten auf großem Fuß – mit anderen Worten, sie genossen das Leben. In Amerika gab es eine Reihe vermögender Frauen, die das gleiche taten – Herb und ich hatten am Hudsonufer die Überreste einer von griechischen Säulen gesäumten Veranda gesehen, zur damaligen Zeit ein bei solchen Leuten beliebter Stil; und die nicht ganz so wohlhabende Edna St. Vincent Millay hatte in Steepletop einen bezaubernden Garten angelegt, in dem sie Salons abhielt.

Aber Gertrude und Alice waren die unbestrittenen Meisterinnen in Sachen Lebensart. Alles, was sie taten, war auf Genuß ausgerichtet. Sie liebten gutes Essen (Alice war eine vorzügliche Köchin, und als sie auf dem Land lebten, zogen sie ihr eigenes Gemüse). Sie liebten das Gespräch, die Unterhaltung und das Gelächter ihrer Tischgesellschaften. Sie lasen, schrieben, machten Spaziergänge, besuchten Ausstellungen, kauften Kunst, richteten schöne Räume ein und bereisten die französische Provinz. Wahrscheinlich waren sie nicht frei von Snobismus und Geltungssucht, aber ebenso wie die anderen Exilantinnen legten sie mehr Wert darauf, das Leben zu genießen, als darauf, andere Leute zu beeindrukken. Mir ist klar, daß ich diese Frauen idealisiere, aber wenn man ihr Leben mit dem ihrer Väter vergleicht, die das Vermögen verdient hatten, das sie ausgaben, oder mit dem ihrer Brüder, die das Vorrecht (und die Last) hatten, in die Fußstapfen ihrer Väter zu treten, so liegt der Unterschied klar auf der Hand: hier ein Leben, das auf die Anhäufung von Reichtum und Prestige ausgerichtet ist, da ein Leben, dessen einziger Zweck in sich selbst besteht. Natürlich arbeiteten manche der Frauen auch. Stein mußte schreiben, um Geld zu verdienen; Adrienne Monnier und Sylvia Beach bauten Unternehmen auf, aber ihr Geschäft waren die Bücher, was mehr Freude als Profit abwirft.

Seit die Müßiggänger als gesellschaftliche Klasse ausgestorben sind (ich weine ihnen keine Träne nach), ist es nur noch eine kleine Elite, die sich ausschließlich den schönen Dingen des Lebens widmet. Aber heutzutage sind dies nicht die Nachkommen von begüterten, aristokratischen Vorfahren, sondern ganz normale Leute, die sich aus Überzeugung dem Müßiggang verschrieben haben und aufs Land ziehen, nach Vermont zum Beispiel, um dort im Einklang mit der Natur zu leben, indem sie Ahornsirup produzieren oder ähnliches. Unter ihnen sind Doktoranden, die sich mit ihren kleinen Stipendien zu Privataristokraten des Geistes machen, und Akademiker, die ein Leben im Wohlstand gegen ein Leben eintauschen, das dem Denken oder der Kunst gewidmet ist. Ich habe seit 1968 so gelebt, obwohl ich immer hart gearbeitet habe und nie Geld hatte, bis ich 1977 *Frauen* veröffentlicht hatte. Diejenigen von uns, die Wert auf die Genüsse des Lebens legen, ohne Geld zu haben, können sich natürlich nicht den beeindruckenden Lebensstil der Reichen leisten. Das ist gewiß ein Manko, aber andererseits geht es mir auch nicht aus dem Kopf, daß meine Großmutter zur gleichen Zeit, als diese Frauen ihr glamouröses, aufregendes Leben führten, als Fabrikarbeiterin ausgebeutet wurde und Abend für Abend um ihre Kinder weinte, die man ihr weggenommen und ins Waisenhaus gesteckt hatte. Dennoch bin ich dagegen, bei allem, was mit Sorglosigkeit und Luxus zu tun hat, puritanisch die Nase zu rümpfen.

Das nächste Buch, das ich las, war sehr viel ernster und relativierte diese idyllische Sicht auf das Leben. *Death Without Weeping* von Nancy Scheper-Hughes erzählt von einer Stadt, die die Autorin Bom Jesus nennt – einem Slum im Nordosten Brasiliens, dessen Einwohner bis vor kurzem noch auf den Zuckerrohrplantagen gearbeitet haben und von der Landflucht in die Stadt getrieben wurden. Die Autorin, eine Anthropologin, hatte zu einem ihrer Aufenthalte in der Stadt ihre Kinder mitgebracht, und die Tatsache, daß sie selbst Mutter war, war einer der entscheidenden Gründe, weshalb sie dieses Buch geschrieben hatte. Ihr Bericht war ein einziges Panorama grauenhafter Armut und Krankheit (verursacht durch schmutziges Wasser, das Fehlen staatlicher Sozialleistungen und die Hungerlöhne, die nicht einmal einen einzelnen, geschweige denn eine ganze Familie ernähren können). Was die Autorin am meisten entsetzte, war die Tatsache, daß die Mütter von Bom Jesus nicht weinen, wenn ihre Kinder sterben – und es sterben viele ihrer Kinder.

Was mich bei der Lektüre am meisten entsetzte – sie schildert den Alltag dieser Leute hautnah – und mir seitdem nicht mehr aus dem Kopf geht, ist das Ausmaß der Gehirnwäsche, der diese Menschen offenbar unterzogen worden sind, obwohl sie nicht einmal Fernsehen haben. Die Einwohner von Bom Jesus sind ausnahmslos Schwarze, und sie sind größtenteils so arm, daß sie an Unterernährung sterben. *Aber sie wissen es nicht!* Sie haben den Kontakt zu ihrem Körper verloren. Sie glauben, daß die Portugiesen, die in den besseren Vierteln der Stadt leben, deshalb so gesund und kräftig und gut gebaut sind, weil sie Weiße sind. Sie glauben, daß ihre eigenen Krankheiten, die sie *nervos, gastos* und *foma* nennen, von den Genen ihrer Rasse herrühren. Wenn sie vor Hunger krank werden, gehen sie zum *Arzt* und lassen sich von ihm – der es besser wissen müßte – Beruhigungsmittel verschreiben! Wenn ihre Säuglinge schreien, weil sie Hunger haben, geben sie ihnen mit Beruhigungsmitteln versetztes Zuckerwasser zu trinken. Natürlich sterben die Babys.

Am Dienstag, dem 15. September, begleiteten Rob und Gloria mich zu meinem Onkologen. Ich hatte meinen letzten monatlichen Check-up bei ihm versäumt, weil ich im Krankenhaus gewesen war. Gloria stellte dem Arzt viel geschicktere Fragen, als ich selbst es gekonnt hätte. Und da er wußte, daß sie vor einigen Wochen Dr. Kelson angerufen hatte, den Leiter der Gastroenterologie, gab er sich bei seinen Antworten die größte Mühe. (Ich wußte nichts von dem Telefonat und freute mich im stillen. Erst vor kurzem habe ich erfahren, daß Dr. Kelson Gloria damals gesagt hatte, die durchschnittliche Überlebenszeit bei Speiseröhrenkrebs sei achtzehn Monate – sechs Monate mehr, als mein Onkologe gesagt hatte. Mir gegenüber erwähnte sie nie, daß sie das gehört hatte, weder damals noch später.) Der Onkologe ordnete eine Computertomographie an, um zu sehen, ob der Tumor unter dem Einfluß der Chemotherapie geschrumpft wäre, und ich ließ mir einen Termin für Donnerstag geben. Am Samstag fühlte ich mich kräftig genug, um mit Jamie shoppen zu gehen: Ich wollte mir eine Perücke kaufen.

Ich wußte noch aus früheren Jahren, als Perücken modern waren und ich die fürchterlichen Nächte mit dem Kopf voller Lockenwickler satt hatte (ich hatte lange Haare), daß einem unter Perücken immer heiß wurde und daß sie juckten. Aber es war mir peinlich, mich kahl in der Öffentlichkeit zu zeigen – auch wenn ich selber meinen Kahlkopf durchaus mochte. Das Problem ist, daß einen alle Leute anstarren. Einer Frau, die sich öffentlich mit Glatze präsentiert, unterstellt man unwillkürlich politische Motive, wie der Sängerin Sinead O'Connor. Aber Sinead O'Connor ist eine schöne, junge Frau, ob mit oder ohne Haare. Wenn ich so ausgesehen hätte wie sie – oder wie meine Bekannte Yolande mit ihrem dunklen Teint, ihrem langen Hals, ihrem schmalen, ebenmäßigen Gesicht und ihren hohen Wangenknochen –, dann hätte ich nicht gezögert, kahlen Hauptes auszugehen. Aber da dem nicht so war, traute ich mich ohne Kopfbedeckung nicht aus dem Haus.

Ich hatte mir eine Liste sämtlicher Perückengeschäfte um die siebenundfünfzigste Straße herum gemacht und dabei festgestellt, daß nur einer der Läden auf Krebspatienten spezialisiert war – Edith Imre, wo ich ausgezeichnet bedient wurde. In den übrigen Geschäften begrüßten einen aufgestylte, junge Verkäuferinnen, die schon beim Anblick eines kahlen Kopfes einen Schreck bekamen und einen lustlos und unfreundlich bedienten. Ich entschied mich für eine brünette Glatthaarperücke, die halbwegs natürlich aussah (und war gekränkt, als die Leute meinten, es wären meine eigenen Haare). Anschließend ging ich mit Jamie in eine Ausstellung von Lucien Freud in einer Galerie etwas weiter unten an der Straße. Im nachhinein sollte sich herausstellen, daß dies für Jahre mein letzter Galeriebesuch sein sollte, deshalb bin ich froh, daß Jamie sich überreden ließ mitzukommen, obwohl sie eine heftige Abneigung gegen diesen Künstler hat. Normalerweise respektiere ich den Geschmack meiner Tochter und hätte sie nie gebeten, mit mir eine Freud-Ausstellung zu besuchen.

Am Sonntag, dem nächsten Tag, unternahm ich wieder eine wunderschöne Landpartie. Diesmal holte mich Perry

Birnbaum ab, ein Freund aus Studientagen. Wir fuhren nach Sag Harbour hinaus, um Gloria Beckerman, ebenfalls eine Studienfreundin, zu besuchen. Ich hatte Perry seit über einem Jahr nicht gesehen, so daß wir uns viel zu erzählen hatten; bei Gloria bekamen wir ein Mittagessen im Freien serviert, auf einer Terrasse mit Blick aufs Wasser. Das Wetter war prächtig, meine Freunde waren gut gelaunt, und wir plauderten beim Essen – besser gesagt, die beiden plauderten, und ich hörte zu, denn ich bekam zu meiner großen Freude sogar Brot und Fleisch hinunter (wenn auch langsam), und ich war glücklich, an diesem idyllischen Fleckchen zu sitzen, im Schatten des Baumes, das tiefblaue Meer vor Augen.

Am Dienstag ging ich mit Rob zu meinem Onkologen, um zu hören, was die Computertomographie ergeben hatte. Wir warteten wie üblich eine gute Stunde, ehe wir in sein Sprechzimmer gerufen wurden. Als der Arzt hereinkam, fing er sofort zu reden an, als hätte er sich die CT-Aufnahmen schon angesehen, was aber eindeutig nicht der Fall war. Während er mit uns sprach, wandte er sich, ohne seinen Redefluß zu unterbrechen, von uns ab und nahm die Aufnahmen in Augenschein. Ich spähte ebenfalls auf die Tomographien, konnte aber den Tumor nirgendwo entdecken. (Ich wußte, wo er gesteckt hatte.) Der Onkologe erklärte wortreich, daß man von den ersten zwei Monaten Chemotherapie keine Wunder erwarten dürfe – «wenn wir Glück haben, ist er ein kleines bißchen geschrumpft» –, dann machte er eine Pause, sah noch einmal etwas genauer hin und verkündete schließlich schockiert: «Ihr Tumor scheint verschwunden zu sein.»

Wegen des Tones, in dem er das sagte, reagierte ich im ersten Moment überhaupt nicht – er hörte sich an, als wäre er entsetzt über das, was er sah. Aber dann zählte ich selber zwei und zwei zusammen, und mein Herz hüpfte vor Freude. «Heißt das, ich kann die Chemotherapie reduzieren?» fragte ich strahlend.

«*Nein! Aber nein!*» rief er ärgerlich. «Wenn überhaupt … also, die vorgesehenen sechs Zyklen müssen Sie schon durchhalten.» Es klang, als hätte er gute Lust, meine Behandlungsdauer zur Strafe sogar noch zu verlängern; als wäre er verärgert, daß sich seine Erwartungen nicht erfüllt hatten; die wissenschaftliche Vorhersagbarkeit seiner Arbeit war ihm wichtiger als meine Genesung. Ich bin sicher, daß er mir nichts Böses wünschte, aber ich war für ihn nur eine von vielen todgeweihten Patienten und Patientinnen. Wie konnte ich es wagen, die Statistik durcheinanderzubringen? Außerdem würde der Tumor bestimmt bald wieder zu wachsen beginnen. Ich hatte keinen Grund zu voreiliger Freude: Der Krebs würde wiederkommen, und in einem Jahr oder eineinhalb wäre ich doch tot.

Sein Pessimismus angesichts des verschwundenen Tumors war so unerbittlich und übermächtig, daß ich meinem Herzen nicht erlaubte, Luftsprünge zu machen. Aber ich wollte ihn aufziehen (vielleicht war ich genauso verärgert wie er). Ich nahm den perlenbesetzten, mit Kräutern gefüllten Lederbeutel ab, den Gloria mir von ihrer indianischen Schwitzzeremonie bei den Cherokees mitgebracht hatte und den ich seitdem um den Hals trug, und sagte im Scherz: «Das war die Schwitzzeremonie.» Er wandte brüskiert den Kopf und sah mich entgeistert an: «*Wie bitte?*»

Ich hielt ihm den Beutel hin. «Riechen Sie mal», forderte ich ihn auf. Der Beutel duftete nach Salbei und allerlei anderen Kräutern.

Zögernd, leicht angewidert, näherte er sich, bis seine Nase eine Handbreit über dem Beutel war, woraufhin er sofort wieder zurückzuckte. Er sagte nichts und verabschiedete sich kurz darauf. Aber vorher erinnerte er mich noch daran, daß ich in genau einer Woche – am 29. September – zu meinem nächsten Zyklus Chemotherapie anzutreten hätte.

Ich ging mit Rob zum Mittagessen, und wir kicherten und äfften den entgeisterten Blick meines Onkologen nach. Ich wußte nicht, zu wieviel Hoffnung das Verschwinden des Tumors berechtigte. Der Arzt hatte mir versichert, daß der Krebs wiederkommen würde; ich müßte damit rechnen, daß er wiederkommen würde, ich sollte mir keine allzugroßen Hoffnungen machen. Aber warum sollte ich das nicht? Wie oft kam so etwas vor? War es nicht zumindest ein Zeichen? Rob war so glücklich, daß mir erst jetzt klarwurde, wie deprimiert er die ganze Zeit gewesen war. Es war doch eine gute Entwicklung, oder nicht, auch wenn der Arzt sich so merkwürdig benahm?

Zu Hause rief ich sofort meine Freundinnen an. Charlotte war ganz aus dem Häuschen: Sie verstieg sich zu der Behauptung, die Sache mit dem Krebs sei endgültig ausgestanden. Ich sei geheilt; ein Wunder wäre geschehen. Ihre Entschiedenheit schockierte mich. Sie war dermaßen überzeugt von ihrer Einschätzung, daß sie gar nicht mehr zuhörte, als ich ihr sagte, der Onkologe hätte mir fast die Hand darauf gegeben, daß der Tumor wiederkommen würde. Ihre Erleichterung machte mir deutlich, wie sehr meine Krankheit sie bedrückt hatte und welch großer Stein ihr vom Herzen fallen würde, wenn ich wieder gesund würde. Erst Jahre später erfuhr ich, wie schlimm meine Krankheit sie wirklich mitgenommen hatte. Charlotte war seit sechzehn Jahren meine Agentin und seit fast ebenso langer Zeit meine Freundin. Sie stand mir so nah wie eine Schwester; ich liebte sie sehr. Und sie schien das gleiche für mich zu empfinden. In meiner Benommenheit hatte ich gar nicht mitbekommen, was für ein Wrack Charlotte während der letzten drei Monate gewesen war. Sie «sah grauenhaft aus», wie ihre etwas aufmerksameren Freunde bemerkten; sie achtete nicht mehr darauf, regelmäßig zu essen und zum Schlafen aus ihren Kleidern zu schlüpfen; sie war völlig durcheinander und hatte in diesem Zustand äußerlich normal ihre Geschäfte geführt und sich nach außen hin stets aufgeräumt und vernünftig gegeben.

Meine Hexenschwestern planten vor lauter Freude für den nächsten Abend ein Festessen. Da ich seit langem nicht mehr die Gastgeberin gewesen war, sagte ich, sie sollten diesmal alle zu mir kommen; die letzten Male hatten wir uns immer bei Gloria getroffen (Esther hatte das Haus voller Wohngenossen, und Carol war nach Westchester gezogen). Ich rief einen Partyservice an und bestellte ein schönes Menü.

Am nächsten Abend, Mittwoch, den 23. September, kam der Kellner zur rechten Zeit mit dem Essen und deckte den Tisch in meinem Eßzimmer. Nur den Wein hatte er leider vergessen. Da ich selber keinen im Haus hatte, rief er in seiner Küche an und bat, man möge jemanden mit ein paar Flaschen vorbeischicken. Gegen sieben Uhr trafen Esther und Carol ein; wir setzten uns in mein Arbeitszimmer, aßen Hors d'Œuvres und tranken einen Aperitif dazu, bis der Junge mit dem Wein kam.

Plötzlich gingen im ganzen Haus die Lichter aus – ein Stromausfall. Das bedeutete, daß wir nicht nur im Dunkeln saßen, sondern daß außerdem der Herd, der Kühlschrank und der Aufzug außer Betrieb waren. Und ich wohnte im zwanzigsten Stock. Wir gingen alle auf die vordere Terrasse hinaus und schauten hinunter. Vor dem Gebäude standen Feuerwehrautos. Das Telefon klingelte (später stellte ich fest, daß mein Telefon das einzige im ganzen Haus war, das noch funktionierte): Es war Gloria. Sie hatte sich etwas verspätet, weil sie mit Bella Abzug über einer Wahlkampfstrategie gebrütet hatte – Bella wollte den Sitz eines kürzlich verstorbenen Kongreßabgeordneten ergattern. Die Feuerwehrmänner ließen sie nicht ins Gebäude (ganz zu schweigen davon, daß sie vierzig finstere Treppen – zwei pro Stockwerk – hätte erklimmen müssen). Im Augenblick befand sie sich mehrere Blocks entfernt in einer Telefonzelle – in meiner Straße gab es keine. Sie sagte, sie werde jetzt zurückgehen und abwarten, vielleicht bekäme die Feuerwehr ja die Lage rasch unter Kontrolle und ließe sie doch noch ins Haus.

Der Kellner wurde unruhig. Er machte sich Sorgen um das Essen, ging nervös auf und ab und rief bei seiner Küche an. Der Junge, der den Wein gebracht hatte, zuckte nur die Achseln. Meinem Eindruck nach gab es keinen Grund, sich Sorgen zu machen; ich selber hatte jedenfalls keine Angst – schließlich handelte es sich eindeutig nicht um einen größeren Brand, und selbst wenn es ein Großfeuer gewesen wäre, hätte man uns sicher per Hubschrauber von einer meiner Terrassen gerettet. Das Ganze war ein Abenteuer! Carol, die jeder städtische Beamte aus dem Fernsehen kennt, setzte sich ans Telefon. Ruhig und freundlich, völig professionell, sprach sie unzählige Male an diesem Abend mit irgendeinem reizenden, nachsichtigen Feuerwehrhauptmann. Nur dank Carols Nachfragen erfuhren wir an dem Abend überhaupt etwas. Niemand fühlte sich bemüßigt, die Hausbewohner näher zu informieren; niemand ging zu den älteren Leuten, um sie zu beruhigen und um sicherzustellen, daß ihnen nichts fehlte.

Es hatte ein kleines Feuer im Waschkeller gegeben, der gerade renoviert wurde. Es war schnell gelöscht, und für den Rest des Gebäudes bestand keine Gefahr, aber da die Fußboden- oder Deckenfliesen des Waschkellers asbesthaltig waren, mußte die Sache dem Amt für Umweltschutz gemeldet werden. Der Austausch der Fliesen war Teil der geplanten Renovierung. Um einer Asbestkontamination vorzubeugen, sperrte die Feuerwehr das Gebäude. Es wurde tatsächlich niemand hereingelassen. Gloria erzählte uns, sie hätte auch niemanden aus dem Haus herauskommen sehen – was nicht viel Sinn ergab. Sie rief immer wieder an, um uns mitzuteilen, was dieser oder jener Löschzugfahrer oder einer der vielen Anwohner gesagt hatte, die sich auf den umliegenden Straßen herumtrieben, bis hinunter zum Broadway. Erst rief sie aus der Telefonzelle vor einem McDonalds an, wo sie einen Kaffee getrunken hatte, und später aus einem chinesischen Restaurant, wo sie zu Abend gegessen hatte. Wir anderen hatten Pech mit dem Essen: Es konnte nicht aufgewärmt werden. Aber wir aßen uns an den kalten Hors d'Œeuvres satt.

Als Esther bei ihrem Versuch, den armen Kellner zu zerstreuen, herausfand, daß der Mann Gesangsstunden nahm, bat sie ihn, etwas für uns zu singen – was er auch tat. Er hatte eine wunderschöne Stimme. Aber unglücklicherweise hatte er keine Ahnung, welchen Anlaß unser kleines Fest an diesem Abend hatte, und so sang er in einem fort von Friedhöfen und Toten. Ich bat Esther, ihn nicht noch zu weiteren

Liedern zu verführen, worauf er sich geknickt in die dunkle Küche zurückzog, wo er den Tränen nah den Kopf in den Händen vergrub. Der Junge, der den Wein gebracht hatte, sah ihm gleichgültig nach und verzog keine Miene.

Ich sammelte alle Windlichter ein, die ich in der Wohnung finden konnte. Als fleißige Schreiberin und Leserin, die schon etliche Stromausfälle erlebt hat, weiß ich, daß man bei Kerzenlicht nur lesen kann, wenn die Flamme sich nicht bewegt – wofür man ein Windlicht braucht. Wir stellten die Kerzen in der Küche und im Arbeitszimmer auf, obwohl das Arbeitszimmer, wo wir saßen, bereits leidlich hell war, weil vor dem großen Fenster gerade der Mond über dem Central Park aufging.

Wir lachten und redeten bis spät in die Nacht. Irgendwann rief Gloria an und sagte, sie gebe auf und gehe jetzt nach Hause, was uns natürlich allen leid tat. Schließlich wies ich jedem ein Nachtlager zu; es gab genügend Betten (und Zimmer) für uns drei Frauen und für den Kellner; den Jungen verfrachtete ich auf das Sofa und gab ihm, da ich keine Decke mehr für ihn hatte, meinen Pelzmantel zum Zudecken. Der Kellner allerdings hatte nicht den Mut, sich schlafen zu legen, und setzte sich auf das zweite Sofa, um wach zu bleiben. Esther und ich gingen zu Bett. Carol aber hielt die ganze Nacht Wache, um Esther und mich vor allem zu beschützen, was uns bedrohen könnte. Später, als alles vorüber war, sagte Carol: «Du mußt ein schützendes Kraftfeld um dich haben. Wie willst du sonst erklären, daß dein Telefon das einzige im ganzen Haus war, das funktionierte?»

Am nächsten Morgen erschien Isabelle, meine Assistentin, pünktlich zur Arbeit. Niemand hinderte sie daran, das Haus zu betreten; allerdings mußte sie das Treppenhaus benutzen.

Anschließend ließ sie sich von meinen Gästen überreden, die vielen Treppen noch einmal hinunterzugehen, um in einem Restaurant am Broadway Kaffee für uns alle zu holen und die vierzig Treppen ein zweites Mal heraufzusteigen. Von ihrem Beispiel ermuntert, faßten auch der Kellner und der Junge den Mut aufzubrechen. Yura, die Inhaberin des Partyservice, schickte mir nie eine Rechnung, obwohl ich sie darum bat: daß der Abend ins Wasser gefallen war, war ja nicht ihre Schuld, und sie hatte ein wunderbares Menü geschickt (das natürlich verdarb, weil der Kühlschrank nicht funktionierte). Katastrophen, sogar die kleineren, bringen eben den wahren Charakter der Menschen ans Licht.

Wir drei vom Hexenzirkel hatten einen wunderbaren Abend gehabt, wie es bei nicht lebensbedrohlichen Krisen oft der Fall ist. Meine Hexenschwestern erzählen bis heute mit Begeisterung von diesem Abend. Das mag der Grund dafür sein, weshalb ich bei meiner Hausverwaltung, der Firma Ardsley, nie gegen die sträfliche Nachlässigkeit protestiert habe, die sie an jenem Abend an den Tag legte. Auch im nachhinein lieferte niemand eine Erklärung für den Vorfall. Und die arme Isabelle hatte auf einer ihrer Expeditionen durch das dunkle, stickige Treppenhaus am nächsten Morgen eine gebeugte, alte Frau gesehen, die aus ihrer Küchentür spähte und mit zitternder Stimme fragte, was denn los sei.

Da sich das Amt für Umweltschutz eingeschaltet hatte, dauerte die Lösung des Problems Wochen. Bis weit in den Oktober hinein gab es keinen Strom, wodurch das Haus so gut wie unbewohnbar war. Ich mußte den Pförtner jeden Tag anrufen, um zu fragen, ob die Stromversorgung schon wiederhergestellt sei: Auch darüber ließ man die Hausbewohner erst mal im ungewissen. Und obwohl ich eine Klage einreichte, erstattete die Versicherung des Gebäudes mir nie die Kosten für die Nächte, die ich im Hotel verbrachte. Ich blieb eine Nacht im Mayflower, dann fuhren die Kinder mich für das Wochenende in die Berkshire Hills; nach meiner Rückkehr schlief ich eine Nacht bei Gloria, und am nächsten Tag, dem 29. September, mußte ich wieder ins Sloan-Kettering zu meinem dritten Zyklus Chemotherapie. Als ich am 4. Oktober aus dem Krankenhaus entlassen wurde, ging ich wieder ins Mayflower, und am nächsten Tag konnte ich dann endlich in meine Wohnung.

Am Tag nach dem Feuer half Isabelle mir beim Umzug ins Hotel (ich entschied mich für das Mayflower, weil es in der Nähe meiner Wohnung und meiner Garage lag). Ich nahm meinen Laptop mit, ein paar Bücher, Kleider und die Tasche, die ich immer für das Krankenhaus gepackt bereithielt. Ich konnte Isabelle zur Hand gehen: Leichte Lasten konnte ich immer noch tragen, und auch das Treppensteigen ging ohne Probleme. Ich fühlte mich federleicht, denn ich war immer noch in Hochstimmung von dem ausgelassenen Abend mit meinen Freundinnen und von meiner letzten Computertomographie. Am gleichen Abend fand eine Sitzung der PEN-Kommission statt, die erste der Saison, und ich nahm den ganzen Weg nach Downtown auf mich, um daran teilzunehmen. Ich war voller Optimismus und glaubte, die Teilnahme an dieser Sitzung markiere den ersten Schritt zurück in mein altes Leben, und die Phasen zwischen den Krankenhausaufenthalten würden von nun ab viel leichter sein.

Aber der Abend brachte eine traurige Überraschung für mich. Ein paar Frauen, die offenbar nicht merkten, daß ich eine Perücke trug, machten häßliche Witze über meine Haarfarbe. Ich wollte es gar nicht glauben: Taten sie das absichtlich? Und wenn ja, warum? Ich mußte eine Ausstrahlung haben, die dazu einlud, mich zu verletzen (etwas, das ich seit Jahren erfolgreich vermieden hatte); ich hatte so ein Verhalten noch nie erlebt. Ich wußte, daß Schulmädchen sich gern über die Bosheit anderer Mädchen beklagen, und kannte die angebliche weibliche Bosheit aus Filmen und Theaterstücken, aber ich hatte sie in meinem ganzen zweiundsechzigjährigen Leben noch nie am eigenen Leib erfahren. Mir war schleierhaft, warum diese Frauen es nötig hatten, derlei Bemerkungen zu machen.

Dann traf ich Sybil. Ich freute mich riesig, sie zu sehen, und eilte gleich auf sie zu. Wir hatten uns seit Februar nicht mehr gesprochen. Sie hatte von Grace Paley erfahren, daß ich auch Krebs hatte, und wollte wissen, wie es mir ging. Ich erzählte ihr, daß mich die Chemotherapie zwar sehr krank gemacht, aber den Tumor aufgelöst hatte, auch wenn der Arzt mir prophezeit hätte, daß er wiederkommen würde. Sie wünschte mir alles Gute, aber mit den Gedanken war sie woanders. Sybil war immer eine zuvorkommende, freundliche Frau gewesen; sie sah einen an, wenn sie mit einem sprach, aber diesmal spürte ich, wie ihr Blick durch mich hindurchging.

«Und wie geht es dir?» fragte ich. Sie reagierte, als ob sie das gar nichts anginge. «Danke, gut», sagte sie gleichgültig. Sie fuhr dreimal die Woche zur Behandlung in ein Krankenhaus am Cape und hatte den Rest der Zeit für sich. Sie hatte den ganzen Sommer Tennis gespielt. Mit der Chemotherapie hatte sie keine größeren Probleme. Es wunderte mich, daß sie ganz anders behandelt wurde als ich und auf die Behandlung auch anders ansprach.

Dann sagte Sybil, es mache sie wütend, daß ihr Körper ihr

diese scheußliche Krankheit aufbürde. Sie habe einen richtigen Haß auf ihren Körper. Die Chemotherapie hatte keinerlei Wirkung gezeigt: Der Tumor war weitergewachsen und hatte sogar zu streuen begonnen. Inzwischen waren auch ihre Lymphknoten befallen.

Ich wußte, daß sie ein kleinzelliges anaplastisches Karzinom hatte, eine sehr schnell wachsende Lungenkrebsart. Ich dagegen hatte ein Plattenepithelkarzinom, einen langsamer wachsenden Typ, der vor allem Organhüllen befällt. Andererseits hatte man ihren Tumor entdeckt, als er noch winzig war, während meiner bei seiner Entdeckung schon Metastasen gebildet hatte. Und dennoch war mein Tumor verschwunden, während ihrer gewachsen war. Ich verstand nicht, weshalb.

«Bei mir waren die Lymphknoten auch schon befallen», sagte ich.

«Waren sie bei dir auch so dick?» fragte sie und nahm meine Hand. Sie führte meine Finger an die Stelle über ihrem Schlüsselbein, an der jemand von Sybils zierlicher Statur normalerweise eine Delle hat. Statt dessen war da ein riesiger, glühendheißer Knoten. Ich erschrak und konnte meinen Schrecken kaum verbergen.

«Nein. Ganz so dick war es bei mir nicht. Tut das weh?» fragte ich und versuchte meinen Schock zu überspielen.

«Nein», sagte sie tonlos und blickte wieder durch mich hindurch.

«Sybil», sagte ich zu ihr, «ich glaube, es ist nicht gut, wenn du deinen Körper als Feind betrachtest. Kannst du nicht versuchen, ihm zu verzeihen und dich auf seine Seite zu schlagen? Kannst du nicht gemeinsame Sache mit ihm machen – du und dein Körper, vereint gegen den Krebs?»

«Ich weiß nicht», seufzte sie. «Manchmal denke ich, im Grunde will ich vielleicht gar nicht mehr leben.»

«Oh, Sybil, bitte, du mußt leben», sagte ich und fühlte, wie mir die Tränen in die Augen schossen. «Wir brauchen dich. Grace braucht dich.» Grace und sie sahen sich täglich, wenn Grace in New York war.

Sie lächelte matt in die Ferne, zu ihrem toten Mann und ihrem toten Sohn – so kam es mir jedenfalls vor. Im November starb sie.

Oktober bis Dezember 1992

IM OKTOBER WAR mein Kreatininwert so niedrig, daß man mir kein Cisplatin verabreichen konnte. Einerseits war ich darüber erleichtert, andererseits entmutigte es mich. Denn es bedeutete, daß die Dosis der ersten beiden Zyklen bereits meine Nieren geschädigt hatte, möglicherweise irreparabel. Aber das sagte mir niemand. In diesem Monat hatte ich einen Termin bei Bruce Minsky, dem Radiologen. Als ich ihm meine Befürchtungen mitteilte, sagte er mir, es sei selten, daß man bei einem Patienten das gesamte Behandlungsschema durchführen könne. Außerdem sei das Flourouracil ohnehin wirkungsstärker als das toxische Cisplatin. Seiner Meinung nach müßten durch die Kombination von Bestrahlung und Chemotherapie alle Krebszellen, die noch vorhanden sein sollten, abgetötet werden – daß der Tumor verschwunden war, wußte er. Außerdem meinte er, ich sei eine Rarität; in all den Jahren, die er nun schon praktiziere, hätte er nur ein oder zwei Leute bestrahlt, deren Krebs bereits Metastasen gebildet hatte.

Ich wußte nicht, weshalb mein Onkologe sich in meinem Fall trotz der Metastasen für eine Bestrahlung entschieden hatte – er hatte von sich aus nichts dazu gesagt, und ich hatte vergessen, ihn danach zu fragen, bis ich 1997 in meinen Notizen auf Bruces Bemerkung stieß. Es war so, wie ich vermutet hatte. Ein Artikel in einer medizinischen Fachzeitschrift, den ich gelesen hatte, legte dar, daß in einigen wenigen Fällen Patienten mit Speiseröhrenkrebs länger als ein

Jahr überlebt hatten: Alle diese Patienten hatten, wie der Artikel es nannte, die «Maximaltherapie» bekommen. «Maximal» stand für die gleichzeitige Bestrahlung und Chemotherapie. Obwohl der Artikel nur Fälle beschrieb, in denen der Krebs noch keine Metastasen gebildet hatte, wurde beschlossen, daß ich ebenfalls die «Maximaltherapie» bekommen sollte.

Dieser Entscheidung lag die spezielle Klassifizierung meines Krebses zugrunde. Karzinome werden eingeteilt in die Kategorien T (Tumor), N (Lymphknoten; englisch: *node*) und M (Metastasen). Die Tumoren selbst werden nach ihrer Größe eingeteilt in die Stufen 1–4, wobei meiner als 2–3 eingestuft wurde. Der Befall der Lymphknoten wird mit N-0 oder N-1 klassifiziert; bei mir waren die befallenen Lymphknoten zwar ein Stück vom Tumor entfernt, lagen aber noch in der Reichweite einer lokal eingegrenzten Bestrahlung, daher wurden sie mit N–0 eingestuft. Für die Metastasen gibt es die Werte 0 oder 1, ebenfalls wieder abhängig von ihrer Entfernung zum Primärtumor. Die Metastase meines Tumors lag sehr nah am Primärtumor und würde von einer Bestrahlung automatisch miterfaßt. Daher war in meinem Fall die Chance groß, daß meine Überlebenszeit sich auch bei einer lokal eingegrenzten Bestrahlung ein wenig verlängern würde.

Mein Oktoberaufenthalt im Krankenhaus verlief normal, wenn man von der Tatsache absieht, daß ich mit noch mehr Besuch als sonst gesegnet war und daß alle meine Besucher angesichts meiner guten Neuigkeiten überschäumenden Optimismus verbreiteten. Am ersten Nachmittag kam Charlotte; am gleichen Abend versammelten meine Hexenschwestern sich an meinem Bett, wie üblich hatten sie alle Utensilien mitgebracht – Zauberstab, Adlerfedern und Kerzen (bei letzteren bangte ich, daß sie die Rauchmelder des Krankenhauses auslösen würden). Gloria massierte mir die Füße; das tat sie jedesmal, wenn sie kam – eine phantastische Entspannung. Sie ist darin eine wahre Meisterin. Am selben Abend besuchte mich auch noch mein alter Studienfreund Perry; am nächsten Tag kamen meine drei Kinder, meine Schwester mit ihrem Lebensgefährten Fred Baron, und mein Vater (der in der Nähe meiner Schwester wohnt). Ich hatte ihn seit dem letzten Weihnachtsfest nicht mehr gesehen. Er sah gesund und munter aus, trotz seiner sechsundachtzig Jahre; er arbeitete nach wie vor (das tut er noch heute) und war im großen und ganzen zufrieden, auch wenn meine Mutter ihm fehlte, die damals schon sechs Jahre tot war. Er umarmte mich, aber er brachte keinen Ton heraus. Er schüttelte nur in einem fort den Kopf. Irgendwann brummte er, nicht ich, sondern er sollte derjenige sein, dem es an den Kragen ginge. Ich habe noch heute im Ohr, wie die Urgroßmutter meiner Kinder mit über achtzig Jahren das gleiche sagte, als ihr Sohn, der Großvater meiner Kinder, mit neunundfünfzig Jahren gestorben war. «Ich sollte tot sein, nicht er», jammerte sie. Aber was die Alten auch sagen (und gewiß meinen sie es auch so): Wer die Vitalität dazu hat, ein hohes Alter zu erreichen, der klammert sich unbewußt mit jedem Herzschlag und jedem Atemzug ans Leben. Ida Demarest French blieb bis weit in die Neunziger eine rüstige Frau; und mein Vater ist inzwischen einundneunzig.

Rob kam am nächsten Nachmittag wieder, Carol ebenso; am Freitag erschien Gloria Beckerman, gefolgt von Rosita Sarnoff und Beth Sapery – zwei langjährigen Bekannten, die während dieser Zeit zu Freundinnen wurden – und Linsey Abrams. Am Samstag kam Esther noch einmal, und nach ihr Jamie. Es war – ich wage es kaum zu sagen – fast zu viel. Ich brauche ein gewisses Quantum an Zeit für mich selbst, um mich lebendig zu fühlen. Dennoch habe ich, wie ich meinen Kalendernotizen entnehme, in dieser Woche zwölf Kapitel von *Vater unser* redigiert. Vermutlich waren nicht viele Korrekturen nötig.

Am Sonntag wurde ich entlassen – diesen Monat pünktlich – und quartierte mich wieder im Mayflower ein. Abends ging ich mit den Kindern, Barbaras Mutter und Barbaras Schwester, der großen Tänzerin Donna McKechnie, zum Essen aus. Ich erinnere mich, daß wir ins Mackinac gingen, ein gutbürgerliches Restaurant in der West Side, das wir seines Namens wegen wählten: Die McKechnies hatten mehrere Jahre im Norden Michigans gelebt. Ich bestellte Makkaroni mit Käsesauce, weil ich dachte, so etwas Weiches könnte ich ohne Probleme hinunterbekommen; aber ich irrte mich. Ich konnte nur trinken, und auch nur Wasser, Apfelsaft und Tee. (Vor meiner Krankheit war ich kaffeesüchtig gewesen; jeden Morgen hatte ich zwei Tassen Kaffee getrunken, den ich mir aus frisch gemahlenen Bohnen brühte, den feinsten, die ich bekommen konnte – damals Celebes kalossi. Jetzt vertrug ich keinen Kaffee mehr; kohlensäurehaltige Getränke waren eine Tortur für meine Speiseröhre, und alkoholische Getränke oder säurehaltige Säfte brannten höllisch. Zu Hause trank ich meist kalten Aloe-vera-Tee und Kamillentee. Ich glaubte, daß sich all das wieder geben würde, wenn ich die Therapie überlebte, aber auch da irrte ich mich.) Meine Mundschleimhaut war schon wieder entzündet, diesmal am *fünften* Tag nach der Chemotherapie.

Aber dafür dauerte es diesmal auch nur etwas über eine Woche.

Am Montag hatte ich den ersten einer Reihe von Terminen im Sloan-Kettering, bei denen ich für die Bestrahlung vermessen wurde. Diese aufwendigen Vorbereitungen sind notwendig, um sicherzustellen, daß die Bestrahlung so genau wie möglich und so ausschließlich wie möglich die betroffene Region erfaßt. Nachdem man anhand einer Schablone, die der Arzt aufgezeichnet hat, vermessen worden ist, bekommt man eine Art Tätowierung auf die Haut, kleine Markierungen, die den medizinisch-technischen Assistenten als Orientierungspunkte für die Justierung des Bestrahlungsgeräts dienen.

Meine Kinder und meine Freunde kümmerten sich weiterhin rührend um mich; jede Nacht blieb jemand bei mir – Rob und Barbara, Jamie, Carol und Esther; Barbara Greenberg blieb einen ganzen Tag und eine Nacht. Ich muß in guter Verfassung gewesen sein, denn mein Kalender ist voll mit Kino- und Theaterbesuchen und Essenseinladungen bei dieser oder jener Freundin oder bei meinen Kindern. Ich traf mich mit Jim Silberman, meinem Verleger; ich sah Florence Howe, die Herausgeberin der *Feminist Press*, mit der ich auch befreundet bin; ich gewann eine neue Freundin, die Dramatikerin Janet Neipris; ich sah meinen alten Freund Herb Weiss, ich sah meine Hexenschwestern und immer wieder meine Kinder. Irgend jemand chauffierte mich nach Ancram hinaus, zu meiner Freundin LeAnne Schreiber; wir gingen zusammen in die Oper von Ancram, die sich unter Melina Herring zu einem erfolgreichen Theaterunternehmen gemausert hat. Trotz alledem ist meine Erinnerung an diese Zeit durchtränkt von Furcht und Unbehagen; mir fehlte die

Lebensfreude. Aber vielleicht projiziere ich auch nur in die Vergangenheit.

Am 26. Oktober hatte ich den letzten Vorbereitungstermin für die Bestrahlung am Sloan-Kettering, und am nächsten Tag hatte ich die erste Bestrahlungssitzung. Der ganze Vorgang hat etwas Weihevolles; die medizinisch-technischen Assistenten, die die Geräte bedienen, sind äußerst freundlich, aber zugleich – wegen der Strahlengefahr – äußerst streng. Als Patient bekommt man unweigerlich mit, wie angespannt und achtsam sie arbeiten; man spürt die Beklemmung, wenn sie den Apparat justieren und dann feierlich den Raum verlassen, bevor sie das Bestrahlungsgerät einschalten. Jede Geste, jede Bewegung macht einem bewußt, daß man sich einer Prozedur unterzieht, die womöglich noch lebensbedrohlicher ist als die Chemotherapie.

Ich sollte dreißig Sitzungen absolvieren und insgesamt eine Strahlung von 50 Gy bekommen. Jede Sitzung verlief gleich. Erst mußte ich mich auf den Rücken legen, und die medizinisch-technischen Assistenten justierten das Bestrahlungsgerät so, daß die Strahlen frontal auf meine Speiseröhre trafen. Dann wurde der Apparat geschwenkt, um die Strahlen seitlich auf meine Speiseröhre zu richten, erst von links, dann von rechts. Dabei werden die Strahlen bogenförmig ausgerichtet, wodurch verhindert werden soll, daß die Strahlung auf das Rückgrat trifft. Die Wirbelsäule darf nur mit einer Gesamtlast von maximal 30 Gy bestrahlt werden, weil sie sonst schwere Schäden davonträgt. Danach wurde ich gebeten, mich umzudrehen, und der Apparat wurde erneut in zwei verschiedene Stellungen gebracht. Der ganze Vorgang dauerte etwa eine halbe Stunde. Währenddessen spürte ich überhaupt nichts, außer der Angst – meiner eigenen und der

der medizinisch-technischen Assistenten. Als mir während der Bestrahlung zum erstenmal übel wurde, glaubte ich, es sei die Atmosphäre des Raumes, die mir auf den Magen schlug. Ich hielt es für eine mentale Reaktion, weil die Bestrahlung selbst keine wie auch immer geartete Empfindung in mir hervorrief. Ich fühlte nichts – oder besser, ich fühlte nichts, was ich beschreiben könnte: Mir war auf eine diffuse Weise unwohl, aber ich konnte nicht sagen, warum. Dieses Gefühl hatte ich im Verlaufe der ganzen Behandlung – ein latentes Unwohlsein, das sich jeder Beschreibung entzieht, weil es kein spezifischer Schmerz ist und weil die Bestrahlung außer den Hautverbrennungen keinerlei sichtbare Folgen hat. Am nächsten Tag wurde wieder mit der Chemotherapie begonnen.

Ich hatte meinem Onkologen gesagt, daß mir die Sache angst mache, daß ich das Gefühl hätte, die doppelte Belastung durch Bestrahlung und Chemotherapie wäre zuviel für meinen Körper. Tatsächlich war die doppelte Attacke ja das Kernelement der «Maximaltherapie», aber das sagte er mir nie. Er beschwichtigte meine Ängste, indem er mich «eine tapfere Lady» nannte, und merkte nicht, wie er mich damit herabsetzte, einerseits, indem er meinen Einwand einfach abtat, als ob er nicht ernst zu nehmen wäre, und andererseits, indem er mich «Lady» nannte. Ich vermutete damals ganz richtig, daß der Erfolg der Behandlung geradezu davon abhing, die doppelte Belastung durch Bestrahlung und Chemotherapie durchzuhalten, da sie das Element war, das die Therapie erst zur «Maximaltherapie» machte – von der in den medizinischen Artikeln immer die Rede gewesen war. Aber niemand nahm sich die Zeit, mir diesen Punkt zu erklären. Vermutlich hätte mir eine solche Erklärung dabei geholfen, meine Vorbehalte zu überwinden; sie entsprach ja sachlich genau dem, was ich selber mutmaßte. Aber inzwischen hatte ich Zutrauen zu meinem Körper entwickelt; er hatte mir mitgeteilt, wo mein Primärtumor saß, als die Wissenschaft im dunkeln tappte. Und jetzt sagte er mir, daß die doppelte Belastung zuviel für mich sein würde. Und er sollte recht behalten.

Auch diesmal kam wieder viel Besuch. Als Gloria hörte, daß ich in niedergedrückter Stimmung war, wollte sie mir etwas Gutes tun und schickte mir eine Masseurin ins Krankenhaus. Die Massage war eine Wohltat – ich bat die Frau wiederzukommen. Rob und Barbara kamen fast jeden Tag. Erst fragten sie, wie es mir ging; dann fragte ich, was sie an dem Tag getan hätten und was sie noch vorhätten; und wenn wir alles erzählt hatten, saßen wir da und schwiegen uns an. Die beiden sahen mitgenommen und erschöpft aus; ich wußte, daß sie meinetwegen ihre eigenen Angelegenheiten vernachlässigten – Barbara ihr Studium, Rob seinen Sport, die Wäsche, die Einkäufe, von Freizeitvergnügungen gar nicht zu reden. Ich sagte ihnen, sie müßten nicht so oft kommen, aber das sagte ich ihnen bereits seit Monaten, ohne Erfolg. Eines Tages raffte ich mich auf und sagte: «Es tut gut, euch zu sehen. Es ist jedesmal eine Labsal, euch dazuhaben. Schön, daß ihr gekommen seid, wirklich! Aber jetzt geht wieder nach Hause. Macht euch ein paar angenehme Stunden.»

«Was sagst du?» fragte Barbara und sah mich etwas irritiert an. Sie hört manchmal nicht gut, deshalb begann ich müde noch einmal von vorn. Aber ich war noch nicht fertig, da fing sie zu lachen an. «Weißt du, was ich verstanden habe? Ich habe verstanden: ⟨Jetzt geht endlich nach Hause. Ihr seid ein paar anstrengende Kunden.⟩»

«Okay. Geht endlich nach Hause, ihr anstrengenden Kunden», stimmte ich zu, und wir lachten alle.

Später sagte ich diesen Satz jedesmal, wenn ich den Eindruck hatte, daß sie genug Zeit investiert hatten, um ihr Gewissen zu beruhigen. Er wurde zum geflügelten Wort, zu einer Art Familienscherz.

Am Sonntag wurde ich entlassen. Jamie holte mich ab und führte mich zum Mittagessen aus; anschließend ging ich nach Hause, um mich auszuruhen. Von nun an mußte ich fünfmal pro Woche zur Strahlenbehandlung ins Sloan-Kettering. Wieder kam jeden Abend jemand zu mir, um über Nacht zu bleiben – eines meiner Kinder, Charlotte oder Esther. Die Mundschleimhautentzündung hielt sich diesmal in Grenzen, so daß ich wenigstens hier und da etwas essen konnte und ein wenig zu Kräften kam. Einmal kam Linsey mich besuchen und ging mit mir zweieinhalb Stunden im Central Park spazieren – mit mehreren Pausen natürlich. Wir unterhielten uns prächtig und genossen den herrlichen Herbsttag: Die Temperatur war mild, das Laub an den Bäumen war leuchtend bunt, und überall um uns herum spazierten und radelten gutgelaunte Leute. Ein paar Tage darauf besuchte mich meine Freundin Lois Gould aus Irland, die gerade in New York war, und ich hatte wieder ein paar glückliche Stunden.

Aber mit der Zeit wurden die Besuche schwierig, weil ich so extrem erschöpft war. Wenn ich mich nicht gerade auf der Bestrahlungsliege befand oder auf dem Weg zum Krankenhaus oder zurück nach Hause war, lag ich auf dem Sofa in meinem Arbeitszimmer. Ich schrieb nicht, ich las nicht. Ich glaube, die meiste Zeit lag ich einfach nur da und döste vor mich hin, nicht wirklich schlafend und nicht wirklich wach, nur halb bei Bewußtsein.

In meinem Kalender stehen zwar etliche Verabredungen – zu einer Vernissage, einem PEN-Meeting, einer Party, einer Lesung von Christa Wolf, die ich auf keinen Fall versäumen wollte –, aber ich sagte alles ab. Ich war zu schwach. Ich schleppte mich täglich ins Sloan-Kettering; das allein war schon eine riesige Anstrengung, zu mehr war ich nicht in der Lage. Irgendwann bat ich Isabelle, mich zu begleiten, weil ich das Gefühl hatte, ich würde den halben Block vom Haupteingang des Krankenhauses zur First Avenue nicht mehr schaffen, wo ich mir immer ein Taxi heranwinkte.

Dann rückte mein dreiundsechzigster Geburtstag näher. Geburtstage werden in unserer Familie en bloc gefeiert, weil wir alle kurz hintereinander Geburtstag haben: am 21. November bin ich an der Reihe, am 22. November Jamie und am 25. November Rob. Nach der Geburt meiner Kinder wurden individuelle Geburtstagsfeiern abgeschafft – obwohl ich selbst ein paar Einzelfeste bekommen habe, unter anderem die Austern-und-Champagner-Party, mit der die Kinder mich zu meinem Fünfzigsten überraschten. Aber auch als die Kinder noch klein waren, wurden ihre Geburtstage gemeinsam gefeiert, wie bei Zwillingen.

Manchmal veranstaltete ich im Sommer ein Fest außer der Reihe, indem ich irgendeinen Geburtstag im Juni erfand, um die Feste (und die Geschenke) ein bißchen zu streuen. Aber die traditionelle Geburtstagsfeier ist in unserer Familie ein großes Abendessen an Thanksgiving, dem eine Orgie im Auspacken von Geschenken folgt (manchmal feiern wir in einem Aufwasch auch noch Barbaras Geburtstag mit – sie ist im August geboren).

Zum Glück hatte ich die Geschenke in weiser Voraussicht schon im September und Oktober gekauft – ich hatte wohl schon eine Ahnung, daß ich im November zu krank dafür sein würde. Charlotte schenkte mir dieses Jahr ein Geburtstagsessen. Einerseits wollte sie mir eine Freude machen, andererseits fürchtete sie vielleicht, es könnte mein letzter Geburtstag sein – trotz der positiven Wendung seit meiner jüngsten Computertomographie. Mein Allgemeinzustand zu dieser Zeit gab nicht gerade zu großen Hoffnungen Anlaß. Sie beauftragte einen Partyservice und veranstaltete das Essen bei mir zu Hause. Außer meinen Kindern lud sie meine Hexenschwestern und ihre Freundin Miranda ein. Das Essen sah verlockend aus, aber ich brachte keinen Bissen hinunter. Ich hatte seit der zweiten Bestrahlungswoche nichts mehr gegessen. Aber da die Bestrahlungen mir auch den Appetit genommen hatten, fehlte mir das Essen nicht. Worunter ich viel mehr litt, war, daß ich kaum mehr aufrecht sitzen oder mich leidlich an der Unterhaltung beteiligen konnte.

Als ich am Montag wieder im Krankenhaus war, sagte ich zu Dr. Minsky, ich hätte das Gefühl zu sterben, und bat ihn, die Behandlung abzubrechen. Ich sagte, falls ich doch wieder zu Kräften kommen sollte, könne man sie ja zu einem späteren Zeitpunkt wieder aufnehmen. Er war ein einfühlsamer Mann, der meine Ängste ernst nahm, aber er versicherte mir, daß ich keineswegs moribund sei. Trotzdem fragte er nicht, weshalb ich glaubte, sterben zu müssen. Ich schloß daraus, daß meine Gefühle eine normale Reaktion waren. Die Bestrahlungen wurden fortgesetzt. Ich verbrachte meine Tage weiterhin zwischen der Bestrahlungsliege im Sloan-Kettering und meinem Sofa. Aber ich bat von mir aus niemanden mehr, mich zu besuchen.

Die Kinder arrangierten ein Thanksgiving-Fest, zu dem sie meinen Vater und Barbaras Schwester Donna einluden. Ich kann mich an den Abend kaum noch erinnern; ich konnte nicht essen und nur mit allergrößter Mühe aufrecht sitzen und sprechen. Aber ich versuchte es.

Zwei Tage später mußte ich wieder ins Sloan-Kettering. Es war Zeit für den letzten Zyklus der Chemotherapie. Als ich aufbrach, kam ich mir vor wie auf dem Weg zum Schafott, gleichmütig, schweigend, klaglos; aber als ich mich der Guillotine näherte, verließ mich jeder Mut. Größer hätte der Unterschied nicht sein können zu meiner gelassenen Entschlossenheit an jenem Tag, an dem ich zum erstenmal ins Krankenhaus gegangen war. Vielleicht hätte ich es damals schon vorhersehen können. Aber ich hatte an jenem ersten Tag nicht an die Zukunft gedacht – und jetzt dachte ich noch viel weniger an die Zukunft. Wie die meisten Menschen hatte ich nur den einen Gedanken im Kopf: es hinter mich zu bringen; viele von uns gehen auf diese Weise durch ihr ganzes Leben: Sie denken an nichts anderes als daran, wie sie durch die nächste Prüfung kommen. Wir schützen uns vor unseren unglücklichen Erfahrungen, indem wir sie nicht fühlen; das einzige Gefühl, das wir zulassen, ist der stoische Wille, zu überleben. Dieses unbewußte Verhalten mag in Krisensituationen von Vorteil sein, aber in den meisten Situationen des Lebens hindert es uns daran, unser Leben zu leben.

Die Entkräftung hatte aus mir eine fügsame Patientin gemacht, eine hilflose Gefangene des Systems. Und es kam mir so vor, als ob die Ärzte ebenfalls Gefangene des Systems wären. Die Station, das Krankenhaus, dieser ganze riesige Apparat machte uns alle zu Gefangenen, und niemand konnte daran etwas ändern. Sie nahmen mir das Leben, und ich ließ es geschehen. Es gab kein Entrinnen.

Geplant war, daß ich die üblichen sechs Tage Chemotherapie und zusätzlich fünf Bestrahlungen bekommen sollte. Aber es kam anders.

Ich saß im Flur vor der Radiologie in meinem Rollstuhl und wartete darauf, hineingerufen zu werden, als Bruce Minsky zu mir kam und sagte, ich bekäme heute keine Bestrahlung. Er hätte es sich anders überlegt und wolle meine Behandlung nun doch abbrechen. Ich nahm an, er hätte beschlossen, meinem Rat zu folgen.

«Warum?» fragte ich.

«Sie haben Verbrennungen dritten Grades auf der Brust. Ich kann nicht verantworten, daß sich das verschlimmert.»

Ich hatte immer brav die Lotion aufgetragen, die man mir gegeben hatte, aber gegen Strahlenverbrennungen sind Lotionen machtlos. Das einzig Gute an den Verbrennungen war, daß sie nicht besonders weh taten. Eine schmerzlose Art zu sterben.

Bruce redete auf mich ein, als ob ich protestiert hätte; in Wirklichkeit argumentierte er gegen sich selber. Er machte sich eindeutig Sorgen, daß es meine Heilungschancen schmälern könnte, wenn er die Behandlung zu früh abbrach. Er meinte, ich würde nur fünf Bestrahlungssitzungen verpassen; den Großteil des Behandlungsschemas hätte ich ja schon hinter mir. Die Bestrahlung hätte ganz sicher ihren Zweck schon erfüllt. Was mich betraf, hätte Bruce seine Argumente genausogut einer Wand erzählen können. Mir war inzwischen alles egal.

Wenn ich heute zurückblicke, kommt mir der ganze Aufwand, der um die Bestrahlung getrieben wurde, absurd vor: so ähnlich, als baute man Luftschutzbunker gegen Atombomben oder als hielte man sich beim Hantieren mit Giftmüll ein Taschentuch vors Gesicht. Der Arzt und die medizinisch-technischen Assistenten hatten sich mit den Vorbereitungen soviel Mühe gegeben, hatten so viele Berechnungen angestellt, hatten jedes Detail genauestens ausgeklügelt – als wüßten sie, bei welcher Dosis Organe, Knochen und Haut Schaden nehmen; alles mögliche hatten sie angestellt, um sicherzugehen, daß die Strahlen genau die richtige Zone trafen. All das hatte Stunden um Stunden gedauert, die ich frierend und von Schmerzen gepeinigt auf der harten Bestrahlungsliege ausharren mußte. Und wofür das alles? Die Berechnungen sind ein Scherz: Die Strahlen sind tödlich. Sie trafen meine Speiseröhre, ja, aber sie trafen auch mein Rückgrat, mein Herz, meinen Hirnstamm und meinen Unterkiefer. Und die Bestrahlungsschäden bleiben einem erhalten, bis man stirbt: Sie gehen nicht wieder weg. Ich leide bis heute unter den Folgen, und ich weiß nie, wo es mich als nächstes erwischt. In den folgenden Jahren, als meine Organe eines nach dem anderen schlappmachten und ich im Sloan-Kettering einen Spezialisten nach dem anderen aufsuchte, sollte ich immer wieder den gleichen Satz hören: Die Menge an Zytostatika bzw. Strahlen, die Sie abbekommen haben, reicht eigentlich nicht aus, um einen solchen Schaden zu verursachen, aber anscheinend hat sie (1) das Gleichgewichtszentrum in Ihrem Kleinhirn zerstört, (2) Ihr Herz geschädigt, (3) Ihre Wirbelsäule ruiniert, (4) Ihre Speicheldrüsen geschädigt, (5) die peripheren Nerven in Ihren Fingern und Zehen zerstört und so weiter und so weiter.

Ich nahm Bruces Mitteilung vollkommen passiv auf, aber mir fiel ein Stein vom Herzen, daß die Tortur vorüber war.

Ich hatte die schwache Hoffnung, daß ich vielleicht doch überleben würde; daß ich, wenn ich keine Bestrahlungen mehr bekäme, peu à peu wieder zu Kräften kommen würde. Ich schloß den Chemotherapie-Zyklus noch ab – es war der letzte – und wurde am Freitag, dem 4. Dezember, nach Hause entlassen. Aber noch am selben Abend bekam ich so hohes Fieber, daß die Ambulanz mich gleich wieder ins Krankenhaus zurückbeorderte. Dort blieb ich ein paar Tage, bis das Fieber wieder gefallen war und ich erneut entlassen wurde.

Als endlich ein Tag kam, an dem es mir etwas besserging, machte ich mir Gedanken über meine Situation. Bis jetzt war der Tumor nicht wiedergekommen. Ich hatte die Chemotherapie und die Bestrahlung hinter mich gebracht, und wenn ich mich im Moment auch noch elend fühlte, so gab es doch eine Chance, daß es mir irgendwann einmal wieder bessergehen würde. Bestimmt würde in einem Monat schon alles ganz anders aussehen, dachte ich. Ich beschloß, mich auf meine Rekonvaleszenz zu konzentrieren. Ich *beschloß*, mich auf den Weg der Besserung zu begeben. Zum erstenmal seit Monaten setzte ich mich wieder an den Schreibtisch. Ich nahm das Telefon, rief mein Reisebüro an und ließ für Anfang Januar eine Reservierung in einem Luxushotel vornehmen: Ich würde die Kinder einladen, mit mir in die Sonne zu fliegen und auszuspannen. Sie hatten nach all den Strapazen ein wenig Erholung verdient. Anschließend erteilte ich, ebenfalls telefonisch, den Auftrag, meinen Wagen für den Winter nach Florida zu überführen.

Ich notierte die beiden Dinge in meinem Kalender. Es blieben die einzigen Eintragungen des ganzen Monats. Mit Ausnahme dieses einen Tages war ich zu krank, um meine Kalendernotizen fortzuführen, zu krank, um auch nur einen

Stift in die Hand zu nehmen. Es gab Tage, an denen ich überhaupt nicht aus dem Bett kam – was ich während der ganzen Chemotherapie vermieden hatte, obwohl man mir erzählt hatte, daß manche Leute während der gesamten Behandlung das Bett nicht verlassen. Ich war jeden Tag aufgestanden, hatte mich angezogen, hatte mich sogar geschminkt und mich jeden Abend an den Eßtisch gesetzt, egal, ob ich essen konnte oder nicht.

Das war nun alles vorbei. Ich zog mich zwar noch jeden Tag an, aber ansonsten tat ich so gut wie nichts. Nur selten machte ich mir die Mühe, meine Perücke aufzusetzen; ich hatte mich an meinen kahlen Kopf gewöhnt. Da ich sowieso nicht essen konnte, sah ich keinen Grund, am Tisch zu sitzen. Ich las nicht, sah kein Fernsehen. Ich hörte Musik und Radio – «Performance Today» auf WNYC hörte ich täglich. Ich schlief oder döste vor mich hin, entweder im Bett oder auf meinem Sofa, mit leerem Kopf und leerem Herzen. Im November oder Dezember sollte ich an einer Tagung an der Hofstra University teilnehmen, im Dezember am «92nd Street Y», aber ich mußte beides absagen. Ich verließ das Haus nur noch, wenn mein Fieber so hoch war, daß die Ambulanz mich aufforderte, ins Krankenhaus zu kommen.

Zwischen dem 4. Dezember (dem Tag der Entlassung nach meinem letzten Chemotherapiezyklus) und dem 10. oder 11. Dezember fuhr ich ständig zwischen Zuhause und der Ambulanz im Memorial-Sloan-Kettering hin und her, weil das Fieber zu stark gestiegen und die Anzahl der weißen Blutkörperchen zu stark abgesunken war. Um den Zwölften des Monats sagten die Ärzte, ich müsse im Krankenhaus bleiben, bis das Fieber gefallen sei. Hohes Fieber kann ein Hinweis auf Sepsis sein, an der Chemotherapie-Patienten häufig sterben, weil sie nicht mehr ausreichend weiße Blutkörperchen zur Abwehr von Infektionen haben.

Ein Heer von Ärzten zog in diesen Wochen an meinem Bett vorüber. Die meisten von ihnen waren Spezialisten für Infektionskrankheiten, die an der Entwicklung von Medikationen für besonders hartnäckige Fälle wie den meinen arbeiteten. (Dieses Fachgebiet scheint besonders sympathische Leute anzuziehen.) Sie versuchten es mit einem Antibiotikum nach dem anderen, aber keines half länger als ein oder zwei Tage. Das Fieber stieg, das Fieber fiel, aber es ging nie ganz weg.

Während dieser ganzen Zeit sah kein einziges Mal mein Onkologe nach mir. Ich hatte ihn seit dem 10. November nicht mehr gesehen, meinem letzten Termin in seiner Sprechstunde für ambulante Patienten. Ich weiß nicht, ob er darüber informiert war, daß ich mit Komplikationen zu kämpfen hatte. Obwohl er seinen Dienstmonat hatte, führte er nur ausnahmsweise die Morgenvisite durch, weil er ständig unterwegs war. Er reiste viel und hielt Vorträge auf medizinischen Kongressen, zweifellos über seine Arbeit in der Krebstherapie. Ich hätte ihn gern gesehen, weil ich das Gefühl hatte, ich bräuchte Rat von jemandem, der meinen Krankheitsverlauf genauer kannte und der meinen Allgemeinzustand beurteilen konnte und sich nicht bloß mit meinem Fieber befaßte. Und außer ihm fiel mir niemand ein, an den ich mich hätte wenden können.

Mein größtes Problem während dieser Phase war die Unterernährung. Ich konnte zwar Wasser, leichten Tee, Apfelsaft und Aloe-vera-Tee trinken – wobei ich mit Flüssigkeit schon durch meine Infusionskanüle versorgt wurde –, aber ich konnte nicht essen. Wenn ich daheim war, bekam ich gelegentlich etwas Suppe hinunter (meine Kinder und meine Freundinnen waren so lieb und fürsorglich, mir andauernd Suppen zu kochen) und trank die Gemüsesäfte, die mir die Kinder frisch preßten. Die Kinder brachten mir auch Essen ins Krankenhaus, das ich im Kühlschrank aufbewahren und in der Mikrowelle erwärmen konnte. Aber mir fehlte die Energie, das auch zu tun. Und selbst wenn ich einen guten Tag hatte und ein bißchen schlucken konnte – es reichte einfach nicht aus. Ich hatte siebenundzwanzig Pfund verloren und teilte meinen Ärzten lächelnd mit, ich sei dabei, Hungers zu sterben; sie lächelten zurück.

Jamie brachte mir einen Sticker mit, den ich mir ans Nachthemd stecken sollte, darauf stand in großen Druckbuchstaben: LASST MICH NICHT VERHUNGERN! Aber niemand machte den Vorschlag, mich intravenös zu ernähren; auch ich selbst nicht. Meine Entkräftung schien inzwischen auch das Hirn erfaßt zu haben. Vielleicht waren sich die Ärzte nicht darüber im klaren, daß meine Speiseröhre infolge der Bestrahlung entzündet war. Niemand hatte meinen ganzen Organismus im Blick. Nicht einmal ich selbst.

Wenn das Fieber fiel, fühlte ich mich jedesmal schlagartig besser und glaubte sofort, nun gehe es wieder bergauf, nun sei ich auf dem Weg der Besserung. An einem solchen Tag beschloß ich, an der Sonnwendfeier des Hexenzirkels teilzunehmen, und bat Isabelle, mir meinen schwarzen Samtanzug mitsamt Schmuck und schwarzen Pumps zu bringen. Ich bettelte so lange, bis die Ärzte mir erlaubten, das Krankenhaus für diesen Abend zu verlassen, und der reizende Doktor, der sich am Ende von mir breitschlagen ließ, meinte nur: «Na meinetwegen, wenn Sie unbedingt wollen. Aber ich glaube nicht, daß Sie das schaffen.» Er behielt recht. Als es

Zeit war, mich anzuziehen, merkte ich, daß gar nicht daran zu denken war aufzustehen und in die Kleider zu schlüpfen, geschweige denn in die Kälte hinauszugehen und mich bis zur First Avenue zu schleppen, um nach einem Taxi zu winken.

Aber an Weihnachten, so schwor ich mir, würde mich nichts aufhalten. Seit der Geburt meiner Kinder, also seit fast vierzig Jahren, hatte ich keinen einzigen Weihnachtsabend ohne die beiden verbracht. Ich setzte es mir in den Kopf: Weihnachten würde ich nicht in einem Krankenhausbett verbringen. Wieder sprach ich die Ärzte an, und erntete wieder nur Skepsis: «Sie sind noch nicht so weit, nach Hause zu gehen.» Aber zumindest dachten sie über die Möglichkeit nach. «Na gut», sagte einer, «wenn Sie häusliche Krankenpflege bekommen und dafür gesorgt ist, daß die Infusionen weiterlaufen … Aber es ist nicht leicht, einen guten Hauskrankenpfleger zu finden. Andererseits ist es fraglich, ob Sie hier im Krankenhaus über Weihnachten wirklich besser versorgt sind.» Wenn sie eine qualifizierte häusliche Pflegekraft für mich auftreiben könnten, sagten sie schließlich, dürfte ich nach Hause gehen. Sie fanden jemanden. Ich rief triumphierend die Kinder an.

Das Antibiotikum, das ich gerade bekam, wirkte nicht, deshalb beschlossen sie, auf Ceftazidim umzusteigen, ein Cephalosporin, das den Penezillinen verwandt ist. Ich glaube, sie gaben mir ein oder zwei Dosen des neuen Medikaments, bevor ich das Krankenhaus verließ – aber ich bin mir nicht sicher. Jedenfalls fühlte ich mich an dem Tag, als ich nach Hause gehen sollte, großartig, relativ zumindest. Ich hatte Energie und war blendender Laune. Ich hatte schon gepackt und war bereit zum Aufbruch. Ich wartete nur noch auf Isabelle, als meine Freundin Ann Jones ins Zimmer trat. Sie kam gerade von einer ihrer Abenteuerreisen in die weite Welt zurück und wollte mich besuchen. Wir waren beide ganz aufgedreht. Sie bot an, mir Übungen zu zeigen, die mir helfen würden, meine Muskelkraft wieder aufzubauen, ohne meinen geschwächten Körper allzusehr anzustrengen. Also gingen wir hinauf in den Aufenthaltsraum im Dachgeschoß, weil es dort meist leer war und man viel Platz und einen weichen Teppichboden hatte. Ich hatte mich kurzfristig von der Infusion abgetöpselt und fühlte mich so übermütig wie eine Sklavin, die gerade ihre Ketten gesprengt hat. Die Übungen machten mir keinerlei Probleme, ich war nicht einmal sonderlich erschöpft hinterher. Dann ging ich nach Hause, um Weihnachten zu feiern.

Meine Laune schlug fast in dem Augenblick um, als ich die Wohnung betrat. Die Kinder hatten keine Zeit zum Dekorieren gehabt, und Isabelle hatte, da sie nicht mit meiner Rückkehr gerechnet hatte, keine Blumen besorgt. Die Wohnung wirkte grau und unbewohnt (obwohl sie zweimal wöchentlich gereinigt wurde). Mir war plötzlich ganz elend zumute. Meine Energie war wie weggeblasen, so schlagartig, wie ein Tornado hereinbricht. Ich setzte mich auf das Sofa in meinem Arbeitszimmer und fühlte mich schrecklich deprimiert. Dann kam die qualifizierte häusliche Pflegekraft – ein Mann. Der einzige männliche Krankenpfleger, den ich im Sloan-Kettering erlebt hatte, war von der gesamten Schwestern- und Pflegercrew der einzige wirklich ungnädige und unangenehme Mensch gewesen; deshalb war ich sofort voreingenommen gegen diesen Mann. Dabei war er freundlich, er hatte nur einen seltsamen Geruch an sich – von dem ich schnell merkte, daß es Urin war. Es war mir unmöglich, ihn in meiner Nähe zu ertragen. Als die Kinder kamen, hörte ich nicht auf, mich bei ihnen zu beklagen: «Er riecht nach Urin!» Sie sagten, das wäre Unsinn, ich bilde mir das nur ein. Als wir Jahre später über ihn sprachen, gab Jamie mir allerdings recht: Er roch nach Urin. Ob sie das tat, weil der Mann damals wirklich nach Urin gerochen hatte und sie es vor mir geleugnet hatten, oder ob sie meine Sicht der Dinge deutlicher in Erinnerung hatte als ihre eigene, das weiß ich nicht. Wie auch immer, ich roch es, und es war mir zuwider. Er hängte die Infusionsflaschen an den Ständer und schloß die Infusion an meinen Arm an, wie ich es aus dem Krankenhaus gewohnt war, nur daß bei seiner Ausrüstung die Tropfenkammer fehlte. Dann saß ich da, und das Antibiotikum tropfte in meine Vene, und plötzlich fühlte ich mich sterbenskrank. Meine Augen schmerzten, ich konnte kein Licht ertragen; jede Lichtquelle verschwamm zu einem hellen Fleck; ich konnte nicht einmal den Blick auf etwas richten, ohne sofort Kopfschmerzen zu bekommen.

Vielleicht aß ich etwas – ich weiß es nicht. Suppe vielleicht. Es ging mir immer nur schlechter und schlechter. Als der Pfleger mich für die Nacht fertigmachte und die leere Infusionsflasche durch eine volle austauschte, sagte ich: «Ich glaube, ich bin gegen dieses Antibiotikum allergisch. Mir ist ganz elend.» Er erwiderte nichts, und ich sagte mir, daß er meine Bemerkung wahrscheinlich überhört hatte.

Würde mir heute so etwas noch mal passieren, würde ich einen Aufstand machen und schreien: «Klemmen Sie sofort diese Infusion ab! Rufen Sie den Arzt an und sagen Sie ihm, daß ich gegen das Zeug allergisch bin!» Aber hinterher ist man immer klüger.

Bei uns zu Hause, als ich klein war, wurde Weihnachten immer am Heiligen Abend gefeiert, nicht am ersten Weihnachtsfeiertag, was der Sache irgendwie die Spannung nahm. Es war das wichtigste Fest des Jahres, und wir feierten immer gemeinsam mit meiner Tante und ihrer Familie. Schlag Mitternacht kam einer meiner Onkels als Weihnachtsmann verkleidet herein und brachte einen Kopfkissenbezug voller Geschenke mit. Als meine Schwester und ich erwachsen waren, führten wir mit unseren Kindern die Tradition fort, und unser Vater spielte den Weihnachtsmann. Inzwischen hatte es sich eingebürgert, daß wir uns am Heiligen Abend festlich gekleidet um eine festliche Tafel versammelten, häufig mit Freunden, und nach dem Essen Geschenke austauschten. An dieses Jahr, 1992, habe ich nur vage Erinnerungen; ich sehe unsere kleine Familie im Wohnzimmer sitzen, wahrscheinlich in Festtagskleidern; an Essen kann ich mich überhaupt nicht erinnern. Ob ich Geschenke für die Kinder hatte, weiß ich nicht. Das einzige, woran ich mich erinnere, ist das Geschenk, das ich von Jamie bekam.

Als ich den Garten meines Hauses in den Berkshire Hills anlegte, setzte ich auf die Wiese vor dem Wald, der das Grundstück nach hinten begrenzt, eine Trauerbuche. Ich stellte mir vor, daß der Baum sich irgendwann in ferner Zukunft (wenn ich längst tot wäre) wie ein großer, schillernder Baldachin über die Wiese spannen würde. Aber der Baum wollte nicht wachsen und ging fünf Jahre später plötzlich ein. Meine Gärtnerin ließ den Boden untersuchen, und wir rätselten, ob der Platz für den Baum vielleicht ungeeignet war. Aber als sie mit der Wurzel zu dem Gärtner am Ort ging (in den Berkshire Hills gibt es noch Leute, die sich mit Bäumen auskennen), stellte sich heraus, daß es an dem Aufpfropf gelegen hatte – Trauerbuchen sind keine natürliche Gattung, sondern eine Züchtung. Meine Gärtnerin meinte, ich sollte es noch einmal mit einem neuen Setzling versuchen.

Aber ich wollte nicht. Ich hatte so schöne Träume in den ersten Baum gesteckt und war so enttäuscht, daß nichts aus ihm geworden war, daß ich mich darauf versteifte, der Boden und die Baumsorte paßten nun mal nicht zusammen. Aber meine Gärtnerin ließ nicht locker, und ein Jahr später hatte sie mich so weit. Die zweite Trauerbuche hielt sich zwei Jahre. Danach konnte die Gärtnerin bitten und betteln, wie sie wollte, ich blieb eisern. Und seitdem war die Stelle eine verwaiste Grube in der Mitte des Gartens.

Jamie hatte keine Trauerbuche, sondern eine Kastanie bestellt. Sie wußte noch, wie sehr ich die Kastanien an der Auffahrt zu einem Haus, in dem wir vor vielen Jahren gewohnt hatten, geliebt hatte – vor allem im Frühjahr, wenn sie blühten. Sie schlug vor, den neuen Baum etwas weiter rechts und schräg hinter der Stelle zu pflanzen, an der die Trauerbuche gestanden hatte. Im Frühjahr sollte das Bäumchen eingesetzt werden.

«Glaubst du, ich bin noch am Leben, wenn er zum erstenmal blüht?» fragte ich sie lächelnd und mit feuchten Augen.

«Ganz bestimmt», sagte sie.

Heuer trug er die erste Blüte.

Am nächsten Tag, dem ersten Weihnachtsfeiertag, füllte sich das Haus: Erst kamen mein Vater und meine Schwester mit Fred und den Kindern. Dann schauten noch einige andere auf einen Sprung vorbei – ich erinnere mich nicht mehr, wer alles; ich weiß nur noch, daß Rosita und Beth eine Weile da waren. Ich glaube, als Abendbrot hatten die Kinder ein Buffet vorbereitet. Ich konnte nichts essen, erinnere mich aber, daß sie mir einen Teller brachten. Ich konnte mich kaum aufrecht im Stuhl halten. Die Augen taten mir weh, das Sprechen war eine einzige Qual. Ich fühlte mich so elend, daß ich am liebsten losgeweint hätte. Aber man scheint mir mein Elend nicht angesehen zu haben: Beth hat mir kürzlich gesagt, sie hätten geglaubt, ich sei aus irgendeinem Grund wütend auf meine Familie, vor allem auf meinen Vater und meine Schwester. Ich hätte verärgert geklungen, als ich mit ihnen sprach. Als sie das sagte, fiel mir wieder ein, daß ich den Ärger in meiner Stimme selber bemerkt hatte. Ich war in der Tat äußerst mißlaunig gewesen, aber nicht wegen der anderen, sondern weil es mir so schlechtging. Trotzdem ist es bemerkenswert, daß ich mein Elend an denen ausgelassen habe, die mich von klein auf kannten: an meinem Vater und meiner Schwester.

Ich kann nicht sagen, ob es an diesem oder am nächsten Abend war, daß sich mein Zustand so rapide verschlechterte. Ich kann auch nicht sagen, was genau es war, nur daß ich mich vollkommen erbärmlich in meiner Haut fühlte und mir nichts, aber auch gar nichts helfen wollte. Vielleicht habe ich selbst den Arzt angerufen – oder eines der Kinder. Vielleicht habe ich da schon Morphium bekommen. Als ich es bekam – es wurde mir durch die Infusion zugeführt –, reagierte ich jedenfalls mit heftiger Übelkeit. Ich kann mich an überhaupt nichts mehr erinnern, außer daran, wie gottserbärmlich ich mich in meiner Haut fühlte. Als ich zu Bett ging, wurde es noch schlimmer. Ein ums andere Mal bat ich den Krankenpfleger, meine Glieder umzulagern, weil ich es in keiner Stellung aushielt. Anfangs tat er das auch, aber es half alles nicht, und irgendwann wurde er ungehalten, weil ich keine Ruhe geben wollte. Nachdem er mir ein starkes

Beruhigungsmittel gegeben hatte, forderte ich ihn deshalb auf, meinen Sohn heraufzuschicken. Ich bat Rob, meine Beine hierhin und dahin zu legen, und er folgte mir mit einer Engelsgeduld. Nichts wollte helfen.

Ich sah zu ihm hinauf. «Ich habe mich in meinem ganzen Leben noch nie so elend gefühlt», sagte ich. Er kann sich nicht daran erinnern, aber es ist das letzte, woran ich mich noch erinnere.

Außerhalb der Zeit

ICH GLITT DURCH die samtweiche Dunkelheit nach oben, und plötzlich hörte ich sie. Ihre Stimmen klangen fröhlich. Ich war überglücklich, sie zu hören.

«Hallo, Kinder», sagte ich.

Ich konnte sie nicht sehen, aber ich konnte alle drei hören. Sie kreischten «Hallo, Mom», «Hallo, Mara» und schnatterten aufgeregt durcheinander. Ich weiß, daß ich lächelte.

«Feiert ihr eine Party?»

«Party?»

«Nein, keine Party.»

«Wie kommst du auf die Idee ...?»

«Wieso denkt sie ...?»

«Weil ihr so fröhlich seid. Worüber freut ihr euch denn so? Ihr feiert doch eine Party.» Da war soviel Lärm, waren so viele Menschen, und die Kinder waren so aufgeregt. Wer war das alles? Wo waren wir? Waren all diese Leute in meiner Wohnung? Sie klangen alle so gutgelaunt. «Was sind das alles für Leute?»

Rob antwortete. «Technische Assistenten und Krankenschwestern, du weißt schon.» Gar nichts wußte ich; ich begriff nicht. Ich hörte Musik.

«Da läuft doch Musik», sagte ich.

«Das ist nur der Fernseher», erklärte er.

Der Fernseher? In meiner Wohnung? Wenn wir das Haus voller Gäste hatten? Das klang unwahrscheinlich. Ich war zu müde, um nachzufragen, aber ich wußte, da war irgend etwas im Gange, was sie mir nicht verraten wollten. Sie waren viel zu aufgekratzt für irgendeinen gewöhnlichen Tag. Jamie hörte sich besonders glücklich an.

«Und Jamie ist verliebt», sagte ich. Ich konnte es an ihrer Stimme hören.

«Ich *fasse* es nicht!» rief sie laut und lief hinaus. Ich lächelte.

Ein Geräusch zog mich aus der Dunkelheit, ein durchdringendes Geschrei. Ich versuchte es wegzuschieben, aber es war zu aufdringlich, es drängte sich in mein Bewußtsein. Ich lauschte.

Der Fernseher! stöhnte ich lautlos. Männerstimmen, die mir in den Ohren weh taten, autoritäres Gebrüll, Geschrei, Gezeter, dann wieder schmeichelnde, zudringliche, fordernde, aufsässige Töne, schalten Sie dieses Programm ein, kaufen Sie jenes Produkt, jetzt zuschlagen, ein Schnäppchen, ein Sonderangebot, kommen Sie ins Wunderland, tun Sie dies, tun Sie das!!!!! Es war nicht auszuhalten. In dieser Welt will ich nicht sein, dachte ich, und tauchte zurück in die Tiefe, drängte mit aller Kraft hinunter. Die Stimmen verfolgten mich. Es dauerte eine ganze Weile, bis ich sie ausgeblendet hatte, bis ich in die andere Welt entwischt war, in der es kein Fernsehen gab. Ich war erleichtert, als ich wieder in die stille, samtene Tiefe glitt.

Ich konnte sehen, aber nur ein bißchen. Ich sah alles verschwommen. Aber das da vor mir sah nach Gloria aus.

«Marilyn», sagte sie sanft, «hier sind schrecklich viele Leute. Wäre es dir lieber, wenn wir sie nach draußen schicken und immer nur einen nach dem anderen hereinlassen?»

«Ja, bitte», sagte ich, auch wenn ich nicht wußte, wo ich mich befand, geschweige denn, wo *draußen* war und weshalb so viele Leute da waren. Irgendwie ahnte ich, daß ich in einem Krankenhaus war. Am liebsten wollte ich überhaupt niemanden sehen. Ich nahm sowieso alles nur verschwommen wahr. Außerdem müßte ich mit den Leuten sprechen, aber es tat weh, wenn ich sprach. Ich hatte irgend etwas in der Kehle. Und beim Sprechen lief mir der Speichel aus dem Mundwinkel. Ich wollte nicht, daß das jemand sah: Es war mir peinlich. Ich war viel zu müde, um mit irgend jemandem zu sprechen. Aber das konnte ich Gloria nicht sagen; es klang so grob. Sie würde nie so etwas sagen. Und sie würde es auch nicht verstehen, wenn ich es sagte. Und den Speichel sollte sie auch nicht sehen. Aber sie war schon wieder fort.

Es kam niemand. Ich konnte weiterschlafen. Dem Himmel sei Dank.

Mehrere Leute standen in meinem Zimmer. Ich kannte sie alle – da waren die Kinder, dort drüben meine Hexenschwestern, und da hinten, das waren mein Vater und meine Schwester. Dort standen auch noch welche … wer? Jemand streckte den Kopf zur Tür herein. Es war Beth Sapery. Die anderen drehten sich um und sahen sie an. Ich war nicht sicher, ob irgend jemand sie kannte. Ich wußte nicht mehr, ob ich sie den Kindern schon einmal vorgestellt hatte. Ich machte mir Sorgen, daß sie niemanden kennen und sich fremd fühlen würde. Als sie ins Zimmer trat, wirkte sie ein bißchen hilflos; ich hob den Kopf leicht. «Hallo, Beth. Komm rein», sagte ich und versuchte den anderen klarzumachen, daß sie meine Freundin war, damit irgend jemand sie begrüßte. Dann ließ ich den Kopf wieder ins Kissen sinken und ruhte mich aus. Ich war so müde.

Notiz vom 11.1.93, Robs Handschrift:

Hexenschwestern zu Besuch: alle erkannt und mit ihnen gesprochen.

Bella Abzug zu Besuch: erkannt und mit ihr gesprochen.

LeAnne zu Besuch: erkannt und mit ihr gesprochen.

Charlotte & Miranda; Ann Jones

Regula (alte Bekannte, Kollegin von Charlotte)

Notiz vom 12.1.93, Robs Handschrift:

Konnte sich an keinen der gestrigen Besucher erinnern.

Vorstellung Dr. Minsky (Radiologe): «Das ist der Mann, der versucht hat, mich umzubringen. Aber nett ist er trotzdem.»

Dr. Renny Griffith für Daniel gehalten.

«Guten Morgen!»

«Mhm.»

«Wie geht es Ihnen heute morgen?»

«Mhm.»

«Wissen Sie, wo Sie sind?»

Schweigen.

«Wissen Sie, welches Jahr wir haben?»

«1945.»

Notiz vom 13.1.93, Jamies Handschrift:

«Weißt du, wo du bist?»

«In Yonkers.»

«Nein. Du bist in New York. Weißt du, was für ein Gebäude das ist?»

«Die Weltmetropole der Wissenschaft.»

«Weißt du, welches Jahr wir haben?»

«1963.»

«Guten Morgen!»

«Morgen.»

«Weißt du, wo du bist?»

«Nein.»

«Weißt du, welches Jahr wir haben?»

«Na klar.»

«Sag es mir.»

«Gar nichts sage ich dir.»

Leises Lachen, nicht von mir.

«Weißt du, wer Präsident ist?»

«Ein gewisser Mr. Clinton.» Arroganter Tonfall.

Barbara M. tat einen Luftsprung und riß vor Begeisterung die Arme hoch. «Hurra!» jubelte sie.

Erst da wurde mir klar, daß etwas nicht stimmte.

Erinnerungen von Carol Jenkins:

«Carol! Ich habe heute zum erstenmal meinen eigenen Geist gesehen!»

«Stell dir vor, wen ich getroffen habe, als ich tot war! Den Herausgeber des *James Joyce Quarterly*. John!» Ich erzählte noch mehr über diesen John.

Erinnerungen des Hexenzirkels:

CAROL: «Wir haben eine Zeremonie an deinem Bett abgehalten. Wir hatten alles dabei: Federn, Zauberstab, Kristallkugel …»

ESTHER: «Es paßte ihnen überhaupt nicht, daß wir da drin waren. Sie guckten schon so komisch, als wir reingingen. Ich hatte dauernd Angst, sie werfen uns wieder raus.»

GLORIA: «Nein, sie wollten nur nicht, daß ein Patient mehrere Besucher gleichzeitig hat.»

ESTHER: «Ich glaube, zwei waren erlaubt.»

GLORIA: «Wir sind trotzdem reingegangen. Wir sind einfach rein. Ich hab mir nur um den Mann in dem Bett neben dir Sorgen gemacht. Ich dachte, wenn er plötzlich aufwacht und uns um dich herumtanzen sieht, kriegt er einen Herzanfall.»

Später, GLORIA: «Wir waren die ganze Zeit sicher, daß du wieder aufwachen würdest. Wir wußten es einfach. Weil du immer bei dir warst. Du warst die ganze Zeit präsent, du warst anwesend. Ich habe schon andere Leute im Koma gesehen, die waren abwesend.»

Es war dunkel. Ich lag im Krankenhaus. Ich war allein. Ich mußte zur Toilette. Das Bad war nur ein paar Schritte vom Bett entfernt; die Tür stand offen. Ich beschloß aufzustehen. Ich versuchte, mich aufzusetzen, aber es fiel mir schwer. Es dauerte ein Weilchen. Dann sah ich, daß das Bett ein Geländer hatte, etwa dreißig Zentimeter hoch. Ich versuchte, die Beine über das Geländer zu hieven, aber es gelang mir nicht. Ich versuchte es noch mal, immer wieder, bis ich erschöpft zurücksank. Als ich zu meinen Füßen hinunterspähte, sah ich, daß das Geländer nicht um das ganze Bett herumging. Wenn ich ans Fußende des Bettes kriechen würde, könnte ich hinaufklettern. Ich begann zu rudern.

Aus irgendeinem Grund fiel es mir ungeheuer schwer, mich auf dieser Matratze zu bewegen. Mühsam arbeitete ich mich vorwärts, aber ich kam kaum vom Fleck. Ich wand und wand mich, es war eine ungeheure Kraftanstrengung. Nach einer Ewigkeit war ich endlich am Fußende angelangt. Ich schwenkte die Beine Richtung Fußboden, setzte die Füße auf, wollte aufstehen – und fiel sofort flach auf den Bauch.

Ich lag auf dem Boden, mit dem Gesicht nach unten. Ich stützte mich auf die Hände und versuchte, mich wieder aufzurichten. Ich konnte mich nicht bewegen. Ich versuchte, den Kopf zu heben, um nachzusehen, ob draußen im Flur jemand war, der mir helfen konnte, aber ich hatte ihn kaum hochgehoben, da fiel mein Kopf schon hart auf den Boden zurück, direkt auf die Nase. Ich wollte heulen. Ich versuchte noch einmal, den Kopf zu heben. Wieder klatschte er auf den Boden. Meine Nase schmerzte. Ich begann leise zu wimmern. Ich verstand nicht, wieso ich den Kopf nicht heben konnte. Ich rief um Hilfe, aber meine Stimme war dünn und schwach, wie in einem Alptraum. Nach geraumer Zeit hörte mich jemand.

«Ach du lieber Gott!» rief die Frau. Eine zweite kam hinter ihr ins Zimmer gerannt.

«Wo ist die Krankenschwester!»

Ich wurde hochgehoben.

«Ich muß zur Toilette», sagte ich schwach.

«Wo ist Ihre Pflegerin?» fragte die Frau.

Ich wußte es nicht. Ich wußte nicht, daß ich eine eigene Pflegerin hatte.

Es war ein ziemlicher Aufruhr. Nach einer Weile kam eine junge Frau ins Zimmer gelaufen. «O Gott, ich habe sie nur eine Minute allein gelassen!» rief sie. Sie war den Tränen nahe. «Ich wollte mir nur schnell einen Schluck Kaffee holen!»

Ich sagte nichts, obwohl ich wußte, daß sie ziemlich lange weg gewesen war. Es war mir egal. Sie war mir egal. Das einzige, worüber ich mir Sorgen machte, war meine Hilflosigkeit. Was war mit mir los? Warum konnte ich mich nicht bewegen? Ich konnte nicht einmal selbständig den Kopf heben! *Was war mit mir los?*

Dezember 1992 bis Februar 1993

ES WAR SONNTAGABEND, der 27. Dezember 1992, als ich zu Rob sagte: «Ich habe mich in meinem ganzen Leben noch nie so elend gefühlt.» Ich hatte nur den einen Wunsch: einzuschlafen, um diesem Elend zu entkommen; dank des Beruhigungsmittels dauerte es auch nicht lange, bis ich Schlaf fand. Aber es war ein Schlaf, aus dem ich lange nicht mehr erwachte. Das nächste, woran ich mich erinnern kann, liegt mehr als zwei Wochen später: Es ist der Augenblick, als ich aufwache und die glücklichen Stimmen meiner Kinder höre. Die Zeit dazwischen war für sie ein Alptraum.

Am Montag nach Weihnachten gingen Jamie und Barbara wie gewöhnlich zur Arbeit. Rob blieb bei mir; er machte sich Sorgen um mich und beschloß deshalb, an diesem Tag nicht arbeiten zu gehen. Der Krankenpfleger bekam mich morgens nicht wach, sagte aber nichts. Erst gegen elf Uhr machte er Rob darauf aufmerksam. Er ging in mein Zimmer, setzte sich auf meine Bettkante und rief mehrmals «Mom!». Er faßte mich an; ich reagierte nicht. Er rief wieder «Mom!» und rüttelte mich an der Schulter. Er schob den Arm unter meinen Oberkörper und versuchte mich hochzuziehen, aber ich plumpste aufs Kissen zurück. Plötzlich schnellte mein Oberkörper hoch, ich riß die Augen auf und streckte die Arme von mir, sagte aber nichts. Er rieb mir den Rücken und fragte, ob alles in Ordnung sei; als er mit der Hand in die Nähe meiner Nieren kam, zuckte ich zusammen und jaulte vor Schmerz. Er setzte sich neben mich, drehte mich herum und stellte meine Füße auf den Boden. Er legte mir den Arm um die Schultern, und mein Kopf sank an seinen Hals.

Der Krankenpfleger kam herein und fragte Rob, ob er einen Krankenwagen rufen solle. Er nickte. Während er neben mir saß und auf die Ankunft des Krankenwagens wartete, klingelte das Telefon. Es war Carol. Sie wollte hören, wie es mir ging. «Nicht besonders gut», sagte Rob. Da er nicht wußte, ob ich ihn hören konnte, und befürchtete, er könnte mich oder Carol beunruhigen, hielt er sich bedeckt.

«Wir bekommen sie nicht richtig wach», sagte er.

«Was soll das heißen, ihr bekommt sie nicht wach!» rief sie.

«Na ja, sie wacht nicht auf.»

«Ruf einen Krankenwagen! Bring sie sofort ins Krankenhaus!» befahl Carol. «Wir treffen uns dort.»

Dann rief Rob bei Jamie an. Wieder drückte er sich vorsichtig aus, so vorsichtig, daß Jamie den Ernst der Lage zunächst gar nicht begriff. Als sie endlich verstand, versprach sie, ebenfalls gleich zum Krankenhaus zu fahren.

Der Krankenpfleger sagte, der Krankenwagen sei da. Sie zogen mir einen Bademantel und Pantoffeln an; die Sanitäter kamen mit einer Krankentrage ins Schlafzimmer herauf. Sie mußten mich über eine Wendeltreppe hinuntertragen, um mich aus der Wohnung hinaus in den Fahrstuhl zu schaffen. Rob fuhr im Krankenwagen mit. Carol war bereits im Sloan-Kettering, als wir eintrafen. Die Krankenschwestern in der Ambulanz riefen mich beim Namen, um zu sehen, ob ich reagierte. Nichts. Als sie mich kniffen, schrie ich «Au!» Aber gleich darauf war ich wieder bewußtlos. Sie behielten mich im Flur, bis ein Bett frei war – was eine Weile dauerte, wie Rob sich erinnert. Dann holten sie einen – wie Rob sich ausdrückte – Amateurneurologen, einen unerfahrenen Arzt, der mit einem Hämmerchen meine Reflexe überprüfte. Rob war entsetzt: «Jeder konnte sehen, daß du auf überhaupt nichts mehr reagiert hast. Er hätte nur die Augen aufmachen müssen; statt dessen spielte er mit diesem Spielzeug an dir herum und versuchte dabei, auch noch wichtig auszusehen.» Dem Arzt blieb Robs Geringschätzung anscheinend nicht verborgen, denn er bat ihn hinauszugehen.

Rob rief Barbara an, ging zur Bank und holte Geld, um die Sanitäter zu bezahlen, und setzte sich dann zu Jamie und Carol auf die Wartebank im Flur, wo kurz darauf Barbara zu ihnen stieß. Er rief bei Charlotte, Esther und Gloria an, aber sie waren alle über die Feiertage verreist. Er rief meine Schwester an.

Jamie kam herein, um nach mir zu sehen; als sie an meinem Bett stand, hatte ich einen Schlaganfall: Mein ganzer Körper schüttelte sich in einem Krampf, der Jamie in Angst und Schrecken versetzte. Stunden vergingen. Eine Krankenschwester kam heraus und sagte ihnen, man würde mich auf die Intensivstation verlegen. Die Kinder folgten mir dorthin. Rob glaubt, daß noch eine Ärztin zu ihnen herauskam und mit ihnen sprach, aber da niemand ihnen etwas Definitives sagen konnte, haben sie nur vage Erinnerungen an die Ärzte. Schließlich teilte ihnen eine Krankenschwester mit, mein Zustand habe sich stabilisiert, sie könnten nach Hause gehen; falls gravierende Änderungen einträten, würde man sie telefonisch benachrichtigen.

Aber sie wichen nicht von meiner Seite. Sie blieben für den Rest des Tages und auch den nächsten Tag bei mir. Zwei Nächte hintereinander schliefen sie im Wartezimmer der Intensivstation; sie breiteten ihre Mäntel aus und schliefen auf dem Fußboden. Sie sagen, der Warteraum sei behaglich gewesen; damals hatte er Teppichboden und bequeme Sofas. Als ich ihn mir vor kurzem noch einmal ansah – da ich mich nicht an ihn erinnern konnte –, hatte man den Teppichboden durch Fliesen ersetzt; in einer Ecke lag eine Matratze mit zerknitterten Laken, auf der ein anderer treuer Angehöriger genächtigt hatte. Anstelle der Sofas gibt es jetzt unbequem aussehende Stühle. Ich bin froh, daß die Kinder damals auf Teppichboden liegen konnten. Die Krankenschwestern – die hier noch wunderbarer waren als in den anderen Abteilungen des Krankenhauses – brachten ihnen Kopfkissen, Laken und Decken. Carol blieb in der ersten Nacht bis gegen vier Uhr morgens, ging dann kurz nach Hause, um nach ihrer Familie zu sehen, und kam schon um acht Uhr wieder mit Kaffee und Donuts zurück.

Die Kinder hielten weiterhin ständig Wache bei mir im Krankenhaus, schliefen aber nach der zweiten Nacht alle drei in meiner Wohnung. Rob und Barbara wollten nicht nach Hause fahren, da sie im Notfall von Staten Island zu lange in die Stadt gebraucht hätten. Jamie wohnte zwar näher, im Village, aber sie wollte bei ihrem Bruder und ihrer alten Freundin Barbara bleiben. Mir gefällt die Vorstellung, daß die drei beisammen waren, um einander trösten zu können, falls ich sterben sollte. Sie brachten die Talismane, die ich zu Hause an meinem Bett aufgehängt hatte, mit ins Krankenhaus und drapierten sie an mein Krankenhausbett. Sie brachten den Walkman mit, den ich für meine Visualisierungsübungen benutzt hatte, und legten für mich Musikkassetten ein, von denen sie wußten, daß ich sie gerne hörte. Sie saßen tagelang an meinem Bett, sprachen mit mir, streichelten meine Hand. Wenn Besuch für mich kam, empfingen sie die Leute im Wartezimmer. Sie wurden Teil der kleinen Gemeinschaft von Angehörigen, die im Warteraum Wache hielt. Gegen Ende meines Aufenthalts in der Intensivstation fanden sie irgendein Computerspiel, nicht größer als ein Taschenrechner, das sie von da ab nicht mehr aus der Hand legten. Sie zankten sich um das Ding und spielten abwechselnd damit wie die Besessenen. Vor allem Jamie war völlig verrückt danach. Es hatte den Vorzug, daß man alles um sich herum vergessen konnte, solange man damit spielte.

Nach dem, was verschiedene Leute mir erzählt haben, war ich an alles angeschlossen, was die Intensivmedizin zu bieten hat: Im Hals hatte ich den Schlauch eines Beatmungsgeräts, in der Harnröhre einen Katheter, in den Armen Infusionsschläuche, auf der Brust die Elektroden eines Herzmonitors. Jamie erinnert sich noch an eine Art aufblasbare Stiefel, die durch regelmäßige Kontraktionen die Blutzirkulation in den Füßen und Unterschenkeln aufrechterhalten. Gegen die wiederkehrenden Schlaganfälle verabreichte man mir Dilantin. Als ich vor einiger Zeit noch einmal in die Intensivstation ging, um mir den Raum anzusehen, in dem ich damals gelegen habe, wurde mir klar, warum ich ihn einmal «die Weltmetropole der Wissenschaft» genannt hatte. Jedes Bett steht inmitten eines Arsenals von Apparaten aller Art, zehn bis zwanzig Stück, einer über dem anderen montiert, zu mehreren hohen Türmen angeordnet. Das einzige, was bei meinem Besuch neulich fehlte, war der Fernseher, dieser aufdringliche Geist, der durch mein Koma gespukt war. Als ich tiefer ins Koma sank, versagten meine Nieren, worauf ich mich aufblähte wie ein «gestrandeter Wal» – wie Charlotte sich ausdrückte. Meine Zunge schwoll an und wurde so dick, daß sie meinen ganzen Mund ausfüllte. Meine Haut war kreidebleich.

Die netten Krankenschwestern riefen jeden Morgen bei

meinen Kindern an – zweifellos gerührt von ihrer Hingabe. Sie informierten sie über mein Befinden und sagten, sie sollten sich Zeit lassen. Vor allem eine der Schwestern mit Namen Colette gewann die Sympathie und Anerkennung meiner Kinder durch die liebevolle, fürsorgliche Art, mit der sie sich um mich kümmerte. Sie war es auch, die ihnen mehr Information gab als irgendeiner der Ärzte, als sie ihnen sagte: «Jemand, der im Koma liegt, wacht nicht so leicht wieder auf.» Allerdings, so fügte sie hinzu, habe sie auch schon Leute gesehen, denen es ebenso schlecht gegangen sei wie mir und die trotzdem die Intensivstation am Ende auf eigenen Beinen verlassen hätten. Alle, die mich in der Intensivstation gesehen haben, sagen, ich sei ausgezeichnet versorgt worden. «Sie haben die Flüssigkeitsmengen gemessen, die du zu dir genommen und ausgeschieden hast; sie haben regelmäßig dein Knochenmark auf Funktionsstörungen untersucht; sie haben deine Schlauchsysteme gereinigt; sie haben sämtliche Apparate überwacht; du hattest einen Herzmonitor, ein Beatmungsgerät …»

Aber niemand klärte die Kinder darüber auf, was mit mir los war. Das war keine Heimlichtuerei: Niemand wußte es. Die Kinder paßten auf, daß sie während der Arztvisiten anwesend waren, erfuhren aber immer nur die aktuellen Laborwerte und Medikationen, weiter nichts. Rob hat einen der Ärzte – mit Namen Renny Griffith – als besonders freundlich und kompetent in Erinnerung. Als ich mir die Intensivstation 1997 noch einmal ansah, wollte ich mich bei ihm und bei Schwester Colette bedanken, aber beide arbeiteten nicht mehr dort.

Der Facharzt der Intensivstation allerdings war von ganz anderem Schlag. Er kannte mich nicht, die Kinder kannten ihn nicht, aber eines Tages kam er hereinstolziert. «Ein distanziertes, überhebliches, herablassendes, arrogantes Arschloch von Koryphäe, dem der Genius aus allen Knopflöchern tropfte; dieser Kotzbrocken hat sich mitten im Saal aufgebaut und sein amtliches ärztliches Urteil verkündet», sagt mein Sohn und kann noch heute, fünf Jahre später, über den Mann in Rage geraten. Dieser Facharzt gab mit lauter Stimme bekannt, ich hätte in der vergangenen Nacht einen Atemstillstand gehabt, der Krebs habe meinen Hirnstamm erfaßt, ich sei klinisch tot, man könne nichts mehr für mich tun.

Jamie brach zusammen: Sie heulte, sie schrie und stampfte mit den Füßen. Rob tröstete sie. Aber tief im Innern weigerten sich beide, dem Mann zu glauben. Ein paar Tage später standen die Kinder mit Esther auf dem Flur, als sie diesen Arzt vorbeigehen sahen. Sie zeigten mit dem Finger auf ihn und berichteten ihr von seinem Auftritt. Esther hörte ruhig zu, dann jagte sie hinter dem Mann her. Als sie nach einer Weile zurückkam, grinste sie übers ganze Gesicht und sagte, dem hätte sie es gegeben.

«Was hast du getan?»

«Ich habe ihn mit einem Fluch belegt», sagte sie.

«O Klasse!» freute sich Jamie. «Diesen riesengroßen Kerl!»

«O Gott, nein», sagte Esther. Sie hatte einen kleingewachsenen Mann mit Brille und Bart erwischt. Da Esther mit ihren Flüchen in anderen Fällen bereits erfreulich unangenehme Wirkungen erzielt hatte, ist sie seither ein wenig besorgt.

Rob, Jamie und Barbara müssen vor Langeweile und Kummer umgekommen sein. Sie wohnten praktisch im Wartezimmer vor der Intensivstation: Sie verbrachten hier fast den ganzen Tag, und sie kamen jeden Tag. Sie hatten einen Gameboy, nach dem sie alle drei süchtig wurden; sie plauderten mit meinen Besuchern, die sie alle kannten, und mit eigenen Freunden, die mich besuchen kamen, weil sie an ihren Sorgen Anteil nahmen. Und sie freundeten sich mit der Familie eines fünfzehnjährigen Jungen namens Brandon an, der an einem Neuroblastom litt, einer seltenen Art von Nervenkrebs. Die Familie kam aus einer Kleinstadt in Illinois, in der es diese seltene Krankheit schon öfters gegeben hatte: Brandon war das vierte Kind mit dieser Diagnose. Der Aufenthalt in New York war für die Familie eine Belastung; die Eltern und die Großeltern schliefen abwechselnd in einem Einbettzimmer im Hotel, um Geld zu sparen. Aber sie liebten den Jungen und wollten alle bei ihm sein. Sein augenblickliches Problem war eine Sepsis. In derartigen Situationen verhält man sich sehr emotional, und so kam es, daß meine Kinder und Esther auf der einen Seite und die Familie des Jungen auf der anderen Seite, vor allem seine Großeltern, einander ans Herz wuchsen.

Rob unterzog sich einer Aphärese, um dem Jungen zu helfen, einer unangenehmen, zweieinhalbstündigen Prozedur, bei der einem Blut abgenommen wird, um es durch einen Separator laufen zu lassen, der die Blutplättchen herausfiltert, und es dann dem Kranken zuzuführen. Die Familie bat Esther, für das Wohlergehen des Jungen ein Ritual abzuhalten, was sie auch tat – bedrückt, denn sie fürchtete und fühlte, daß es ihm nicht helfen würde. Sie hatte kein Zutrauen in ihre Kräfte, was ihn anging – und tatsächlich starb der Junge.

Am 28. März 1998 berichtete die *New York Times* über einen Gerichtsbeschluß, der ein Subunternehmen der Central Illinois Public Service Company in Springfield, das auf einem aufgelassenen Fabrikgelände Steinkohlenteer reinigte, zur Zahlung von drei Millionen Dollar an die Familien der vier erkrankten Kinder – Brandons Familie eingeschlossen – verpflichtete. Das Unternehmen, das mittlerweile Amerencips heißt, will natürlich in Revision gehen. Für Brandon und seine Familie ist es ohnehin zu spät.

Charlotte und Barbara G. bekamen einen Schock, als sie all die Apparate und Schläuche sahen und erfuhren, wie schlecht es um mich stand. Sie wußten, wie sehr ich selbst meine Lage verabscheut hätte, wenn ich sie mitbekommen hätte. Beide hatten meine leidenschaftlichen Tiraden gegen die Apparatemedizin noch im Ohr; beide wußten, daß ich es ablehnte, durch intensivmedizinische Eingriffe am Leben gehalten zu werden. Aber offensichtlich sprach keine der beiden mit den Kindern darüber (die Kinder erinnern sich an kein derartiges Gespräch, und die Erinnerung meiner Freundinnen ist ebenfalls vage). Meine beiden hartgesottenen Freundinnen sprachen lediglich darüber, wenn sie unter sich waren; sie fanden meine Lage schrecklich, aber keine von beiden hatte das Gefühl, sie hätte das Recht einzugreifen.

Obwohl ich nach allgemeinem medizinischen Kenntnisstand so gut wie tot war, machte keiner der Ärzte und keine der Krankenschwestern den Vorschlag, die Maschinen abzuschalten. Rob besaß zwar eine Kopie meines Patiententestaments, aber wie er heute sagt, dachte er überhaupt nicht mehr daran. Und als eine meiner Freundinnen – es war weder Charlotte noch Barbara – ihm gegenüber etwas von «den Stecker herausziehen» verlauten ließ, reagierte er mit einem Tobsuchtsanfall. Er wollte derlei Vorschläge nicht hören. Meine Kinder erinnerten sich alle beide nicht mehr an das Gespräch zu Beginn meiner Krankheit, als ich ihnen von meinem Pakt mit Charlotte erzählt und ihnen gesagt hatte, daß sie mich erlösen würde, falls es notwendig sein sollte. Dennoch glaube ich, daß die beiden – zumindest Rob – unbewußt den Gedanken in Erwägung zogen, ihn dann aber wieder verwarfen. Denn wenn wir heute darüber sprechen, protestiert er: Niemand hätte gewußt, was mir fehlte; niemand hätte sagen können, ob ich aus dem Koma wieder erwachen würde oder nicht; aber die Tatsache, daß keiner mit meinem Erwachen rechnete, hätte schließlich noch lange nicht bedeutet, daß ich tatsächlich nicht mehr aufwachen würde. Ich sei nicht hirntot gewesen; daß mein Hirn von Krebs durchlöchert sei, habe er, Rob, für die Privatmeinung eines einzigen (und dazu ungeheuer unsympathischen) Mannes gehalten. Kurzum, es hätte überhaupt keine Veranlassung gegeben, die Maschinen abzuschalten.

Allerdings frage ich mich, wie ich gehandelt hätte, wenn die Rollen anders verteilt gewesen wären: wenn ich neben einer bewußtlosen Freundin gestanden hätte, deren Ärzte sich einig waren, daß sie keine Chance mehr hatte, und die mich zuvor gebeten hätte, ihr in genau so einer Situation zu helfen. Ich weiß nicht, was ich getan hätte – vor dieser Erfahrung. *Jetzt* ist es anders. Denn ich werde mir nie wieder sicher sein, an welchem Punkt man die Hoffnung tatsächlich aufgeben darf und die Apparate nur noch schaden statt zu nützen.

Barbara Greenberg hat eine Freundin mit Namen Tracy, deren dreieinhalbjähriger Sohn aus einem Fenster im zweiten Stock ihres Hauses stürzte, als sie ihn in der Obhut eines Kindermädchens gelassen hatte. Er fiel ins Koma und wurde (das war vor über dreißig Jahren) von sämtlichen Ärzten aufgegeben, weil sie glaubten, er sei nicht mehr zu retten. Nicht so Tracy. Da sie es sich leisten konnte, eine Betreuerin für ihre übrigen drei Kinder zu engagieren, verbrachte sie jeden Tag im Krankenhaus. Sie brachte Tonbänder mit, die seine Geschwister für ihn besprochen hatten, sie las ihm aus Büchern vor und spielte ihm Musik vor, sie faßte den Jungen an und streichelte ihn. Und nachdem er mehrere Wochen im Koma gelegen hatte, wachte er, entgegen aller Erwartungen der Ärzte, wieder auf. Er mußte fortan beim Fahrradfahren einen Helm tragen – heutzutage müssen das alle Kinder – und behielt eine leichte Behinderung zurück. Aber er hat das Koma überlebt, und es geht ihm gut – inzwischen ist er über Dreißig.

Die meisten von uns kennen mindestens eine solche Geschichte. Wir kennen auch die anderen Geschichten – der technologische Fortschritt liefert sie uns – von Leuten, die über jeden menschlichen Maßstab hinaus nur mit Hilfe von Apparaten am Leben gehalten wurden. Aber wir haben heute Mittel und Wege, um festzustellen, wann jemand hirntot ist – zu der Zeit, als Tracy ihren Jungen pflegte, gab es diese Möglichkeit noch nicht. Und das scheint mir der entscheidende Punkt zu sein.

Meine geliebte Barbara M. hat vor nicht langer Zeit eine ähnliche Situation mit ihrer Mutter Ruth durchlitten. Während einer Darmoperation entdeckte der Chirurg eine Krebsgeschwulst und entnahm Gewebe für eine Biopsie. Ruths Ärzte waren, wie es nur menschlich ist, unsicher: Die Mehrheit – fünf an der Zahl – hatte das Gefühl, es gebe für Ruth nur noch wenig Hoffnung; der Onkologe drängte zu einer Chemotherapie; die Krankenschwestern, auf deren Urteil die McKechnie-Kinder viel gaben (weil sie eine Beziehung zu Ruth aufgebaut hatten), schienen ebenfalls gegen eine Chemotherapie zu sein. Aber niemand sprach das Problem direkt an oder machte gar unumwunden einen entsprechenden Vorschlag – Ruths Kinder mußten alles aus Mimik und versteckten Andeutungen herauslesen. Man begann mit der Chemotherapie. Aber Barbara war so unsicher, ob die Entscheidung richtig war, daß sie in Panik und Depression verfiel: einerseits wünschte sie nichts so sehr, als daß ihre Mutter wieder gesund werden möge, andererseits wollte sie ihr um jeden Preis unnötige Schmerzen ersparen. Und Ruth hatte große Schmerzen. Die Ärzte mußten ihre Schmerzmittel so hoch dosieren, daß sie davon bewußtlos wurde.

Als Barbara mich nach meiner Meinung fragte, brachte ich es nicht übers Herz, ihr zu raten, die Maschinen abzuschalten, trotz der Schmerzen ihrer Mutter und trotz ihrer erniedrigenden, unwürdigen körperlichen Verfassung. Ich war mir nicht mehr sicher. Barbara quälte sich tagelang, bis sie erfuhr, daß der Krebs sich bereits in Ruths ganzem Körper ausgebreitet hatte – sie hatte Metastasen in der Leber, in den Knochen, in der Bauchspeicheldrüse. Der Chirurg, der sie operiert hatte, schätzte ihre Chancen, sich auch nur von der Darmoperation zu erholen, auf zehn bis fünfzehn Prozent ein. Erst an diesem Punkt konnten Ruths Kinder sich, wenn auch nur unter großem Schmerz, dazu durchringen, die Chemotherapie abbrechen zu lassen. Als die Ärzte ihnen kurz darauf sagten, Ruths gesamter Organismus versage, ließen sie das Beatmungsgerät abschalten und die intravenöse Ernährung einstellen – alles, bis auf das Morphium. Die Ärzte glaubten, sie würde nur noch ein oder zwei Stunden am Leben bleiben, aber Ruth hing am Leben. Zwei Tage, nachdem man das Beatmungsgerät abgeschaltet hatte, fand ihr dreiwöchiges Martyrium ein Ende, und sie starb.

Für meine Kinder war die Lage noch viel schwieriger,

denn alle Ärzte waren davon überzeugt, daß ich sterben würde, auch wenn niemand mit Sicherheit sagen konnte, was mir
fehlte, geschweige denn, daß ein konkreter, unausweichlich
tödlicher Prozeß im Gange war. Und ich war ja tatsächlich
nicht vom Krebs zerfressen, ich hatte keine Metastasen im
Hirnstamm – wie einige Ärzte annahmen. Ich lag nicht im
Sterben; es sah nur so aus.

Da die Ärzte nicht wußten, was mir eigentlich fehlte, waren sie uneins, welche Behandlung für mich die richtige wäre.
David Ilson, das neueste und jüngste Mitglied des Ärzteteams
der Gastroenterologie, schlug vor, mich an die Dialyse anzuschließen. Es gab genügend medizinische Gründe, die dagegen sprachen, aber irgendwann kamen sie wahrscheinlich zu
dem Schluß, daß ohnehin nicht mehr viel zu verlieren sei.
Zu keinem der Spezialisten, die mich behandelten, hatte ich
eine persönliche Beziehung (mein ursprünglicher Onkologe
war nicht dabei), und keiner von ihnen sprach später mit mir
über das Koma, aber diese Ärzte waren so engagiert und ge-
wissenhaft, wie man es sich nur wünschen kann. Ich erinnere mich an einen älteren Herrn, einen Nierenspezialisten
oder Urologen, der ein paar Wochen, nachdem ich aus dem
Koma erwacht war, in mein Zimmer kam und mir sagte, es
sei so weit, ich könne auf die Dialyse verzichten. Da ich für
den Fall, daß ich auf Dauer von der Dialyse abhängig sein
würde, beschlossen hatte, meinem Leben ein Ende zu setzen,
fiel mir ein Stein vom Herzen: Er hatte mir, im wahrsten
Sinne des Wortes, mein Leben wiedergegeben (zumindest für
eine gewisse Zeit). Was mich aber wirklich rührte und mir
bis heute im Gedächtnis geblieben ist, das war, wie sehr der
Mann sich freute, daß ich die scheußliche Behandlung nicht
mehr brauchte und er mich davon befreien konnte. In der Tat

hatte die Dialyse das Blatt gewendet. Kurz nach der ersten Behandlung begann ich zu erwachen. Ich hatte zwölf Tage im Koma gelegen.

Mein Onkologe besuchte mich während dieser Zeit nur ein einziges Mal, ganz am Ende. Er machte sich nicht die Mühe, sich nach meinen Kindern umzusehen, als er wieder ging, aber sie liefen ihm hinterher und sprachen ihn auf dem Weg zum Fahrstuhl an. Er gab ihnen bereitwillig Auskunft, konnte aber nicht viel Neues sagen. Er erklärte, daß die Ärzte nicht genau wüßten, was mit mir los sei. Er könne sich vorstellen, daß ich möglicherweise eine allergische Reaktion auf das Antibiotikum gehabt hätte. Rob gab die Schuld dafür den Ärzten, aber der Onkologe zuckte nur die Achseln. Er sagte, von zweihundertfünfzigtausend Menschen sei einer allergisch gegen Cephalosporine. Wie hätte man das vorhersehen können? Als mir selber später dieser Sachverhalt mitgeteilt wurde, lautete das Verhältnis einer von vierhunderttausend. Ich weiß nicht, welche der beiden Zahlen korrekt ist.

Bei späteren Gelegenheiten hat der Onkologe mir allerdings erklärt, daß Reaktionen wie die meine für Allergien ausgesprochen untypisch sind. Allergien können Hautausschläge, Schwellungen im Mund oder an anderen Organen und eine Reihe lebensbedrohlicher Symptome hervorrufen, aber keine Schlaganfälle, wie ich sie laufend hatte. Inzwischen vertritt er die Hypothese, daß das, was meine Schlaganfälle verursacht hat – was immer es gewesen sein mag –, auch sämtlichen übriggebliebenen Krebszellen den Garaus gemacht habe: Mit anderen Worten, er behauptet, das Koma, das ich selbst lange für die Wurzel aller Probleme gehalten habe, die in der Folgezeit auftraten, sei der Grund, weshalb ich den Krebs überlebt habe. Da er mir andererseits über die

Natur dessen, was die Anfälle verursacht haben könnte, nichts sagen konnte, kann ich dieser Logik nicht ganz folgen, aber ich nehme an, sie ist auch nicht ganz von der Hand zu weisen. Außerdem sagte er mir, daß kaum jemand ein Koma, wie ich es hatte, überlebe: Ohne die lebenserhaltenden Maßnahmen wäre ich gestorben. Patienten, die solche Schlaganfälle erlitten, könnten sich davon in der Regel nicht mehr erholen. Es ist alles ein Mysterium.

Am zwölften Tag meines Komas rief frühmorgens eine Krankenschwester bei meinen Kindern an und sagte ihnen, es gebe winzige Anzeichen einer Besserung; meine Augenlider hätten geflackert. Möglicherweise würde ich demnächst aufwachen. Die Kinder eilten in heller Aufregung sofort ins Krankenhaus, aber ich lag da, tot wie ein Stein. Während der nächsten ein, zwei Tage bekamen sie mit, daß ich weitere Schlaganfälle hatte. Ich glaube, sie verloren den Mut. Dann hörte ich eines Tages ihre Stimmen. Meine Augen waren geschlossen; ich konnte sie nicht öffnen: Möglicherweise waren sie von irgendeinem Sekret verklebt. Ich konnte die Kinder nicht sehen, aber ich konnte sie hören, und ich sagte: «Hallo, Kinder.» Sie jubelten. Und ich fragte mich, warum sie so glücklich waren.

Die fragmentarischen Erinnerungen, die ich behalten habe, stammen aus dieser Phase: wie ich aufwache und die Stimmen meiner Kinder höre; wie ich Gloria an meinem Bett stehen sehe und ihre Frage höre; wie ich spüre, daß irgend etwas in meiner Kehle steckt (es war der Schlauch des Beatmungsgeräts); wie ich Beth Sapery hereinkommen sehe; wie die Ärzte morgens an mein Bett treten und mir ihre Fragen stellen. Als ich in den Notizen der Kinder las, ich hätte Renny Griffith für «Daniel» gehalten, war ich irritiert: Ich kenne keinen Daniel. Ebensowenig kenne ich einen John beim *James Joyce Quarterly* oder in der *Joyce-Society*. Jamie ist davon überzeugt, daß ich im Jenseits John Lennon begegnet bin, aber sie vergißt, daß sie es war, nicht ich, die stundenlang vor dem Dakota gestanden und um ihn getrauert hatte. Dagegen erinnere ich mich sehr wohl daran, «meinen eigenen Geist gesehen» zu haben, wie ich es Carol berichtet hatte. Es hatte etwas mit unterschiedlichen Bewußtseinsebenen zu tun.

Als meine Freundinnen mich besuchten, nachdem ich aus dem Koma erwacht war, glaubten sie, ich sei bei «Bewußtsein». Aber ich kann mich an diese Besuche nicht erinnern. Meine einzigen Erinnerungen sind die Fragmente, die ich im letzten Kapitel zusammengetragen habe; sie sind alles, was mir von den Ereignissen der ersten Woche *nach* meiner «Rückkehr ins Bewußtsein» im Gedächtnis geblieben ist. Ich vermute, daß es zwei Ebenen von Bewußtsein gibt – Bewußtsein und sich seiner selbst bewußt sein – und daß es ohne letzteres keine Erinnerung gibt. Im Säuglings- und Kleinkindalter etwa sind wir zweifellos bei Bewußtsein, und doch können wir uns, wenn überhaupt, nur an wenige Momente aus dieser Zeit erinnern, weil wir in dieser Phase noch keine Wahrnehmung unseres Selbst als einer eigenständigen Person haben, einer Person, die wir handeln sehen oder sprechen hören können. Erst wenn wir über Selbst-Bewußtsein verfügen, haben wir auch eine verläßliche Erinnerung. Mit «verläßlicher Erinnerung» meine ich nicht, daß wir nichts vergessen – wir vergessen sehr viel mehr, als wir erinnern –, sondern daß die vergessenen Zeiträume keine schwarzen Löcher für uns sind. Die Intervalle zwischen meinen wenigen Erinnerungsbruchstücken aber sind für mich schwarze Löcher. Beim gewöhnlichen Vergessen bedarf es manchmal nur des richtigen Auslösers, um uns etwas Vergessenes wieder ins Gedächtnis zu rufen. Bei meinen schwarzen Löchern aber bin ich sicher, daß nichts sie mit Leben füllen kann.

Irgendwann in dieser Phase, in der ich zwischen Bewußt-losigkeit – ich lag zwar nicht mehr im Koma, aber ich kann es auch nicht einfach Schlaf nennen – und Bewußtsein pendelte, konnte ich das Innere meines Kopfes sehen und begriff plötzlich, daß ich zwischen den beiden Ebenen hin und her ging und die letztere der beiden mit dem Gefühl zu tun hatte, sich seiner selbst bewußt zu sein. Ich sah diese Ebenen, als hätten sie eine stoffliche Existenz. Es war eine ganz außer-gewöhnliche Erfahrung, die mir schon in dem Augenblick, in dem ich sie machte, wie ein Wunder vorkam und an die ich mich, sobald ich erwachte, noch ein paar Augenblicke lang erinnern konnte. Ich habe sogar eine Art visueller Erin-nerung daran, die allerdings mit der Zeit verblaßt.

Eines der Ereignisse, an die ich keine Erinnerung habe, ist der Besuch von Bella Abzug. Sie besuchte mich am selben Tag, an dem auch meine Hexenschwestern kamen. Ich soll ganz begeistert «Hallo Bella» gesagt haben, während ich mei-ne Hexenschwestern keines Grußes würdigte. Sie tragen mir das bis zum heutigen Tage nach. Sie lachen zwar darüber, aber sie bringen die Geschichte so oft und in so nachtragendem Tonfall aufs Tapet, daß ich weiß, ich habe eine große Sünde begangen. Aber was soll ich machen? Ich habe ihnen gesagt, sie gehörten für mich zur Familie, und bei Familienmitglie-dern verzichte man gewöhnlich auf große Begrüßungszere-monien; Bella hingegen sei ein Gast gewesen und habe An-spruch auf eine höfliche Begrüßung gehabt. Ich habe ihnen erzählt, daß Bella während meiner jungen Jahre eine Heldin für mich war, deren Großtaten ich in der Zeitung verfolgte und die ich aus der Ferne bejubelte, während ich sie alle erst sehr viel später kennengelernt hätte. Aber ich kann sagen, was ich will – nichts stimmt diese nachtragenden Damen gnädig; sie behaupten steif und fest, ich hätte mich verraten, ich hätte Bella viel lieber als sie – dabei liebe ich meine Hexen heiß und innig. Sie machen sich einen Spaß daraus, mich damit zu quälen. Bella weiß von all dem natürlich nichts.

Bald darauf wurde ich in ein Einzelzimmer in einem der oberen Stockwerke verlegt, wo mich rund um die Uhr Krankenpflegerinnen betreuten, die die Kinder für mich engagiert hatten. Es war die zweite oder dritte Nacht in diesem Zimmer, in der ich aus dem Bett fiel. Zu dieser Zeit war ich immer noch nicht bei vollem Bewußtsein – zumindest kann ich mich nicht an die Tage und Nächte erinnern, nur an einzelne Momente. Als ich nach oben verlegt worden war, begannen die regelmäßigen Morgenvisiten, bei denen die Ärzte mich fragten, ob ich wisse, wo ich sei und welches Jahr wir hätten. Es war mir ziemlich egal, was für ein Datum wir hatten, aber ich erinnere mich, daß die Frage, wo ich war, mich sehr beschäftigte. Ich wußte mit einiger Bestimmtheit, daß ich mich im Norden befand, sprich: nördlich von meiner Wohnung, vielleicht in der Bronx oder in White Plains. Ich einigte mich schließlich auf Yonkers. Ich weiß nicht, welche symbolische Bedeutung für mich der Norden hat (das Sloan-Kettering lag in Wirklichkeit südlich meiner Wohnung) oder weshalb ich glaubte, ich befände mich in dieser Richtung. Immerhin bildete ich mir nicht ein, ich wäre im Wilden Westen.

Rob erinnert sich daran, wie ich stumm dalag und mich weigerte, die Fragen der Ärzte zu beantworten; er nahm an, ich schämte mich zuzugeben, daß ich die Antwort nicht kannte. Vielleicht hatte er recht. Aber er machte sich auch noch Sorgen um mich, als ich wieder antworten konnte. Jamie und Barbara, von Hause aus Optimisten, gingen einfach davon aus, daß ich wieder gesund werden würde. Rob dagegen, eher ein Pessimist, wurde von einer neuen Angst gepackt. Die Ärzte hatten meine Kinder vorgewarnt, daß Schlaganfälle bleibende Gehirnschäden nach sich ziehen könnten. Sie hatten sie darauf vorbereitet, daß ich, falls ich je wieder aus dem Koma erwachen sollte und keine Metastasen im Gehirn hätte, möglicherweise sprach- oder geistesgestört sein könnte: das ließe sich nicht vorhersagen. Jeden Tag, wenn die Ärzte nach der Morgenvisite wieder gegangen waren, erklärten die Kinder mir noch einmal, wo ich war und welches Jahr wir hatten. Daß ich mich jeweils am nächsten Tag nicht mehr daran erinnerte, wies darauf hin, daß ich tatsächlich einen Gehirnschaden davongetragen hatte. Daher Barbaras Jubel, als ich verkündete, Clinton sei Präsident. Rob machte sich noch monatelang Sorgen, auch als meine alten Fähigkeiten peu à peu wieder zurückkehrten. Erst im April, als ich die Schlußredaktion von *Vater unser* in Angriff nahm, war er sicher, daß meine Geisteskräfte vollständig wiederhergestellt seien. (Ich selbst bin mitnichten der Meinung, daß sie vollständig wiederhergestellt sind, auch wenn ich glaube, daß ich zwar an geistiger Wendigkeit, nicht jedoch an geistiger Tiefe eingebüßt habe. Aber vermutlich ist es problematisch, einen Verlust geistiger Fähigkeiten bei sich selbst zu diagnostizieren.)

Ich begriff nicht viel. Sie sagten mir, ich hätte im Koma gelegen. In einzelnen Momenten verstand ich das. Schließlich bat ich sie, mir einen großen Kalender zu bringen und die Tage zu markieren, in denen ich im Koma gelegen hatte.

Vielleicht würde der optische Eindruck mir helfen, es in meinen Kopf zu bekommen. Sie klebten mir den Kalender auf mein Tischchen, aber jedesmal, wenn mein Blick darauf fiel, kam es mir so vor, als sehe ich ihn zum erstenmal. Es blieb mir lange unbegreiflich. Auch als ich die Worte behalten und nachsagen konnte: «Ich bin fast zwei Wochen im Koma gelegen», verstand ich ihren Sinn nicht. Ich weiß nicht, wie ich meine Unfähigkeit, ihren Sinn zu erfassen, erklären soll. Ich kannte die Fakten, aber ich verband nichts damit. Ich war wie ein Kind, das das kleine Einmaleins auswendig lernt; ich konnte die Reihe «49–56–63» aufsagen, ohne einen Begriff davon zu haben, welche Rechnung 49 oder 56 oder 63 ergab oder was diese Zahlen mit der 7 zu tun hatten.

Ich dachte nicht viel darüber nach; ich nahm es zur Kenntnis und wartete darauf, daß es vorüberginge. Ich fühlte nichts. Ich wollte nichts fühlen. Ich hatte Angst, ich könnte zusammenbrechen. Denn meine Lage war trostlos. Ich war so hilflos wie ein Baby; ich konnte meinen Kopf nicht selbständig auf den Schultern halten. Ich konnte mich nicht selbst aufsetzen; jedesmal, wenn ich es versuchte, kam eine Krankenschwester angelaufen und zog mich hoch. Das war etwa jede halbe Stunde der Fall, denn ich rutschte immer wieder hinunter, weil ich keine Muskeln hatte, um mich aufrecht im Bett zu halten. Ich konnte nicht allein aus dem Bett steigen, und ich konnte nicht allein zur Toilette gehen: Eine Krankenschwester mußte mich hinsetzen und mir aufhelfen. Die Bestürzung über diese Erniedrigung (die mir keiner erklärte), und die stumme Hysterie, die sich infolge meiner Angst und Verwirrung in mir aufbaute, brauten sich zu Wut zusammen: So hilflos hatte ich mich in meinem ganzen Leben noch nicht gefühlt. Ich hatte es gehaßt, ein Kind zu sein, weil ich es haßte, abhängig zu sein; jetzt aber war ich abhängiger als eine Dreijährige, und ich verstand nicht, warum. Die Kinder erklärten mir wahrscheinlich, daß sich Muskeln zurückbilden, wenn sie nicht gebraucht werden. Ich nehme an, sie erzählten mir, daß Charlotte die Krankenschwestern gebeten hatte, meine Arme und Beine zu bewegen, während ich im Koma lag, aber daß man meine Glieder wegen der vielen Schläuche und Kabel, an denen ich hing, nicht sonderlich weit hatte bewegen können. Außerdem hatten natürlich alle damit gerechnet, daß ich sterben würde. Falls ich eine Erklärung bekommen habe, drang sie jedenfalls nicht zu mir durch und blieb erst recht nicht hängen.

Darüber hinaus war meine Speiseröhre ein einziges, eiterndes Geschwür; ich konnte nicht einmal Wasser trinken, ohne höllische Schmerzen zu leiden. Dazu hatte ich einen permanenten, quälenden Juckreiz, der sich über den ganzen Rücken zog und auch durch häufige Abreibungen von seiten der Schwestern nicht zu lindern war. Die Kombination aus Schmerzen und Hilflosigkeit stürzte meine Seele in Verzweiflung, aber ich erlaubte mir nicht, sie zu fühlen. Obwohl die Verzweiflung alles durchdrang, ließ ich sie nie an die Oberfläche kommen. Ich schlief, soviel ich konnte. Ich hatte keine Lust zu sprechen oder Leute zu sehen; ich wollte mich nur verkriechen.

Ich war so mit mir selbst beschäftigt, daß ich nicht einmal an meine Kinder dachte. Es war offensichtlich, daß sie nicht zur Arbeit gingen – sie waren jeden Tag bei mir im Krankenhaus –, aber ich fragte nie, wovon sie lebten oder ob sie ihre Jobs riskierten. Ich kam auch nicht auf die Idee, nachzufragen, wie sie den Krankenwagen bezahlt hatten oder wer meine Krankenpflegerinnen bezahlte – obwohl das Geld ja von ihnen kommen mußte. Jamie sagte mir kürzlich, sie habe während dieser Zeit einfach nicht mehr funktioniert, und da sie nicht arbeitete, hob sie einfach dauernd Geld von der Bank ab. Irgendwann waren ihre Ersparnisse natürlich aufgebraucht. Ich nehme an, Rob erging es genauso. Barbara hatte neben dem Studium einen Teilzeitjob, aber davon konnten sie natürlich nicht leben. Keiner von ihnen hat sich je beklagt oder mir in irgendeiner Weise zu verstehen gegeben, daß sie Probleme hätten. Und irgendwie kamen sie über die Runden, ohne jede Hilfe von mir.

Inzwischen waren alle meine Venen porös. Ich brauchte einen venösen Dauerzugang. (Ich mußte immer wieder an Roz denken, wie sie sich an den Hals gefaßt und gesagt hatte: «Wenigstens habe ich meinen Port», so wie man sagt «Wenigstens habe ich meinen Davidstern» oder «mein Kreuz» oder «meinen Talisman» oder «meine Adlerfeder».) Ich wollte keinen Port – das letzte bißchen Mut nahmen mir die Schwestern, als sie sagten, bei einem Port komme es häufig zu Entzündungen, weshalb er letztlich mehr Probleme bringe als löse. Aber es half nun mal nichts: Ich hatte an den Armen keine einzige heile Vene mehr, um eine Infusionskanüle anzuschließen. (Nach spätestens vier Tagen muß die Kanüle jeweils an einer neuen Stelle gelegt werden. Meine Venen waren so oft punktiert worden, daß sie vernarbt waren; sobald man mit einer Nadel in sie hineinstach, platzten sie. Die Krankenschwester mußte mich wieder und wieder punktieren, bis sie eine Vene fand, die hielt. Daran hat sich bis heute nichts geändert; ich weiß nicht, wie lange es dauert, bis Blutgefäße sich regeneriert haben, aber alle meine Krankenhausaufenthalte in der letzten Zeit mußten vorzeitig abgebrochen werden, weil meine Venen keine Kanülen mehr tolerierten.)

Als ich im Sloan-Kettering lag, konnte man mich nicht einfach nach Hause schicken. Da sogar die Ärzte mir nur halbherzig zu einem Port rieten, legte man mir schließlich, da es an den Armen keine Vene mehr gab, eine Kanüle an einer Fußvene. Aber die Venen in den Füßen sind winzig, so daß die Kanüle weh tat; außerdem sprang die Nadel ständig heraus, weil ich meine Füße nicht stillhalten konnte. Jedesmal, wenn das passierte, mußte man mir eine neue Kanüle legen. Die Ärzte und Krankenschwestern ermahnten mich mehrmals am Tag, ich müsse mein Bein stillhalten. Als ich sagte, das gelänge mir nicht, glaubten sie mir nicht. In der Zwischenzeit habe ich erfahren, daß bestimmte Nierenerkrankungen mit unkontrollierten Beinbewegungen einhergehen können, aber nicht einmal der nette Nierenspezialist wußte davon, als ich ihn einmal danach fragte. Meine ständige Zappelei war insbesondere während der Dialyse verheerend. Nach meinem Erwachen aus dem Koma wurde ich zweimal an die Dialyse angeschlossen (das glaube ich zumindest; beim erstenmal war ich noch nicht ganz bei Bewußtsein). Während der zweiten Behandlung hatte die Zappelei in den Beinen schon eingesetzt, und der medizinisch-technische Assistent sagte mir entnervt, damit sei die Behandlung wirkungslos. Aber ich konnte mich anstrengen, wie ich wollte, es war mir unmöglich, mein Bein stillzuhalten. Es lag wohl nicht zuletzt daran, daß ich die Dialyse als etwas Grauenhaftes erlebte und beschloß, meinem Leben ein Ende zu setzen, wenn ich für den Rest meiner Tage davon abhängig sein würde. Viel hatte mein Leben zu diesem Zeitpunkt ohnehin nicht zu bieten. Hilflos, mit ständigen Schmerzen in der Speiseröhre, unfähig zu lesen, zu schreiben oder auch nur zu denken – mein Zustand bot wenig Anlaß, mich auf irgendeine Zukunft zu freuen.

Als der Nierenspezialist erschien und freudestrahlend verkündete, er hätte beschlossen, daß ich keine Dialyse mehr bräuchte, war ich deshalb ungeheuer erleichtert und machte innerlich eine Kehrtwendung. Er gab mir neuen Antrieb, vielleicht nicht gerade einen Antrieb zum Leben, aber immerhin einen, nicht zu sterben. Ich atmete auf und begann wieder positiver zu denken. Ich bat die Kinder, mir wieder täglich die *New York Times* zu bringen. Das stürzte mich jedoch nur noch in größere Verzweiflung, denn am nächsten Morgen stellte ich fest, daß ich nicht lesen konnte. Die Buchstaben verschwammen mir vor den Augen; ich konnte sie nicht entziffern. Ich war so entsetzt, daß ich niemandem etwas davon sagte. Ich war davon überzeugt, daß ich einen Hirnschaden davongetragen hatte. In diesem Zustand äußerster Angst dachte ich wieder an meine Alternative – wenn ich nicht mehr lesen oder schreiben konnte, gab es keine Frage: Ich würde mir das Leben nehmen. Ich kam nicht auf den Gedanken, meine Sehkraft in Frage zu stellen; schließlich hatte ich noch vor zwei Wochen mit meiner Lesebrille problemlos gelesen.

Schließlich gab ich mir einen Ruck und vertraute mich einem Arzt an, der mir sagte, ein Koma könne manchmal die Augen schädigen. Kurz darauf sagte mir ein Augenarzt am Sloan-Kettering, das einzige, was ich brauche, sei ein Rezept für eine neue Lesebrille. Genauso wie mein Gehör hatte auch meine Sehkraft um einige Grade nachgelassen; ich war zweiundsechzig Jahre alt, aber mein Körper war fünf bis zehn Jahre älter. Mit der neuen Brille, die Isabelle mir umgehend besorgte, konnte ich lesen! Also doch kein Gehirnschaden. Allerdings reichte meine Konzentrationsfähigkeit nicht einmal für das Sonntagskreuzworträtsel.

Etwa eine Woche oder zehn Tage, nachdem man mich auf die normale Station verlegt hatte, begann eine Krankengymnastin mit mir mehrmals pro Woche für jeweils rund zwanzig Minuten Übungen zu machen. Sie war jung und ebenso routiniert wie teilnahmslos; sie bemühte sich in keiner Weise um eine persönliche Beziehung zu ihren Patienten (zumindest tat sie das bei mir nicht) – sie wirkte völlig gefühllos. Ich bin sicher, daß sie in mir nur eine beliebige hilflose, alte Frau sah, aber ich habe seitdem so viele warmherzige, fürsorgliche Krankengymnastinnen kennengelernt, daß ich mich frage, ob sie den richtigen Beruf gewählt hat. Trotzdem, sie tat ihre Arbeit. Sie brachte mir einen Lauftrainer und drängte mich zu den ersten Schritten. Aber ich haßte den Lauftrainer und zog es vor, neben meinem Rollstuhl herzugehen und mich an ihm festzuhalten, während eine Krankenschwester oder eines der Kinder (meistens Jamie) ihn den Flur entlangschob. Der Flur lag zwischen den Patientenzimmern an der Gebäudeaußenseite und dem fensterlosen Kern in der Mitte des Gebäudes, in dem die Schwestern- und Arztzimmer, die Küche, die Toiletten und die übrigen Versorgungsräume untergebracht waren. Es gab auch Abkürzungen durch die Mitte, aber ich ging meist außen herum. Anfangs war die ganze Strecke noch zu lang für mich, und wenn ich müde wurde, setzte ich mich in den Rollstuhl und ließ mich auf dem Rückweg schieben.

Eines Tages tauchte Rob mit einem Paar lila Turnschuhen mit hohem Schaft auf; ich bekam einen Lachanfall, als ich sie sah. Ich sagte, vom Stil her paßten sie wohl eher zu einer Dreijährigen, und da ich im Moment im Gehen noch nicht so gut sei wie eine Dreijährige, müsse ich in die Schuhe wohl erst noch hineinwachsen. Aber er hatte genau die richtige Wahl getroffen; in diesen Schuhen fiel mir das Gehen viel leichter als in Slippern oder in den flachen Pumps, die ich mir von Isabelle hatte mitbringen lassen. Und ich trage sie trotz ihres grotesken Aussehens bis heute, vor allem an Tagen, an denen ich lange Strecken vor mir habe, etwa wenn ich ins Museum gehe.

Da ich beim Schlucken nach wie vor unerträgliche Schmerzen hatte, wurde ich intravenös ernährt. Als die Ärzte mich dennoch drängten, wieder mit dem Essen anzufangen, hielt ich sie alle für verrückt oder gefühllos. Hatten sie denn eine Ahnung, wie ich mich fühlte? Sie sagten mir, im Prinzip könnte ich nach Hause gehen, aber erst, wenn ich wieder ohne Infusionen auskäme. Das bedeutete, daß ich essen mußte. Nach ein paar Tagen verstand ich, was sie meinten. Wenn sie es mir nicht im Ton einer Drohung gesagt, sondern in vernünftigen Worten erklärt hätten, hätte ich wahrscheinlich schneller begriffen. Vielleicht auch nicht. Meine Einsichtsfähigkeit war nicht sehr groß. Inzwischen hatten sie das Dilantin abgesetzt, gaben mir aber Phenobarbital. Ich hatte oft das Gefühl, der Raum drehe sich um mich, wenn ich einfach nur still dasaß – was hauptsächlich eine Nebenwirkung dieses Medikaments war. Außerdem bekam ich ein Magenpräparat; eventuell auch noch andere Medikamente – ich erinnere mich nicht mehr genau.

Natürlich wollte ich nach Hause. Aber ich brachte einfach keinen Bissen durch meine Kehle, die Schmerzen waren zu

groß. Also machte ich einen Versuch mit «Astronautennahrung», einer proteinreichen Flüssignahrung, die es in Dosen
gibt. Man hatte mir das Zeug schon einmal angeboten, als ich
nach der Bestrahlung zu verhungern drohte, aber es war mir
zu widerwärtig gewesen, um es zu trinken. Das Produkt ist
eine amerikanische Erfindung, was bedeutet, daß es stark ge-
zuckert ist – unvermeidlich in einem Land, in dem jeder
Babynahrung, jedem Salatdressing und sogar der Zahnpasta
Zucker zugesetzt wird. Ich habe seit meiner Jugend eine starke Abneigung gegen Zucker und benutzte ihn immer nur für
Eistee (den ich selten trank) und für die Essigmarinade, in der
ich Gurken einlege. Aber jetzt überwand ich mich; ich füllte
das Glas mit Eiswürfeln, hielt mir die Nase zu und trank den
ekelhaften Brei. Die Variante mit Schokoladengeschmack
schmeckte noch am wenigsten nach Plastik, und wenn das
Getränk eiskalt war, bekam ich es hinunter. Als ich damit anfing, war ich spindeldürr, aber vor den Ärzten prahlte ich
jeden Morgen, ich würde immer dicker. Die Krankenschwestern, die mich alle paar Tage wogen, gaben mir recht. Ich
weiß nicht mehr, was ich damals wog, aber für eine Person
meiner Größe und meines Knochenbaus war es bei weitem
zu wenig. Als ich bei hundertzehn Pfund angelangt war – für
meine Verhältnisse immer noch sehr dünn –, sagten sie, ich
dürfe nach Hause gehen. Trotzdem: Diesmal konnte ich mich
auf die Entlassung gar nicht recht freuen. Ich hatte nicht die
Zuversicht, daß ich wieder zu Kräften kommen und mein
altes Leben wiederaufnehmen würde. Ich wollte nur aus dem
Grund nach Hause, weil ich es dort bequemer hätte, weil ich
in meiner eigenen Umgebung wäre und weil ich Kranken-
hausbetten hasse. Darüber hinaus gab es nichts, was mich
frohgemut hätte in die Zukunft blicken lassen.

Februar bis April 1993

AM 4. FEBRUAR 1993 endete mein letzter stationärer Aufenthalt im Sloan-Kettering. Seitdem war ich nur noch zu ambulanten Behandlungen dort – in den Jahren nach meiner Krebsbehandlung mußte ich immer wieder Endoskopien machen lassen – oder zu Terminen bei meinem Neurologen oder meinem Onkologen.

Ich ging also nach Hause. Die Kinder engagierten dieselben Pflegekräfte, die mich schon im Krankenhaus betreut hatten – Ursula, Gay und Yvonne. Im Krankenhaus war mir Ursula die liebste von den dreien gewesen; sie war geradeheraus und energisch und hatte sich fast wie eine Freundin um mich gekümmert. Aber bei mir zu Hause benahm sie sich anders. Vielleicht war sie eingeschüchtert von meiner Penthouse-Maisonette-Wohnung und den Terrassen mit Blick auf den Central Park. Was auch immer der Grund war: Sie wurde mürrisch und opportunistisch, und je weniger ich auf sie angewiesen war, desto stärker zeigte sie sich von dieser negativen Seite. Ursula stammte aus Guyana, sie war verheiratet und hatte zwei Kinder, einen Sohn im Teenageralter und eine kleine Tochter. Sie sprach nie über ihren Mann und fast nie über ihren Sohn – es kam mir so vor, als hätte sie die beiden abgeschrieben. Ihre Tochter aber war der Mittelpunkt ihres Lebens: ein aufgewecktes, talentiertes Mädchen, für das Ursula ebenso ehrgeizige Pläne hegte wie für sich selbst. Wie auch die beiden anderen Pflegerinnen besuchte sie eine Krankenschwesternschule, um das entsprechende Examen abzulegen, und saß zu Hause in jeder freien Minute über ihren Büchern. Sie war sehr intelligent und schrieb gute Noten.

Gay, ebenfalls aus Guyana gebürtig, war von ganz anderem Naturell. Sie stammte aus einer kinderreichen Familie und war das jüngste der Geschwister. Nach dem Tod ihrer Eltern war sie von einer älteren Schwester aufgenommen worden, die sie wie eine Sklavin behandelte. Sie mußte morgens erst mehrere Stunden im Haushalt arbeiten, bevor sie in die Schule durfte, und auch sonst wurde ihr das Leben in jeder Hinsicht schwergemacht. Sie war jünger als meine anderen beiden Pflegerinnen und hatte etwas Unterwürfiges, Serviles, das mir anfangs gar nicht gefiel. Nachdem sie Vertrauen zu mir gefaßt und mir ihre Geschichte erzählt hatte, begann ich ihr Verhalten zu verstehen, und sie wuchs mir mehr und mehr ans Herz.

Gay war mit einem jungen Mann verheiratet, den sie als ihren Retter betrachtete: Durch seine Liebe war sie den Brutalitäten und Gemeinheiten ihrer Schwester entkommen. Das genügte, um ihn in ihren Augen zum Helden zu machen. Er hatte sie in die Vereinigten Staaten gebracht und ihr «erlaubt», eine Ausbildung zur Krankenschwester zu machen. Dabei war ihr Mann im Grunde nicht anders als ihre Schwester – er setzte lediglich mehr auf das Zuckerbrot statt auf die Peitsche, um seinen Willen durchzusetzen. Da sie als Hauskrankenpflegerin arbeitete, war sie abends häufig unterwegs. Aber ihr Mann bestand darauf, daß sie für ihn kochte. Also mußte sie jedesmal, wenn sie abends Dienst hatte, frühmorgens noch vor der Schule und der Arbeit eine Mahlzeit für ihn vorkochen; Reisen waren für sie aus dem gleichen Grund tabu. Er war vollkommen hilflos; er faßte kein Staubtuch und keinen Staubsauger an; er wußte nicht, wie man eine Waschmaschine bedient. So mußte sie zusätzlich zu ihren Achtstundenschichten bei mir oder einem anderen Patienten, zu Schule, Hausaufgaben und Examensvorbereitung auch noch den Haushalt führen. Daß sie dabei alles zu Fuß machte und sich tagein, tagaus zwischen Waschsalon, Supermarkt und ihrer Wohnung mit schweren Taschen abschleppte, verstand sich von selbst (das Auto nahm er – praktischerweise hatte sie keinen Führerschein).

Und es gab noch viele andere Probleme, aber als ich ihr vorschlug, sich mit ihrem Mann auseinanderzusetzen, um mit ihm gemeinsam eine Lösung zu finden, wies sie den Gedanken von sich. Sie sagte, sie liebe ihn zu sehr. Sie wolle ihn nicht verärgern: Er *könne* dies und jenes einfach nicht. Ich verkniff es mir, ihr darzulegen, daß sie vom Regen in die Traufe gekommen war. Mit der Zeit würde sie schon noch selber darauf kommen, denn ihr Mann würde die Schraube immer fester ziehen – wenn man jemanden wie ihn nicht in die Schranken wies, war das unausweichlich.

Gay war diejenige, die in der Nacht, in der ich im Krankenhaus aus dem Bett fiel, eigentlich hätte bei mir sein sollen. Aus irgendeinem Grund passierten meine Stürze jedesmal während ihrer Schicht (während der ersten Monate kam das mehrmals vor: Ich stand da, und von einer Sekunde auf die andere lag ich am Boden). Sie machte sich deswegen schreckliche Vorwürfe. Einmal brach sie fast in Tränen aus und rief: «Immer fallen Sie hin, wenn ich Dienst habe!», als glaubte sie, unsere Beziehung stehe unter einem schlechten Stern.

In der Zeit, in der die drei mich zu Hause pflegten, wuchs Yvonne mir am meisten ans Herz. Sie war diejenige, die die Kinder angeheuert hatten – die beiden anderen waren durch ihre Vermittlung dazugekommen. Sie war eine energische Person, zupackend und selbstbewußt. In der ersten Nacht nach meiner Verlegung aus der Intensivstation war sie bei mir gewesen – eine schreckliche Nacht, wie sie sagte. Ohne Bewußtsein, ruhelos und von Schmerzen gepeinigt, warf und wälzte ich mich in einem fort hin und her. Während dieser Nacht hatte sie sechsmal die Laken wechseln und mich saubermachen müssen. Aus der Zeit im Krankenhaus konnte ich mich kaum mehr an sie erinnern, denn sie war meist nachts bei mir gewesen. Auch bei mir zu Hause übernahm sie in der Regel die Nachtschicht (gelegentlich tauschte sie auch mit Ursula). Sie bereitete mich jeden Abend zum Zubettgehen vor – dann stand sie neben mir am Waschbecken (für den Fall, daß ich stürzen sollte), drückte mir die Zahnpasta aus der Tube (nicht einmal das konnte ich selber tun!) und blieb für den Rest der Nacht bei mir. Gewöhnlich schliefen die Pflegerinnen bei mir im Zimmer auf einem Klappbett. Ich sollte nicht ohne ihre Hilfe aufstehen, sondern sie rufen – notfalls so lange, bis sie aufwachten (wogegen ich anfangs eine gewisse Scheu hatte, bis zu meinem ersten Sturz aus dem Bett).

Jeden Abend, wenn Yvonne kam, fragte ich sie aus – was sie den Tag über getan hätte; was ihr Schwiegervater zum Essen gekocht hätte; wie es ihrer kleinen Tochter gehe; was ihr Mann treibe. Das Privatleben meiner Pflegerinnen interessierte mich bei allen dreien, aber Gays Geschichten brachten mich oft in Rage, und bei Ursula spürte man, wenn sie überhaupt etwas von zu Hause erzählte, immer ihre versteckte Bitterkeit und Wut: Das einzige, was ihr Spaß machte, waren ihre Tochter und ihre Arbeit – und gute Noten.

Yvonne dagegen war ihr Leben lang gelobt worden. Sie

hatte von ihren Eltern Liebe bekommen, und wer hat, dem wird gegeben: Wer als Kind das Glück hatte, geliebt zu werden, wächst normalerweise zu einem liebesfähigen – und seinerseits wiedergeliebten – Erwachsenen heran. Sie hatte ein unbeschwertes Gemüt, war sehr gescheit und ebenso ehrgeizig; ihre Familie gehörte in Haiti zur Oberschicht, aber sie hatte aus Angst vor der Geheimpolizei des Militärregimes, das die Tonton Macoutes abgelöst hatte, ihre Heimat verlassen. Auf dem College in Haiti hatte sie im Hauptfach Wirtschaftswissenschaften studiert, aber ihr Ehemann Shemet, der ebenfalls aus Haiti stammte, sie aber erst in den Vereinigten Staaten geheiratet hatte, hatte sie überredet, die akademische Karriere zugunsten der Ausbildung zur Krankenschwester aufzugeben. Ich wußte nicht, ob ihr Mann intellektuell wirklich so überragend war, wie sie dachte; zumindest erschien mir die Rolle, die er bei ihrer Lebensplanung spielte, suspekt. Die Arbeit als Krankenschwester ist sehr viel härter und hat weniger Sozialprestige als die einer Dozentin der Wirtschaftswissenschaften – allerdings ist sie auch besser bezahlt, zumindest in der Anfangszeit. Andererseits hätte Yvonne als farbige Ausländerin in der gehobenen akademischen Welt möglicherweise mit großen Schwierigkeiten zu kämpfen gehabt, und das wußte ihr Mann vielleicht.

Sie hatte vor etwa fünf Jahren eine Tochter bekommen, und ihr Mann war völlig vernarrt in das kleine Mädchen. Yvonne liebte ihr Töchterchen ebenfalls, aber die Zuneigung ihres Mannes zu der Kleinen machte sie eifersüchtig. Wenn sie über das Thema sprach, war sie heiter und lustig – nicht im mindestens von Schuldgefühlen geplagt (wie es die meisten weißen Mittelschichts-Amerikanerinnen gewesen wären) und ohne jedes Ressentiment gegen ihre Tochter (wie es viele Frauen gehegt hätten), die von ihrem Mann mehr Liebe bekam als sie selbst. Dennoch hatte sie aus dem Verhalten ihres Mannes Konsequenzen gezogen: Sie weigerte sich strikt, ein zweites Kind zu bekommen. Wie in Ursulas und Gays Ehe half auch bei Yvonne der Mann nicht im Haushalt mit. (Ich sage immer, das einzige Wesen in der gesamten Fauna, das nicht für sich selber sorgen kann, ist der Mann.) Yvonne arbeitete härter als er: Er hatte einen Achtstundentag als Sozialarbeiter; sie hatte ebenfalls einen Achtstundentag (respektive eine Achtstundennacht), aber zusätzlich ging sie zur Schule, bereitete sich auf ihr Examen vor, führte den Haushalt, kochte und erzog das Kind. Wenn sie sich beklagte, daß sie überlastet sei, ließ ihr Mann seinen Vater aus Haiti kommen, einen wunderbaren Koch und peniblen Hausmann (mindestens so penibel wie Yvonne), der Yvonne und seine Enkelin liebte, ihre Gesellschaft genoß und seine Freude daran hatte, beide zu verwöhnen. Yvonne ließ – ebenso wie Gay – nichts auf ihren Mann kommen und war alles in allem eine glückliche Frau.

Sie war nicht nur genauso klug und ehrgeizig wie Ursula, sondern außerdem sehr fleißig, und schrieb in der Schule stets gute Noten. Wenn sie mir am Abend vor dem Schlafengehen ihre ausgefüllten Tage beschrieb, wenn sie von den köstlichen und (für meinen Geschmack) exotischen Gerichten erzählte, die ihr Schwiegervater allabendlich auf den Tisch brachte, oder mir von den neuesten Taten ihrer süßen Tochter berichtete, wurde ich immer ganz ruhig. Ihre Geschichten waren voller Humor und Heiterkeit, genauso wie Yvonne selbst, und so einfach und alltäglich, daß sie mich meine Situation vergessen ließen.

Und meine Situation war grausam. Ich schluckte weiter Phenobarbital und traute mich nicht, es abzusetzen, weil ich Angst hatte, dann kämen die Schlaganfälle wieder, zu deren Vorbeugung ich es verschrieben bekommen hatte. Die Nebenwirkungen dieses Medikaments waren permanente Schläfrigkeit und häufige Schwindelgefühle: Dauernd drehte sich der Raum, in dem ich saß. Ich bekam immer noch nichts hinunter und ernährte mich von Astronautennahrung, die ich mit viel Eis trank, sowie gekühlter Wassermelone und italienischen Eiskrems. Ich trank Aloe-vera-Tee, Wasser und Kräutertee. Ich sehnte mich nach kohlensäurehaltigen Getränken wie Mineralwasser oder Ginger-ale, aber sie entfachten wahre Feuersbrünste in meiner Speiseröhre. Ich glaubte damals, das liege an den Geschwüren, aber die Geschwüre sind inzwischen abgeheilt, und kohlensäurehaltige Getränke tun mir immer noch höllisch weh. Und wegen meiner geschwächten Muskeln und der Schwindelgefühle konnte ich keinen Schritt allein gehen. Für alles und jedes brauchte ich Hilfe.

Seelisch war ich in einem Zustand andauernder Niedergeschlagenheit. Es war ein unspezifisches Gefühl: Ich empfand Kummer über das, was mir zugestoßen war, und ich bemitleidete mich selbst. Die Ereignisse der letzten Monate hatten mich traumatisiert, obwohl mir dieses Wort nie in den Sinn gekommen wäre. Ich machte mir auch keine Gedanken über das, was in meinem Leben vor sich ging (was für mich äußerst untypisch ist). Ich war einfach nur tieftraurig.

Eine Woche nach meiner Entlassung kam ein Krankengymnast zu mir, den das Krankenhaus geschickt hatte. Michael war eine gnadenlose Frohnatur und ein unverbesserlicher Charmeur. Er benutzte seinen Charme, um seine Patienten, namentlich ältere Patientinnen, an sich zu binden. Aber er war mir nicht unangenehm: Seine Art war entschieden erträglicher als die mechanische, routinierte Kälte der Krankengymnastin, die mich im Krankenhaus betreut hatte. Er machte mit mir Übungen, die meine Muskelkraft wieder aufbauen sollten, und er versuchte Gay (die meist tagsüber Dienst tat, um abends nach Hause gehen und ihren hilflosen Gemahl bekochen zu können) dafür einzuspannen, daß sie darüber wachte, ob ich meine Übungen auch brav zweimal täglich absolvierte, morgens und abends, und mit exakt so vielen Wiederholungen, wie er angeordnet hatte. Es machte ihm Spaß, Anweisungen zu geben, und er setzte alles daran, eine Hierarchie aufzubauen, die von ihm an der Spitze über Gay in der Mitte zu mir hinunterreichte. Gay unterwarf sich natürlich seinem Regime – wie sie sich jedem Diktator unterworfen hätte. (Traurig, aber wahr: die sanften Seelen vom Schlage Gays verwandeln sich im Handumdrehen in die Speichellecker von Tyrannen.) Aber ich fand sein Theater absurd. Ich absolvierte meine Übungen, weil ich kräftiger werden wollte, nicht weil Michael sie angeordnet hatte oder weil Gay mitzählte. Und ich beschränkte mich darauf, sie einmal am Tag zu machen, morgens. Da ich keine Bereitschaft zeigte, mich seiner Hackordnung zu unterwerfen, gab Michael seine Bemühungen, in meinem Haus ein kleines Königreich zu errichten, bald auf, ohne daß ich ein einziges Mal die Stirn runzeln oder gar ein Wörtchen mit ihm reden mußte.

Noch am selben Tag hatte ich einen Termin bei meinem Onkologen im Sloan-Kettering. Dorthin zu gelangen, war ein größeres Unternehmen: Ursula und Isabelle zogen ihre Mäntel, Schals und Mützen an, dann packten sie mich in Mantel, Schal und Mütze und brachten mich zum Fahrstuhl.

Unten wartete ich in der Eingangshalle, wo ich es warm hatte und mich setzen konnte, während Isabelle mit dem Pförtner vor die Tür ging, um ein Taxi herbeizuwinken. Sobald ein Wagen angehalten hatte, ging ich nach draußen. Isabelle öffnete die Autotür und half mir, unterstützt von Ursula, hinein. Vor dem Krankenhaus öffnete ein Pförtner die Autotür; Isabelle bezahlte den Fahrer und half mir dann aus dem Wagen, während Ursula nach drinnen ging und einen Rollstuhl holte. Ich nahm im Rollstuhl Platz, Ursula schob mich in den Aufzug und drückte die Taste für den vierten Stock, und Isabelle trottete hinter uns her. Ich saß in meinem Rollstuhl, zusammengesackt (ich konnte immer noch nicht aufrecht sitzen) und vollkommen hilflos – und fühlte mich wie eine Neunzigjährige.

Obwohl mir äußerlich nichts anzumerken war, kochte ich vor Wut. Ich hielt sie sogar vor mir selbst verborgen. Und diese Wut ließ ich an meinem Onkologen aus, gleich bei diesem ersten Termin. Ich war, ganz abgesehen von meinem Zustand, wütend auf *ihn*. Daß er sich so negativ geäußert hatte, als mein Tumor verschwunden war, ärgerte mich im nachhinein; aber daß er nicht ein einziges Mal nach mir gesehen hatte, als ich wegen meiner Fieberanfälle immer wieder im Krankenhaus gelegen hatte, daß er nur ein einziges Mal gekommen war, als ich im Koma war, und sich dann nicht einmal die Mühe gemacht hatte, von sich aus meine Kinder anzusprechen, all das machte mich wirklich wütend. Während der vier Wochen, die ich nach dem Koma noch im Krankenhaus verbrachte, hatte er mich kein einziges Mal besucht, anders als Bruce Minsky und anders als der nette Urologe, dessen Namen ich nicht kannte. Er hatte sich in keiner Weise so verhalten, wie ich es von «meinem» Arzt erwartet hätte.

Daß wir eine ganze Weile warten mußten, ehe man mich in sein Sprechzimmer schob, schürte meinen Ärger nur noch weiter an. Und als er endlich ins Zimmer trat, kochte ich vor Zorn.

«Ich weiß ehrlich gesagt nicht, was ich hier soll!» sagte ich mit unterdrückter Wut. «Eigentlich müßte ich bei Dr. Kevorkian sitzen und ihn um Sterbehilfe bitten!»

Er wandte sich sofort an seine Sprechstundenhilfe. «Rufen Sie einen Psychiater!» rief er nervös.

«Schauen Sie doch, was Sie aus mir gemacht haben! Dafür wollten Sie mich am Leben erhalten?» schimpfte ich weiter.

Aber er hatte eindeutig nicht die Absicht, sich mit einer Verrückten abzugeben – ich schätze, so sah er die Sache. Er kannte mich nicht, er hatte sich nie für mich interessiert, und er wollte auch in Zukunft nichts mit mir zu tun haben. Er ließ mich von seiner Sprechstundenhilfe aus dem Zimmer schieben und in den Warteraum der psychiatrischen Abteilung bringen.

Die Psychiaterin, eine Frau Ende Fünfzig oder Anfang Sechzig, interessierte sich ebensowenig für mich wie er. Sie stellte mir ein paar belanglose Fragen, die ich einsilbig und mit unterdrückter Wut beantwortete.

«Sie werden wiederkommen müssen», sagte sie schließlich kühl.

«Ganz bestimmt nicht», sagte ich genauso kühl. «Sie können mir nicht helfen.»

Dieser erste Besuch im Sloan-Kettering nach meiner Entlassung markierte einen Einschnitt in meiner inneren Einstellung zu den Ärzten. Kein Zweifel, ich hatte mich dem Onkologen gegenüber unfair verhalten (der gelangweilten, herablassenden Psychiaterin gegenüber allerdings nicht), indem ich ihm die Schuld an meinem Zustand gab. Aber mein Zorn auf den Medizinbetrieb als Ganzes war ja berechtigt: Man hatte mich vollkommen hilflos gemacht, ohne daß irgend jemand sich bemüßigt gefühlt hätte, mir eine Erklärung für das Koma oder meinen gegenwärtigen Zustand zu geben, mich über meine Genesungschancen aufzuklären oder mir zu einer Gesamteinschätzung meiner Lage zu verhelfen. Dabei war die Ursache des Komas, das mich fast umgebracht hätte, nichts anderes als die Therapie, die sie mir hatten angedeihen lassen – es war iatrogen. So sah ich die Dinge damals. Eine simple Entschuldigung wäre nett gewesen, eine Erklärung der Sachverhalte besser. Aber ich nehme an, sie hatten Angst, eine Entschuldigung hätte ich als potentielles Schuldeingeständnis gewertet – als einen Grund, sie zu verklagen. Dennoch, ein Arzt mit einem Minimum an Einfühlungsvermögen hätte verstanden, welchen Schrecken und welchen Zorn dieses Trauma in mir auslösen mußte: aus einem Koma zu erwachen und festzustellen, daß ich vollkommen hilflos war. Der entsetzte Ruf meines Onkologen nach einem «Psychiater» führte nur dazu, daß ich ihn noch mehr verachtete. Vielleicht hatte er Angst, daß ich mich auf ihn stürzen würde – wie ich kraftloses Bündel das hätte anstellen sollen, ist mir allerdings ein Rätsel. Der Mann war derart daneben, daß er mich bei meinem nächsten Besuch fragte, weshalb ich nicht gehen könne.

«Das möchte ich von *Ihnen* wissen!» explodierte ich. «*Sie* sind der Arzt!»

Ich habe ihm all diese Dinge nie verziehen, vielleicht weil ich ihm nie gesagt habe, weshalb ich so wütend auf ihn war. Dieser Fehler sollte mir bei anderen Ärzten nicht mehr unterlaufen. Von da an war mein Umgang mit der Ärzteschaft von deutlich mehr Selbstkontrolle und Mißtrauen geprägt.

Meine tägliche Routine während dieser Monate sah folgendermaßen aus: Die jeweilige Pflegerin weckte mich gegen elf Uhr auf, half mir beim Aufstehen und Waschen und brachte mich wieder ins Bett. Dann kochte sie Tee für mich und half mir, ihn zu trinken. Vor dem Koma hatte ich morgens Orangensaft getrunken, aber jetzt war alles, was Säure enthielt, für meine Kehle tabu. Manchmal brachte sie mir eisgekühlten Aloe-vera-Tee, der beruhigend wirkte.

Während ich Tee trank, las ich den ersten Teil der *New York Times*. Anschließend machte ich meine gymnastischen Übungen (die mit der Zeit umfangreicher und komplizierter wurden); die Pflegerin sah mir dabei zu und zählte mit. Das anschließende Baden war Schwerstarbeit, sowohl für mich als auch für die Pflegerin. Ich war so mager und schwach und zerbrechlich, daß es schon ein Kraftakt war, mich überhaupt in die Wanne zu bekommen. Die Pflegerin ließ das Wasser ein, dann hielt sie mich fest, so gut es ging, während ich versuchte hineinzusteigen. Das Schwierigste war das Hinsetzen, weil ich noch fast keine Kontrolle über meine Beinmuskulatur hatte, so daß die Pflegerin von außerhalb der Wanne mein ganzes Gewicht ausbalancieren mußte. Als im März meine Haare wieder zu sprießen begannen, mußte ich sie mir in der Wanne waschen, da es immer noch zu gefährlich war, mich unter die Dusche zu stellen – ich konnte jeden Augenblick stürzen – und die Pflegerin schlecht zu mir in die Duschkabine steigen konnte. Ich wusch mir die Haare im Badewasser, und Gay (oder Ursula) spülte sie mit klarem Wasser aus einem Krug.

Dann half die Pflegerin mir beim Anziehen. Vorher gab sie mir noch eine leichte Ganzkörpermassage mit einer aromatischen Lotion oder Creme, die sie im Warmwasserbad angewärmt hatte. Ich glaubte damals, das diene einzig dem Zweck, mein Wohlbefinden zu steigern; daß meine Haut am ganzen Körper runzlig und ausgetrocknet war, realisierte ich gar nicht: Ich sah mich kaum an. Dann holte die Pflegerin mir die Kleider aus dem Schrank, die ich haben wollte, oder sie suchte kurzerhand etwas aus, das ihr gefiel. Wie schon während der Chemotherapie zog ich mich jeden Morgen an (meistens Hosen und Sweater); da ich in meinen Kleidern schwamm, war das Anziehen allerdings eine entmutigende Angelegenheit.

Danach ging ich ohne Hilfe die Treppe hinunter – worauf ich ziemlich stolz war: Das Treppensteigen (mit der Hand fest am Geländer) war das einzige, was ich aus irgendeinem Grund immer fertigbrachte. Ich legte mich in meinem Arbeitszimmer auf das Sofa, sah auf den Park hinaus und las die Zeitung zu Ende. Wenn ich nicht las, schlief ich. Außer der Zeitung las ich nichts; ich schrieb auch nichts. Die meiste Zeit schlief ich. Von den Medikamenten war ich ständig müde. Die Schwindelgefühle taten das ihrige. Etwa nach einem Monat fing ich an, das Gehen zu üben, indem ich mit einem Gehstock von Zimmer zu Zimmer wanderte. Ich sah aus dem Fenster auf die eingeschneiten Autos und das nackte Geäst der Bäume; später beobachtete ich, wie die ersten Knospen kamen. Aber nichts von dem, was ich sah, rief Gefühle in mir hervor. Die Pflegerin stand immer direkt hinter mir oder hielt mich am Ellbogen, um mich notfalls zu pakken, falls ich stürzen sollte. Aber wenn es passierte, war alle Vorsicht umsonst: Im Nu lag ich ausgestreckt auf dem Boden. Aus irgendeinem Grund stürzte ich immer nur im Badezimmer, auf dem Fliesenboden (sonst war die ganze Wohnung mit Teppich ausgelegt). Und während der Zeit, als ich Pflegerinnen hatte, passierten meine Stürze immer nur, wenn Gay da war. Ich glaube, das war Zufall. Als ich keine Pflegerinnen mehr hatte, stürzte ich immer noch hier und da, meist morgens und meist im Badezimmer.

Mein Mittagessen bestand üblicherweise aus einer Dose Astronautennahrung mit Schokoladengeschmack auf Eis und einem Stück eiskalter Wassermelone oder etwas italienischer Eiskrem. Nach dem Essen hielt ich meist ein kurzes Schläfchen. Nachmittags oder am frühen Abend kam Besuch. Wenn ich keine Gäste hatte und wach war, hörte ich auf dem Walkman, den die Kinder mir gekauft hatten, Mozart, oder ich hörte Radio, meist WNYC. Fernsehen war mir immer noch ein Greuel. Ich glaube, abends aß ich noch einmal dasselbe wie mittags – ich habe kaum eine Erinnerung an die Mahlzeiten während dieser Phase. Ich weiß nur noch, daß ich hier und da etwas Neues ausprobierte – Rühreier oder weiche Eier beispielsweise, oder eine Reihe von Suppen –, nur um jedesmal festzustellen, daß ich solche Dinge immer noch nicht hinunterbekam.

Michael kam dreimal die Woche; verschiedene praktische Ärzte kamen ebenfalls zu mir ins Haus, unter anderem eine Homöopathin, die Gloria mir geschickt hatte, Dr. Sandra McLanahan. Sie hatte Gloria geholfen, im Anschluß an ihre Brustkrebsbehandlung ihre Ernährung umzustellen. Sie riet mir zu einer makrobiotischen Diät und verschrieb mir unter anderem einen Tee aus Schwarzwurzel und Kamille, den ich jeden zweiten Tag trinken sollte. Dieser Tee erwies sich als das wohltuendste, was ich zu mir nehmen konnte.

Bald nach meiner Rückkehr in meine eigenen vier Wände wachte ich eines Morgens mit einem neuen Schrecken auf: Ich konnte meinen linken Arm und meine Hände kaum noch bewegen. Über Nacht hatte ich Arthritis bekommen. Ich wollte mir selbst ein Glas Wasser einschenken – wozu ich seit etwa einer Woche wieder in der Lage war –, und plötzlich ging es nicht mehr. Es war zuviel. Ich war dem Zusammenbruch nahe; ich fühlte mich wie ein Schiffbrüchiger, der es mit unendlicher Anstrengung geschafft hat, bis in die Nähe des Ufers zu schwimmen und kurz davor von einer riesigen Welle in die Tiefe gerissen wird. Ein Rückschlag jagte den nächsten. Wenn ich Freunden von der Arthritis erzählte, kämpfte ich jedesmal mit den Tränen.

Anfang März tauchen in meinem Kalender allmählich wieder die Namen von Besuchern auf: Ich hatte auch vorher schon Gäste empfangen, aber Isabelle nicht gebeten, sie in meinem Kalender einzutragen. Die Kinder, deren Besuche ich nicht eigens notierte, kamen fast täglich. Ich selbst verließ die Wohnung nur, um Arzttermine wahrzunehmen. Der Onkologe hatte bei meinem ersten unseligen Besuch Isabelle gebeten, einen neuen Termin in etwa einem Monat auszumachen. Ich hatte ihn gefragt, ob ich das Phenobarbital nicht absetzen könnte, worauf er ein EEG angeordnet hatte, um zu sehen, ob ich Hirnschäden davongetragen hätte, und mich an einen Neuro-Onkologen am Sloan-Kettering überwies.

Ich ließ das EEG eine Woche später machen; zwei Wochen später suchte ich den Neuro-Onkologen auf. Bei meiner ersten Begegnung mit ihm glaubte ich einen Verrückten vor mir zu haben: Während er meine Krankenakten las, summte er ununterbrochen vor sich hin und murmelte Gebete.

Er sagte: «Aha, Sie sind Schriftstellerin. Bei uns Ärzten sind Schriftsteller äußerst unbeliebt; sie schreiben immer die fürchterlichsten Dinge über uns.» Er erzählte mir, daß seine Frau meine Romane gelesen habe, und fragte mich, ob ich ihm das nächste Mal ein Buch für sie signieren könne. Ich versprach es. Er sagte, ich sei vermutlich eine eigenwillige Person – ob er da recht habe? Ich sagte, ich hoffe es, worauf er meinte: «Das habe ich befürchtet.»

«Sie mögen wohl keine eigenwilligen Leute?»

«Nicht, wenn sie weiblichen Geschlechts sind», sagte er seelenruhig.

Ich sah auf seine Jarmulke und stellte mir seine Frau als perücken- oder kopftuchtragende orthodoxe Jüdin vor, die keinen Schritt ohne seine Erlaubnis tun durfte. Aber so eine Frau würde schwerlich ein Buch wie *Frauen* lesen. Außerdem wirkte er zu intelligent, um eine demütige, unterwürfige Partnerin zu haben. Wenn man von dem Summen und Beten absah, wirkte er viel zu gelassen und beherrscht und irgendwie *amüsiert*, ironisch, um irgend jemandes Unterdrücker zu sein. Mit der Zeit lernte ich ihn als liebenswürdigen, intelligenten und besonnenen Mann schätzen. Er war weise genug, sich der Grenzen des medizinischen Wissens bewußt zu sein, und er behandelte mich stets mit Respekt.

Mein EEG zeigte deutliche Schwankungen, aber er war im Zweifel, ob sie ein Symptom für Hirnschäden waren oder nicht vielmehr eine Folge des Phenobarbital. Ich wußte, daß das Mittel mir half zu schlafen, was mir angenehm war (da ich vor meiner Krankheit häufig an Schlaflosigkeit gelitten hatte), aber ich hielt es auch für die Ursache meiner ständigen Schwindelgefühle, die ich gern loswerden wollte. Er stellte mir einen Zeitplan auf, anhand dessen ich die Dosis kontinuierlich senken sollte. Dann berichtete ich ihm von meiner zeitweisen Taubheit in den Zehen; nachdem er mich untersucht hatte, sagte er, ich hätte periphere Neuropathie, eine verbreitete Folgeerscheinung von Chemotherapie, die sich mit der Zeit noch weiter verschlimmern könne. Was sie auch tat.

Am 11. März saß ich wieder bei dem Onkologen. Dies war der Besuch, bei dem er mich fragte, weshalb ich nicht gehen könnte. Ich wurde das Gefühl nicht los, daß er nur abwartete, bis der Tumor wiederkäme. Er sagte mir, wenn – falls – er zurückkäme, könne er nichts mehr für mich tun. Er verschrieb mir Tabletten gegen die Arthritis, konnte mir aber keine Antwort auf die Frage geben, warum ich sie ausgerechnet jetzt bekommen hatte. Ich fühlte mich wie eine Nußschale auf einem Ozean voller Unsicherheit und sehnte mich nach einem Anker. Niemand interessierte sich für meinen Organismus in seiner Gesamtheit. Und ich hatte das Gefühl, solange keiner einen Überblick über meinen Gesamtzustand hatte, konnte mir auch keiner helfen. Jeder dieser Ärzte kümmerte sich nur um sein Spezialgebiet: Der Onkologe befaßte sich nur mit Krebs, der Neuro-Onkologe nur mit den durch Krebs verursachten Nervenschädigungen. Aber ich hatte noch nicht den Punkt erreicht, etwas dagegen zu unternehmen. Ich war noch nicht so weit, mein Schicksal selbst in die Hand zu nehmen.

Ich hörte regelmäßig die Nachrichten im Radio und hatte mit wachsender Verzweiflung die Ereignisse in Waco verfolgt, als am 28. Februar gemeldet wurde, das FBI und die ATF hätten die Farm der Davidianersekte umzingelt. Ich schrie so laut auf, daß die Pflegerin ins Zimmer gelaufen kam. Ich wußte in diesem Augenblick, daß die Katastrophe ihren Lauf nehmen würde und das Desaster unvermeidlich war – wahrscheinlich ein Blutbad mit Maschinengewehrfeuer auf beiden Seiten. Denn beide Seiten waren gleich. Ich sympathisiere mit den Leuten, die der Regierung die Schuld für das Debakel von Waco geben, weil es meiner Meinung nach vollkommen unnötig war. Die Regierung schlug von Anfang an einen Konfrontationskurs ein und suchte die gewaltsame Auseinandersetzung statt einer Verhandlungslösung. Es gab überhaupt keine Veranlassung, das Anwesen zu umzingeln. Was auch immer dort vor sich ging – es hätte friedlich beendet werden können. Aber schlimmer war in meinen Augen, daß diejenigen, die die Regierung kritisierten, letztlich genauso dachten wie die Regierung: Sie wollten alle den Showdown. Davidianer, militante Christen, die Regierung, alle dachten gleich, und ihre Art zu denken – oder besser: zu empfinden, denn ihre Argumente sprachen jeder Logik Hohn – war nichts anderes als das, wofür wir den Begriff «Macho» geprägt haben: der unüberlegte Impuls, die Dinge mit Brachial- oder Waffengewalt anzugehen; das Bedürfnis, einen «Feind» in die Knie zu zwingen; der verzweifelte Wunsch, «Männlichkeit» zu beweisen. Das Ende der Davidianer war an diesem Tag bereits absehbar und wurde, soweit ich es sehe, auch im nachhinein zu keiner Zeit in Frage gestellt. Mich brachte das Ganze zum Heulen.

Barbara Greenberg kam aus Boston, um mich zu besuchen. Ich bat sie um ein Versprechen. Falls ich noch einmal in eine physische Grenzsituation käme, sollte sie mir helfen, mich umzubringen. Sie sagte mir, irgendwann in ferner Zukunft würde sie das tun, aber definitiv nicht jetzt. Sie konnte genausowenig wie jeder andere wissen, ob sich meine gegenwärtige körperliche Verfassung noch einmal bessern würde, aber sie sah die Dinge weit positiver als meine Ärzte. Ich weiß nicht, weshalb ich in dieser Phase jedesmal, wenn ich mit Freundinnen zusammen war, auf Selbstmord zu sprechen kam. Wenn ich allein war, beschäftigte mich das Thema so gut wie nie, aber kaum war ich mit vertrauten Menschen zusammen (ausgenommen allerdings meine Kinder), konnte ich kaum über etwas anderes sprechen. Es war, als versuchte ich im nachhinein meinen gegenwärtigen Zustand zu verhindern.

Die Arthritistabletten erwiesen sich als wirkungslos, also ließ ich mir einen Termin bei einem Rheumatologen geben, den der Onkologe mir empfohlen hatte. Seine Praxis war in der Nähe des Sloan-Kettering, und in der folgenden Woche sprach ich bei ihm vor. All diese Arztbesuche waren beschwerliche, nervenaufreibende Unternehmungen: Die Pflegerin packte mich warm ein, und dann ging der ganze Hokuspokus los – sie holte ein Taxi, half mir beim Ein- und Aussteigen, verfrachtete mich in die Arztpraxis, half mir beim Aus- und Ankleiden, setzte mich wieder in den Rollstuhl und schob mich zur Urteilsverkündung. Diesmal war schon die Untersuchung schmerzhaft, denn ich mußte mich für eine Röntgenaufnahme halbnackt auf einen kalten, harten, schmalen Metalltisch legen, auf dem mir jeder Wirbel meines knochigen Rückgrats weh tat. Als der Arzt sagte, er werde mir Cortison ins Schultergelenk injizieren, hörte ich mich fragen, ob das schmerzhaft sei. Mit einemmal wurde mir bewußt, daß sich mein Verhältnis zu meinem Körper grundlegend geändert hatte. Ich war immer eine tapfere Patientin gewesen. Als junge Frau beispielsweise hatte ich große Probleme mit Karies gehabt und mich dennoch immer ohne Betäubung behandeln lassen, weil mir der kurze Schmerz beim Bohren lieber war als die geschwollene Backe, die nach der Spritze noch den halben Tag anhielt. Schmerzen hatten mir nie etwas ausgemacht, und mich vor Schmerzen zu fürchten, wäre mir nie in den Sinn gekommen.

Jetzt aber merkte ich, daß ich buchstäblich zurückschreckte, als mir der Rheumatologe mit seiner Spritze nahe kam; ich fing fast zu weinen an. Der Schmerz hatte sich unauslöschlich in mein Körpergedächtnis eingebrannt und würde für immer darin bleiben.

Die übliche Arznei gegen Arthritis, Ibuprofen, kam für mich leider nicht in Frage, weil sie sich negativ auf das Verdauungssystem auswirkte: Bei mir bildeten sich bei der geringsten Reizung Geschwüre. Und das Cortison erwies sich als völlig wirkungslos. Aber noch ehe sich das herausgestellt hatte, wollte der Rheumatologe mir Steroide verschreiben. Ich sagte ihm, ich wolle keine Steroide nehmen. Er sagte, ich müsse sie nehmen, sie seien das einzige, was mir helfen würde; er verschreibe sie allen seinen Patienten und erziele damit gute Erfolge. Ich blieb bei meiner Weigerung und ging. Später sagte ich meinem Onkologen, der Rheumatologe, den er empfohlen habe, sei ein Drogenhändler, dem man das Handwerk legen müsse.

Isabelle machte eine Akupunkturspezialistin für mich ausfindig. Elisabeth Call war eine sympathische junge Frau, die mich auf Anhieb beeindruckte, als sie mir die geheimen Verbindungen zwischen verschiedenen Körperteilen demonstrierte. Sie drückte mir einen Finger in den Bauch, knapp oberhalb der Taille, und fragte: «Tut das weh?» Es tat weh. Dann drückte sie mit einer Hand eine Stelle an meinem Fuß und mit der anderen wieder die gleiche Stelle am Bauch. «Tut es immer noch weh?» Es tat nicht mehr weh. Solche Verbindungen scheint es über den ganzen Körper verteilt zu geben; der gesamte Bauchraum scheint eine starke Beziehung zu den Füßen zu haben. Ich weiß, daß solche Bezüge in verschiedenen Religionen und medizinischen Praktiken symbolische Bedeutung haben, aber ich frage mich, ob es über den religiösen Aspekt hinaus noch etwas anderes gibt. Warum ausgerechnet die Füße? Die Art und Weise, wie die Menschen ihre Füße gebrauchen, ist ja eine der jüngsten Anpassungsleistungen, die der Mensch im Verlauf der Evolution vollzogen hat. Daß wir unser gesamtes Gewicht auf zwei Füßen tragen, ist keine Entwicklung, die sich über fünf Millionen Jahre erstreckte, wie etwa die des Reptiliengehirns; der aufrechte Gang ist höchstens halb so alt. Weshalb kommt den Füßen eine so große Bedeutung zu? Es ist erstaunlich. Wie auch immer, die Akupunktur zeigte keinerlei Wirkung auf meine Arthritis, was mich schrecklich frustrierte. Aber da meine Hoffnung so groß war, durch eine schmerzfreie Behandlung davon kuriert werden zu können, ließ ich mich trotzdem auf einen ganzen Behandlungszyklus ein. Ich wollte einfach, daß es funktionierte; ich wollte der Sache eine Chance geben.

An diesem Wochenende war wieder ein Treffen mit meinen Hexenschwestern angesetzt. Es fand in meiner Wohnung statt, und ich orderte das Essen bei dem gleichen Partyservice, der mich schon an unserem abenteuerlichen Abend in meinem brennenden Haus beliefert hatte. Selbst aß ich zwar nichts, aber ich schaffte es, fast während des ganzen Essens mit am Tisch zu sitzen. Danach aber, als wir in meinem Arbeitszimmer saßen, brach es aus mir heraus. Ich machte meinen Freundinnen Vorwürfe. Sie setzten sich alle drei zu mir aufs Sofa und hielten mich fest. Ich weinte. Soweit ich mich erinnere, war dies das einzige Mal nach meinem Erwachen aus dem Koma, daß ich weinte. Ich erinnere mich nicht, ob ich ihnen meine körperlichen Beeinträchtigungen im Detail schilderte; vielleicht tat ich es, aber wahrscheinlich war es gar nicht nötig: Sie konnten es mit eigenen Augen sehen. Ich war nur noch eine verdorrte Hülle, schwach und zerbrechlich; ich konnte nicht aufrecht sitzen, nicht gehen, nicht aus dem Sitzen aufstehen; ich konnte mich nicht einmal ohne Hilfe hinsetzen; den einen Arm konnte ich gar nicht bewegen, meine Hände waren für fast nichts zu gebrauchen; ich konnte keine feste Nahrung zu mir nehmen, mich nicht konzentrieren, ich schaffte es nicht einmal, irgendwo im Raum einen Platz zu finden, an dem ich mich für längere Zeit halbwegs behaglich fühlte. Und nun machte ich ihnen meinen Zustand zum Vorwurf.

«Ihr habt mich am Leben erhalten!» schimpfte ich. «Wofür denn! Warum habt ihr das getan? Schaut euch an, was von mir noch übrig ist!»

Das brachte sie ebenfalls zum Weinen.

«Aber meine Liebe, wir wollen, daß du lebst», jammerte Esther.

Carol nahm mich in die Arme, die Tränen rannen ihr übers Gesicht.

«Weißt du was, Marilyn? Ich fürchte, wir haben einen Fehler gemacht; einen Fehler, den die meisten Leute machen», sagte Gloria. «Wir haben vorausgesetzt, daß das, was *wir* wollen, das gleiche ist, was auch du willst; wir haben uns nie Gedanken darüber gemacht, was *du* wohl willst. Aber du mußt uns das verzeihen. Weißt du, wir haben die ganze Zeit deine Präsenz gespürt. Ich habe geglaubt, du willst nicht sterben.» Gloria – stets nüchtern, stets fähig, sich in die Lage eines anderen hineinzuversetzen. Schluchzend umarmte ich meine Freundinnen und sagte ihnen, es täte mir leid, ihnen die Schuld für etwas gegeben zu haben, was gar nicht in ihrer Macht lag, oder zumindest nicht vollständig. Sie hatten zweifellos ihr Scherflein dazu beigetragen, daß ich noch am Leben war, aber so göttlich sie für mich auch waren – Göttinnen waren sie keine. Meine Kinder waren genauso verantwortlich – aber ihnen gegenüber habe ich mir nie ein Wort des Vorwurfs erlaubt. Ich fürchte, ich habe es eben an den Starken ausgelassen.

Ich wolle sterben, sagte ich ihnen. Sie waren entsetzt. Vor allem Carol konnte es überhaupt nicht verstehen – ich glaube allerdings, heute versteht sie es. Ich bat sie alle, mir beim Sterben zu helfen, falls ich noch einmal so krank werden sollte, worauf sie alle drei betretene Gesichter machten. Sie wollten nichts weiter davon hören, und schließlich ließ ich die Sache auf sich beruhen. Während dieser Phase bevölkerten Gedanken und Eindrücke meinen Kopf, aber mein zweites Ich – jenes, das immer registriert, was das erste tut – funktionierte nur mäßig. Dieses zweite Ich besaß ich ungefähr seit meinem vierten Lebensjahr – und teilweise auch schon früher. Es registrierte alles, was ich sagte, tat oder fühlte; es speicherte die Dinge im Gedächtnis, es behielt den Überblick und sandte mir gelegentlich Botschaften, wie zum Beispiel, daß ich gerade einen wütenden Ton in der Stimme gehabt oder jemanden mit einer Bemerkung gekränkt oder daß ich in letzter Zeit viel geweint hätte. Ich habe bereits weiter oben über dieses zweite Ich gesprochen – und es dort «Selbst-Bewußtsein» genannt; ich glaube, der größte Teil unseres Handelns, Sprechens und Fühlens läuft außerhalb der Kontrolle dieses Selbst-Bewußtseins ab – das allermeiste ist flüchtig und ohne weitere Bedeutung für das Ich. Aber ich meine auch, daß Leute, die mit den Ideen von Freud in Berührung gekommen sind, dieses Selbst-Bewußtsein in höherem Maße haben als Leute, die sich damit noch nie befaßt haben. Wenn man Verwandte oder Freunde beobachtet, die schon älter sind, läßt sich leicht feststellen, um wieviel direkter und unbefangener sie sich im allgemeinen verhalten.

Heute weiß ich, daß ich während dieser Zeit täglich an Selbstmord gedacht habe. Es war nicht das erste Mal in meinem Leben – während meiner Kindheit und dann noch einmal mit Ende Zwanzig waren diese Gedanken schon einmal sehr stark gewesen. Fast ein ganzes Jahr lang – bis ich zu innerer Stabilität gefunden hatte – war es für mich der einzig vorstellbare Ausweg aus meiner Ehehölle gewesen. Das Gefühl mangelnder Alternativen, das mich damals so niedergedrückt hatte, drückte mich auch jetzt wieder nieder. In den Monaten nach meinem Koma mußte ich buchstäblich jeden Tag von neuem die Entscheidung treffen, ob ich ein Leben weiterleben wollte, das in jeder Hinsicht unerträglich war. Wenn das Leben nicht zu ertragen ist, braucht es den Tod als Alternative. Der Gedanke an den Tod rückt das Leben in eine andere Perspektive und schafft dadurch das nötige Gleichgewicht. Sich selbst zu töten, ist ein so extremer Schritt, daß einem das Weiterleben einfacher erscheint. Aber das Wissen, daß es diese Alternative, diesen Ausweg gibt, hilft einem, bei Verstand zu bleiben und sich jeden Tag erneut für das Leben zu entscheiden.

Ich unternahm nie konkrete Schritte in Richtung Selbstmord – ich besaß damals kein Mittel, mit dem ich mich hätte umbringen können, und sann auch nicht darauf, mir eines zu beschaffen. Die Möglichkeit des Selbstmords war einfach in meinem Hinterkopf präsent, als Talisman, Sicherheitsventil, letzte Zuflucht. Vielleicht ist genau das eine zutiefst menschliche Überlebensstrategie: Ich denke an die vielen Figuren bei Beckett, die immer wieder das eine Thema variieren: «Ich will nicht mehr. Ich kann nicht mehr. Ich mache weiter.»

Ich verhandelte also weiter mit mir selbst, bis ich wieder stabiler war und den Tod als Alternative nicht mehr brauchte, bis ich das Leben wieder als etwas Positives sehen konnte. Vielleicht bin ich durch mein ständiges Reden über das Thema anderen zur Last gefallen, aber es war eine Notwendigkeit für mich.

Ab Mitte März wird mein Kalender wieder voller – hauptsächlich mit Arztterminen, aber auch mit Besuchen von Freunden und Geschäftspartnern wie meinem Verleger Jim Silberman, meinem Steuerberater Arthur Greene und meinem Anlageberater Bill Reik. Nach fast einem Jahr Pause nahm ich mein *Berufsleben* wieder in die Hand. Irgendwann gegen Ende des Monats begann ich mit der Schlußredaktion von *Vater unser*. Da ich nicht aufrecht sitzen oder gar auf einer Tastatur tippen konnte, setzte Isabelle sich mir gegenüber an den Computer, und ich diktierte ihr vom Sofa aus, halb liegend, die Korrekturen und Veränderungen, die ich mit Bleistift in den Ausdruck eingetragen hatte. Es ging langsam. Irgendwann stellte ich fest, daß ich ein ganzes Kapitel weggelassen hatte – das war, nachdem ich Jim das Manuskript geschickt hatte; ich hatte das Kapitel im Krankenhaus auf meinem Laptop geschrieben und schlicht vergessen, es auf meine Festplatte zu übertragen. Es kam mir wie eine Ironie des Schicksals vor, daß ich in meinem Roman über einen Mann schrieb, der im Koma lag und zwischen Leben und Tod schwebte – als ich die Geschichte konzipierte, hatte ich diese Erfahrung ja noch nicht gemacht. Nicht zum erstenmal in meinem Leben brach sich in meinem Schreiben etwas Bahn, das mir bald darauf in meinem realen Leben begegnen sollte.

Anfang April sagte mir die Akupunkturspezialistin, sie könne mir offensichtlich nicht helfen und wolle mir deshalb vorschlagen, die Behandlung abzubrechen. Ich hätte die Behandlung von mir aus noch fortgeführt, auf die vage Chance hin, daß sie am Ende doch noch Wirkung zeigen würde. Aber ich freute mich über ihre Ehrlichkeit und Fairneß. Michael, mein Physiotherapeut, brachte einen Elektroakupunkturapparat mit und behandelte mich damit. Es brachte mir ein wenig Erleichterung, aber nicht viel. Michael sagte, er wüßte einen Weg, die Bewegungsfähigkeit meines Armes und meiner Hände wiederherzustellen. Dazu müsse er die Versteifungen, die mich lähmten, gewaltsam lösen. Das sei allerdings, und hier liege das Problem, mit Schmerzen verbunden. «Tun Sie es», sagte ich.

Von da an sahen meine Gymnastikstunden mit ihm wie folgt aus: Der Hauptteil widmete sich nach wie vor den Übungen, die meine Muskelkraft aufbauen sollten, aber dann folgte immer eine kurze «Folterstunde», wie ich es nannte. Michael beugte ein Gelenk, so weit er konnte, bis man es knacken hörte. Es tat höllisch weh, aber sobald der Schmerz einmal nachgelassen hatte, konnte ich das Gelenk ein kleines Stück weiter beugen als zuvor. Auf diese Weise nahm er sich jedes einzelne Gelenk an jedem einzelnen meiner Finger vor, dann die Handgelenke, einmal nach vorne, einmal nach hinten, dann die Ellbogen- und schließlich die Schultergelenke, letztere jeweils in mehreren Richtungen. In jeder Sitzung waren nur ein paar Gelenke an der Reihe; es dauerte Monate, bis er mit seiner Folter die gesamte kranke Region abgedeckt hatte. Darüber hinaus machte er regelmäßig Übungen mit mir, um die neugewonnene Beweglichkeit zu erhalten. Im Mai waren mein Arm und meine Hände wieder einsatzfähig. Aber ich setzte die Übungen und die Wärmebehandlungen noch fast bis zum Ende des Jahres fort. Es war eine Tortur, aber im August hatte ich die Arthritis im Griff – und ich hatte es ohne Steroide geschafft.

Michael fing an, mich ein- oder zweimal in der Woche zu Spaziergängen auszuführen. Dann bummelten wir die Central Park West Avenue hinunter – er wollte immer am El Dorado vorbeigehen, weil er hoffte, einen Blick auf Michael J. Fox zu erhaschen, der dort wohnte. Wir gingen nie mehr als zehn Blocks weit: fünf hin, fünf zurück, und diese Blocks sind relativ kurz. Aus irgendeinem Grund fand ich es anstrengender, in Richtung Stadt zu gehen. Möglicherweise hat der Weg nach Westen eine winzige Steigung. Der lange Block zur Columbus Avenue entsprach etwa drei der kurzen Blocks; an der Columbus Avenue bogen wir ab, gingen bis zur nächsten Ecke und kehrten wieder um. Die Strecke am Park entlang zog ich vor, weil es dort Bänke gab, wo ich rasten konnte, wenn ich müde wurde (was fast immer passierte).

Wenn die Kinder zu mir kamen, gingen sie mit mir ebenfalls die Central Park West Avenue einmal hinauf und wieder zurück; sie paßten auf, daß ich meine lila Turnschuhe anzog, kontrollierten, ob ich auch warm eingepackt war, und reichten mir meinen Stock. Ich kam mir vor wie eine alte Frau an der Leine. Dabei gab es weiß Gott unzählige alte Damen, die sich die gleiche Strecke im Rollstuhl schieben ließen, meist von privaten Pflegekräften. Ich aber biß die Zähne zusammen und ging zu Fuß. Abgesehen davon war ich natürlich jedesmal glücklich, wenn ich mit meinen Kindern zusammensein konnte – egal, was wir unternahmen. Den 17. April habe ich rot in meinem Kalender angestrichen. An diesem Tag kam Jamie zu mir und aß mit mir zu Abend; sie blieb über Nacht, und am nächsten Morgen ging sie mit mir in ein Restaurant an der Columbus Avenue zum Brunch. Es war mein erster Ausflug ohne Pflegerin, mein erster Spaziergang ohne Michael und mein erstes Essen in einem Restaurant seit meiner Entlassung aus dem Krankenhaus. Die einzige Enttäuschung war, daß ich die Bloody Mary stehen lassen mußte, weil sie mir in der Kehle brannte. Trotzdem war ich überglücklich. Vielleicht ging es ja nun doch wieder aufwärts.

Meine drei Pflegerinnen jedenfalls behaupteten das.

Frühling bis Sommer 1993

Während dieser ganzen Phase kam keiner meiner Ärzte auch nur mit einem Wort auf meine Genesungschancen zu sprechen; ich hungerte nach einer *sachkundigen* optimistischen Einschätzung. Meine Kinder und meine Freundinnen verbreiteten Optimismus; aber Hoffnung, die einem von Freunden angeboten wird, interpretiert man nur als Zeichen des Wohlwollens. Meine drei Pflegerinnen hatten zwar nicht das Wissen von Ärzten, aber eine gewisse Sachkenntnis hatten sie doch. Und von ihnen kam Ermutigung. Ihnen konnte ich glauben. Sie kannten sich vielleicht nicht bis ins Detail mit Speiseröhrenkrebs aus, aber sie hatten Patienten betreut, die aus einem Koma erwacht waren. Alle drei waren seit vielen Jahren in der häuslichen Pflege tätig, um ihre Ausbildung zu finanzieren, und alle drei machten mir Mut. Bei jedem neuen Erfolg – wenn mein Gang etwas sicherer wurde, wenn ich mich ohne ihre Hilfe hinsetzen oder aufstehen konnte (indem ich mich mit den Händen abstützte) oder wenn ich es zehn Minuten lang aufrecht auf einem Stuhl aushielt – jubelte eine von ihnen: «Da sehen Sie's! Es wird doch!» Und dann erzählten sie mir von Patienten – die immer deutlich jünger waren als ich (aber dafür oft länger im Koma gelegen hatten) –, denen dies oder jenes nach vier oder sechs Monaten noch nicht gelungen war, während ich nur zwei oder drei Monate dafür gebraucht hatte. Fast immer verglichen sie mich mit jüngeren Männern. Sie gaben mir Hoffnung und bestärkten mich darin, mit meinen Übungen fortzufahren, auch wenn sie noch so schmerzhaft oder frustrierend sein mochten. Ich bin ihnen bis heute dankbar. Von Michael kam ebenfalls regelmäßig Lob. Er behauptete, Frauen meines Alters würden normalerweise einfach aufgeben und ihre Behinderung akzeptieren. Das klang in meinen Ohren zwar reichlich stereotyp, aber ich konnte ihm auch nicht das Gegenteil beweisen – trotz aller Skepsis.

Auch meine Pflegerinnen versicherten mir – und ich hungerte monatelang förmlich danach –, daß sich meine Verfassung mit Sicherheit bessern würde, daß ich ganz bestimmt nicht für den Rest meiner Tage ein hilfloses Wrack bleiben würde. Immer und immer wieder verkündeten sie mir, daß Genesung für jemanden wie mich im Bereich des Möglichen liege, was mir zu neuen Kräften verhalf. Wenn sie mir (stets mit großer Autorität) versprachen, daß ich wieder auf den Damm kommen würde, fragte ich jedesmal, wie lange es wohl dauern würde. Dann runzelten sich die Brauen, und die Ähs und Hms begannen. Nun ja, bei dem einen hätte es ein Jahr gedauert, bei dem anderen zwei Jahre, bei einem dritten wären es drei Jahre gewesen … Aber ich machte so große Fortschritte. Da müßte es doch mit dem Teufel zugehen. Vielleicht würde ich nicht einmal ein Jahr brauchen!

Wenn ich keine weiteren Rückschläge erlitten hätte, hätte ich es wohl im Verlauf von ein paar Jahren geschafft, meine Verletzungen zu kurieren. Jamie wurde 1995 vor ihrer Haustür beim Überqueren der Straße von einem Taxi angefahren. Der Wagen kam um die Ecke geschossen, erfaßte sie und schleuderte sie ein paar Meter durch die Luft. Sie landete rücklings auf dem harten Pflaster und war sofort bewußtlos. Zum Glück war es tiefster Winter, und sie hatte einen dicken Mantel an und eine dicke Mütze auf, so daß ihre einzige Verletzung ein Meniskusriß im linken Knie war. Man mußte ihr aus einem anderen Körperteil ein Stück Knorpel transplantieren, um den Riß zu reparieren. Danach mußte sie monatelang eine Beinschiene tragen und an Krücken gehen. Jamie brauchte fast ein ganzes Jahr Krankengymnastik, um neunzig Prozent ihrer Bewegungsfähigkeit zurückzugewinnen. Wenn ein Meniskusriß ein Jahr brauchte, wie lange brauchte dann ein ruinierter Organismus? Aber ich wußte damals noch nicht, *wie* ruiniert mein Organismus wirklich war.

Ende März wurde eine Computertomographie meiner Kehle und meiner Brust gemacht, die keine Hinweise auf Krebs ergab. Mein Onkologe blieb unbeirrt pessimistisch, und ich fand mich damit ab, daß ich nicht mehr lange zu leben hätte, weil der Krebs mit an Sicherheit grenzender Wahrscheinlichkeit zurückkommen würde. Deshalb schaute ich nicht nach vorn. Ich dachte nicht über die Zukunft nach. Ich schmiedete keine Pläne. Ich hegte keine Hoffnungen. Ich war ein Krüppel; mein Körper war entkräftet, und ob mein Geist noch intakt war, war nicht ausgemacht. Alles, was ich tun konnte, war abwarten.

Wenn ich auf die letzten Monate zurückblickte, packte mich das heulende Elend; zurückzuschauen hieß an das Koma denken, und alles in mir, Verstand und Gefühl, schrak davor zurück. Also schaute ich weder nach vorn noch zurück. Ich lebte voll und ganz in der Gegenwart, die bedauerlicherweise nicht gerade rosig war. Die Fähigkeit, Erfüllung im Augenblick zu finden, die ich ein Jahr zuvor noch so sorgfältig gepflegt hatte, war mir entglitten.

Es ist schwer, meinen Geisteszustand während dieser Monate zu beschreiben. Ich lag nicht mehr im Koma, aber ich war auch noch nicht in einem Zustand, den ich als voll bei Bewußtsein bezeichnen würde. Ich war abgestumpft, isoliert, betäubt. Wenig drang durch den dumpfen Nebel, der mich umgab. Ich wollte vor allem schlafen: Es war mir egal, was ich aß, was ich morgens anzog, was sich vor meinen Augen abspielte. Sogar wenn ich Musik hörte, schlug ich damit nur die Zeit tot. Ich war nicht bei mir.

Als ich ein paar Jahre später einmal versuchte, Gloria diesen Geisteszustand zu beschreiben, nannte sie mir ein Buch, von dem sie meinte, es könne für mich hilfreich sein: *Die Narben der Gewalt – Traumatische Erfahrungen verstehen und überwinden* von Judith Lewis Herman. Am nächsten Tag schickte sie es mir zu. Es geht in diesem Buch um die Traumata von Frontsoldaten, KZ-Überlebenden und den Opfern von Vergewaltigung und jahrelangem sexuellen Mißbrauch in der Kindheit. Meine Krankheitserfahrung ließ sich damit nur bedingt vergleichen, aber dennoch paßten Hermans Beschreibungen posttraumatischer Symptome auf Teile meiner Gefühlswelt. Sie schreibt zum Beispiel: «Das traumatische Ereignis verletzt die Autonomie des Individuums auf der Ebene seiner elementaren körperlichen Integrität. Der Körper wird vergewaltigt, verletzt, beschmutzt. Traumatisierten geht häufig die Kontrolle über ihre Körperfunktionen verloren.» Diesen Kontrollverlust empfinden viele Menschen «als den erniedrigendsten Aspekt des Traumas». Traumatische Ereignisse scheinen das Nervensystem nachhaltig zu verändern. So sei bei den Betroffenen die Erregungsschwelle herabgesetzt: Der Körper scheint ununterbrochen auf Gefahrenabwehr eingestellt zu sein. Bestimmte Stimuli, die mit dem traumatischen Ereignis assoziiert werden, können heftige Reaktionen hervorrufen. Der Selbstschutzmechanismus scheint sich nach traumatischen Erfahrungen in einem permanenten Alarmzustand zu befinden, als ob die Gefahr jeden Augenblick wiederkommen könnte. «Das hervorstechendste Symptom einer posttraumatischen Störung ist ein Zustand dauernder Übererregbarkeit.» Traumatisierte erschrecken leicht und reagieren empfindlich auf kleinste Provokationen.

Noch Jahre nach meinem Koma war ich beim Autofahren eine unerträgliche Beifahrerin. In der kleinsten Gefahrensituation begann ich zu schreien und erschreckte damit den Fahrer. Vor dem Koma war mir so etwas nie passiert. Ich tat alles, um es unter Kontrolle zu bringen – vergeblich. Außerdem hatte ich eine äußerst niedrige Frustrationstoleranz. Wenn irgend etwas schieflief, explodierte ich gleich – vor allem, wenn ich etwas selber machen wollte und es nicht schaffte: gehen, einkaufen, Geschäftliches regeln.

Herman zitiert Primo Levi, der von den Insassen eines Konzentrationslagers berichtet, für die die Zeit in gewisser Weise stehengeblieben ist, die keine Gedanken mehr an die Zukunft verschwenden.

Im Vergleich zu Levis Aufenthalt in der Hölle war mein Trauma kaum mehr als ein Alptraum, und doch empfand ich ähnlich wie er. Ich stellte keine Fragen, dachte über nichts nach – außer über die Möglichkeit der Genesung – und erwartete nichts. Herman berichtet, daß Kinder, die entführt und mit dem Tode bedroht worden sind, noch Jahre danach ein Gefühl der Zukunftslosigkeit haben: Auf die Frage, was sie später einmal werden möchten, antworteten viele, sie machten sich keine Vorstellungen oder gar Pläne für die Zukunft, weil sie damit rechneten, früh zu sterben.

Da «die zentrale Erfahrung eines psychischen Traumas die

Ohnmacht und das Abgeschnittensein von anderen Menschen sind», ist es für die Genesung erforderlich, die Macht über sich selbst zurückzugewinnen und neue Beziehungen aufzubauen. Für mich bestand der entscheidende Schritt darin, die Macht über mich selbst zurückzugewinnen – meine physischen Fähigkeiten wiederherzustellen; neue Beziehungen brauchte ich nicht. Abgesehen von der Zeit im Koma hatte ich die Fähigkeit, mich an meinen Freunden zu freuen, nicht verloren: Rob sagte, sobald ich aufgewacht sei, hätte ich jeden Besucher erkannt und begrüßt. Ich klammerte mich an diese Tatsache wie an einen Talisman. Auch wenn ich mich an die Besuche nicht erinnern konnte, hatte ich sie doch bewußt wahrgenommen. Daß ich den Kontakt zu den Menschen nie verloren hatte, betrachtete ich als ein hoffnungsvolles Zeichen.

Je mehr Fähigkeiten ich zurückgewann, desto besser fühlte ich mich. Und je besser ich mich fühlte, desto mehr Freude hatte ich auch wieder daran, Leute zu sehen. Mein Kalender zeigt, daß meine Seelenlage in der zweiten Märzwoche einen Aufschwung nahm; er ist gefüllt mit den Namen von Leuten, die mich besuchen kamen, und nun war es nicht mehr nur meine «Familie» – die Kinder und meine engsten Vertrauten –, sondern es waren eine Menge alter Freunde und Freundinnen, die mir lieb und teuer sind.

Meine Besucher waren die üblichen Verdächtigen, garniert mit ein paar zusätzlichen Bonbons. Chris Shepherd kam aus London, um mit mir zusammen zu weinen. Barbara Raskin kam aus Washington, D. C., Donna McKechnie reiste aus Kalifornien an; die letzteren beiden gaben mir Ratschläge für den Umgang mit meiner Arthritis. Mein ehemaliger Schwiegersohn, Bruce Gagnier, kam, um mich zu trösten. Lisa Alther aus Vermont stand eines Nachmittags vor meiner Tür (sie war auf der Durchreise), ebenso Alix Kates Shulman, Carolyn Heilbrun, Candace Hogan und Wilbur Colom.

In der dritten Aprilwoche 1993 konnte ich nach fast drei Monaten Krankengymnastik wieder gehen, wenn auch unsicher und schwankend (wegen der peripheren Neuropathie in den Füßen und der Schädigung des Gleichgewichtszentrums im Gehirn – beides Folgen der Chemotherapie). Für den Fall, daß mir schwindlig wurde, nahm ich den Stock zu Hilfe. Auch den linken Arm und die Hände konnte ich wieder bewegen, obwohl meine Muskeln nach wie vor recht schwach waren; ich konnte mich ohne fremde Hilfe hinsetzen und wieder aufstehen, indem ich mich auf die Arme stützte. Beim Aufstehen brauchte ich manchmal mehrere Anläufe. Die Kinder fanden es lustig, wenn ich beim Aufstehen auf den Sitz zurückplumpste oder wenn ich im Kreis ging und direkt auf die Wand zulief. Ihr Gelächter hielt mich wahrscheinlich davon ab, in Tränen auszubrechen, obwohl ich jedesmal nahe dran war, wenn mir solche Mißgeschicke passierten. In meiner Kindheit galt Effizienz in allem, was man tat, als das wichtigste. Körperliche oder geistige Schwächen wurden in meiner Familie verachtet; jemand, dem andauernd Dinge aus der Hand fielen (wegen der peripheren Neuropathie waren meine Fingerspitzen taub) oder der gegen Wände lief, wäre ständigem Spott ausgesetzt gewesen. Mir passierte derlei dauernd, obwohl ich meine Phenobarbitaldosen reduziert hatte (und sie Ende Mai völlig absetzen sollte).

Mein Speiseplan wurde wieder etwas reichhaltiger. Ich konnte verschiedene Suppen, Apfelmus, Papaya und noch ein paar andere weiche, flüssige Dinge schlucken. Alles, was nicht von weicher, breiiger Konsistenz war, verbot sich, deshalb war Brot weiterhin tabu. Ebenso tabu war alles, was stark gewürzt, sauer oder kohlensäurehaltig war. Aber die Schmerzen beim Schlucken waren so gut wie weg.

Der Muttertag Anfang Mai wird in unserer Familie nicht sonderlich groß gefeiert, weil ich ihn jahrelang als reine Kommerzveranstaltung abgetan habe. Zu meiner Schande muß ich allerdings gestehen, daß mich, seit die Kinder erwachsen und aus dem Haus waren, jedes Jahr, wenn er näher rückte, eine gewisse Angst beschlich, sie könnten ihn vergessen. In manchen Jahren kam es dann auch vor, daß der eine oder die andere den Muttertag vergaß, und ich reagierte – seltsam genug – jedesmal gekränkt. Aber die Regel war, daß sie mich zu einem Brunch einluden – gegen Geschenke hatte ich mich irgendwann prinzipiell verwehrt. In diesem Jahr erwartete ich gar nichts. Am Samstag abend kamen die Kinder zum Essen und blieben anschließend über Nacht. Über den Sonntag hatten wir nicht gesprochen.

Nachdem ich gefrühstückt, meine Medikamente eingenommen, meine Übungen gemacht, gebadet und mich angezogen hatte, ging ich gegen Mittag nach unten. Die Kinder standen alle drei draußen auf der Terrasse vor meinem Arbeitszimmer; die Tür war offen, und als sie mich ins Zimmer kommen sahen, lächelten sie mir entgegen. Und dann sah ich, daß die ganze Brüstung von einem Ende bis zum anderen mit blühenden Pflanzen vollgestellt war. Sie hatten jeden Blumenkasten und jeden Topf bepflanzt und meine Terrasse in ein kleines Blumenmeer verwandelt. Es quoll nur so aus den Blumenschalen: Lilien, Stiefmütterchen, Petunien, Ringelblumen, Portulak, Iris, und die Luft war schwer von ihrem Duft. Ich war überwältigt. Die Kinder halfen mir in einen mit Kissen gepolsterten Stuhl, setzten sich zu mir und genossen mit mir die milde Frühlingsluft. Später gingen wir über die Straße in den Park, spazierten ein Stück, setzten uns dann auf eine Bank – sie hatten mir für mein knochiges Hinterteil ein Kissen mitgebracht – und sahen den Radfahrern und Inline-Skatern zu. Es war ein strahlender Tag; die Sonne war warm, die Leute waren gut gelaunt, und wir waren glücklich. Für mich war es wie die Entlassung aus einem Gefängnis: Ich saß mit meinen Kindern in der Sonne und freute mich an dem Treiben um mich herum; ich fühlte mich nicht länger von der Welt abgeschnitten – ich kam mir fast wieder wie ein normaler Mensch vor. Als wir wieder daheim waren, holte Rob bei einem indischen Restaurant um die Ecke Baba Ganoush, Humus, Tabouli, Linsen, gefüllte Weinblätter, Lammfleisch und Pita Brot, und wir speisten gemeinsam auf der Terrasse. Es war die erste Mahlzeit seit dem letzten September, die ich rundum genoß. Und es war der schönste Muttertag, den ich je erlebt habe.

Mitte Mai hatte ich das Gefühl, meine Pflegerinnen nicht mehr zu brauchen. Natürlich passierte es mir immer noch gelegentlich, daß ich stürzte, wenn ich mitten in der Nacht aufstand, aber ich fand es zu kostspielig, sie nur aus diesem einen Grund weiter zu beschäftigen. Da ich wußte, daß sie mit dem Gehalt rechneten, das sie von mir bekamen, sagte ich ihnen eine Woche vorher Bescheid, aber schon diese Woche kam mir verschwenderisch vor. Ursula saß Abend für Abend allein in meiner Wohnung, während ich mit Freunden ins Kino oder zum Essen ausging, und wenn ich zurückkam, machte sie ein verdrießliches Gesicht.

Ich sehnte mich nach meinem Haus in den Berkshire Hills, aber ohne Hilfe kam ich nicht hin. Am Wochenende kutschierte Rob uns deshalb alle hinaus. Ich sah das Haus seit dem letzten Herbst zum erstenmal wieder, und jetzt, Mitte Mai, strahlte der Garten in allen Farben: der Rhododendron und die Azaleen, der Flieder und die späten Tulpen, alles stand in voller Blüte. In den Visualisierungsübungen, die ich zweimal täglich gemacht hatte, um den Krebs zu bekämpfen, war ich am Ende jedesmal wieder in meinem Haus in den Berkshire Hills gelandet. Meine Reise hatte immer irgendwo anders begonnen – ich sah mich auf einer griechischen Insel, in einem kleinen Boot im Mittelmeer vor der italienischen Küste, in Venedig, in einer üppigen Landschaft in der Serengeti oder am Ngorongoro; manchmal auch an Orten, an denen ich noch nie gewesen war, die ich mir nur ausmalte: in Mallorca, in Rio, in Tierra del Fuego. Aber egal, wohin ich meinen Geist auch zu entführen versuchte, zum Schluß brachte meine Vision mich doch jedesmal wieder zu diesem Haus, auf die Veranda, in meinen Garten zurück. Damals war ich keineswegs sicher gewesen, ob ich ihn jemals wiedersehen würde. Und jetzt war ich da. Ich empfand ein tiefes Gefühl der Dankbarkeit, daß dieser Garten noch immer zu meinem Leben gehörte.

Ich faßte einen Plan. Ich kam mir wagemutig dabei vor, aber dieser Plan gab mir mehr als alles andere in diesem Frühjahr das Gefühl, wieder ein Mensch zu sein. Mir war klar, daß ich nicht allein auf dem Land leben konnte. Ich war immer noch zu schwach, um zu kochen oder auch nur allein baden, geschweige denn Einkäufe tätigen zu können. Ich konnte mein Auto nicht fahren – ich hatte einen Sportwagen ohne Automatik, den ich mit meinen schwachen Händen nicht bedienen konnte. Ich hatte es versucht und festgestellt, daß ich einen unkontrollierbaren Linksdrall hatte und die Spur nicht halten konnte. Außerdem hatte ich beim Autofahren Angst. Sogar wenn Rob am Steuer saß (dem ich vertraue), war ich angespannt. Ich hatte ständig das Gefühl, daß jedes Auto, das uns entgegenkam, mit uns zusammenstoßen und mich verletzen könnte, selbst wenn wir nur an einer Ampel standen. Trotzdem brauchte ich nicht mehr rund um die Uhr Pflege. Ich wollte jemanden engagieren, der für mich kochen und mich versorgen konnte, und dem ich außerdem zutraute, meinen Porsche zu fahren. Da ich mit dieser Person fast den ganzen Tag verbringen würde, sollte es jemand sein, den ich mochte – ein Gleichberechtigter, kein Angestellter.

Meine Freundin Candace Hogan fiel mir ein, die einen etwas freudlosen Sommer verbrachte. Sie hatte einen ziemlich langweiligen Job in der Stadt. Aber ich wußte, daß sie im Sommer gern auf dem Land war, und besonders gern in den Berkshire Hills. Außerdem war ich gern mit ihr zusammen. Wir wurden uns rasch einig, und als meine Pflegerinnen fort waren, zog sie in das Gästezimmer meiner Wohnung ein. Sie half mir beim Duschen, bereitete das Abendessen zu (den Tagesjob behielt sie bei) und fuhr am Wochenende mit mir aufs Land. Für meinen Morgentee und mein Mittagessen – eine Dose Astronautennahrung – sorgte Isabelle.

Aber am Donnerstag tauchte plötzlich ein neues Problem auf. Ich hatte Schluckbeschwerden und ein seltsames Engegefühl in der Kehle. Wenn ich meinen eigenen Speichel nicht mehr schlucken konnte, würde ich sterben, soviel war mir klar. In Panik rief ich bei meinem Onkologen an. Er verwies mich ganz gelassen an einen Dr. Gerdes im Sloan-Kettering und sagte, ich solle mir einen Termin für eine Endoskopie geben lassen. Glücklicherweise genügte ein einziges Telefonge-spräch mit der Sprechstundenhilfe von Dr. Gerdes, um für den kommenden Montag einen Termin für den Eingriff zu vereinbaren – es sollte die erste einer ganzen Reihe von En-doskopien sein, denen ich mich in den folgenden Jahren un-terziehen mußte.

Bei einer Endoskopie wird ein dünner Schlauch in die Speiseröhre eingeführt, um einen Kanal zum Schlucken zu öffnen. Am Ende des Schlauchs befindet sich eine winzige Kamera, mit der man in der Tiefe des Organs Filmaufnah-men machen kann, weshalb das Verfahren auch zu diagnosti-schen Zwecken angewandt wird. Der schwierigste Teil an der ganzen Prozedur war, daß bei jeder Endoskopie wieder eine Vene für eine Infusion gefunden werden mußte. Der Eingriff selbst war schmerzlos: Während mir der Schlauch in den Hals geschoben wurde, stand ich unter Narkose. Einmal wachte ich während der Operation auf. Ich gab ihnen zu verstehen, daß ich wach sei, worauf sie die Narkose sofort verstärkten. Ich hatte nur einen kleinen Druck in der Kehle gespürt. Zu den Medikamenten, die ich bekam, gehörte unter anderem Demerol, das bei mir stimmungsaufhellend wirkt; sobald ich aufwachte, lachte und scherzte ich. Die Kinder meinten, ich solle es regelmäßig nehmen. Ein paarmal trug ich Blutergüs-se in der Kehle davon, sei es durch den Schlauch, sei es durch die Kamera.

Die Verengung der Speiseröhre entsteht durch Narbenge-webe, das sich beim Abheilen der Geschwüre bildet. Nach der ersten Operation fragte ich Dr. Gerdes, ob die Geschwü-re jemals völlig ausheilen und das Narbengewebe verschwin-den würde. Dr. Gerdes ist ein verbindlicher Mann, der seinen Patienten bedachte, ehrliche Antworten gibt: Er sagte, es täte ihm leid, aber das wisse er nicht. Ich war von seiner Antwort verblüfft – ich hatte immer noch nicht realisiert, daß so gut wie niemand einen Speiseröhrenkrebs überlebt und daß mein Krebs bei der Diagnose als unheilbar eingestuft worden war. Erst sehr viel später machte ich mir klar, daß von all den Speiseröhrenkrebspatienten, die im Sloan-Kettering behandelt worden waren, kein einziger lange genug gelebt hatte, um Dr. Gerdes einen Erfahrungswert dafür zu liefern, ob durch Bestrahlung verursachte Geschwüre irgendwann abheilten. Dieser Gedanke kam mir erst, als er mir zwei Jahre später mit einer Begeisterung, die mich wiederum verblüffte, mitteilte, meine Geschwüre seien tatsächlich vollständig abgeheilt, und im übrigen halte er mich für ein Wunder: Er hätte meine Genesungsaussichten seinerzeit als äußerst ungünstig eingeschätzt.

Trotzdem wurde das Problem mit meiner Speiseröhre zu einer ständigen Quelle der Angst. Denn als es mir so gut zu gehen begann, daß wieder an Reisen zu denken war, konnte ich nie vorhersagen, wann ich meine nächste Endoskopie brauchen würde. Sobald ich die typische Verengung in der Kehle spürte, brauchte ich die Endoskopie sofort: Die Panik, die man bekommt, wenn man nicht mehr schlucken kann, kann tödlich sein. Wenn ich also reisen wollte, müßte ich herauszufinden versuchen, wann wieder eine Operation nötig sein würde. In zwei Monaten, in einem halben Jahr? Dieses Problem habe ich nie zufriedenstellend gelöst: Die sechs Endoskopien, die ich machen lassen mußte, lagen zwischen drei und acht Monaten auseinander. Aber dies war zum Glück eines der wenigen Probleme, die irgendwann vorüber waren.

Die Monate Mai und Juni 1993 waren mit gesellschaftlichen Ereignissen, Arztbesuchen und Wochenendausflügen in die

Berkshire Hills ausgefüllt. Ich schrieb nichts und las kaum; obwohl ich bereits die Schlußredaktion von *Vater unser* hinter mir hatte, traute ich meinen Geisteskräften immer noch nicht ganz. Anfang Juni sollte das Harvard Graduate School Council tagen, in dem ich Mitglied war, und ich hatte beschlossen, an dem Treffen teilzunehmen, da es das letzte vor Ablauf meiner dreijährigen Amtsperiode war. Es wäre die erste Reise seit dem Beginn meiner Krankheit. Dann schrieb Harvard, man wolle mir die Centennial Medal verleihen, eine Auszeichnung für besondere Verdienste. Ein paar Jahre zuvor war ich dabeigewesen, als man Susan Sontag die Medaille verliehen hatte. Also *mußte* ich hin.

Candace flog mit mir nach Boston. Wir übernachteten in einem Hotel in Cambridge, und Candace begleitete mich zu der Cocktailparty und dem Dinner am Vorabend der Preisverleihung. Ich stand den Abend nur mit Mühe durch und mußte mir betrübt eingestehen, wie fragil und erschöpft ich immer noch war. Ich kann nicht behaupten, daß ich den Abend genossen hätte, so wie früher; es war eher so, als müßte ich eine Prüfung absolvieren – die ich nur knapp bestand. Am nächsten Tag aber, während der Zeremonie und dem anschließenden Mittagessen, traf ich einige meiner liebsten Freunde aus Harvard, die eigens nach Cambridge eingeflogen worden waren. LeAnne Schreiber, Michael Malone, Maureen Quilligan, Janet und Tim Murray saßen an meinem Tisch, und ihr ausgelassener Humor (bei so steifen Ereignissen etwas Ungewöhnliches) trug mich durch die Lobreden und ließ mich meine Zerbrechlichkeit vergessen. Ich hatte ein paar wunderschöne Stunden und war, ganz gegen meine Erwartungen, von der Feier gerührt.

Als ich mit Candace am Logan International Airport ankam, um den Rückflug anzutreten, stellte sich heraus, daß sämtliche Flüge gestrichen worden waren. Zügen traute ich bei dem schlechten Wetter nicht; ich hatte noch lebhafte Erinnerungen an eine zwölfstündige Horrorfahrt von New York nach Boston, als wegen Schneegestöber ebenfalls sämtliche Flüge abgesagt worden waren. Also mieteten wir einen großen Lincoln Continental, und Candace chauffierte uns noch am selben Abend nach New York zurück. Wir sausten über die leeren, dunklen Highways, kichernd und plaudernd und in allerbester Laune.

Am Wochenende fuhr ich mit Candace wieder aufs Land. Ich konnte noch nicht die ganze Zeit dort bleiben, weil ich zu viele Arzttermine hatte. Am nächsten Wochenende fuhr Rob mich wieder hinaus. Ich hatte meinen Vater, meine Schwester und Fred zum Vatertag eingeladen; die Kinder übernahmen wieder das Kochen und Aufräumen; von ihrer Hilfe abgesehen, kam es mir fast so vor, als wäre ich gesund.

Ende Juni nahm ich meine Arbeit wieder auf. Dieses Ereignis markierte ich in meinem Kalender mit Großbuchstaben. Das Shakespeare-Festival in Stratford, Kanada, hatte mich bereits Anfang des Jahres eingeladen, im August einen Vortrag zu halten. Auf diesem Festival gab es seit Jahren immer wieder faszinierende Shakespeare-Inszenierungen zu sehen. Nicht selten hoben die Regisseure in ihren Programmheften meine Shakespeare-Interpretationen lobend hervor. Ich freute mich über die Gelegenheit, meine Absage aus dem Vorjahr wiedergutzumachen – und hatte das Gefühl, endlich wieder mitten im Leben zu stehen.

Am 25. Juni fuhr ich mit Candace aufs Land, um für den Rest des Sommers dort zu bleiben. Ich begann mit der Arbeit an einem Essay über *Leben und Tod König Johanns*, eine der diesjährigen Produktionen für das Festival in Stratford. Es war das erste Mal seit dem vergangenen Oktober, daß ich wieder arbeitete. Damals hatte ich im Krankenhaus auf dem Laptop die Überarbeitung von *Vater unser* abgeschlossen und die ersten zwei Kapitel eines satirischen Romans über die absurde Liebesaffäre einer älteren Frau geschrieben. Jetzt saß ich mit dem Laptop auf meiner verglasten Veranda und schrieb täglich mehrere Stunden. Ich war glücklich. Ich hatte zwar immer noch nicht zu meinem alten Selbst gefunden – ich war immer noch schwach, und es gab viele Dinge, die ich nicht tun konnte –, aber zumindest konnte ich arbeiten, und das machte mir wie eh und je riesengroße Freude. Hindernisse und Probleme sind immer frustrierend, aber am Ende ist man nur noch glücklicher, etwas geschafft zu haben. Anfang Juli hatte ich den Shakespeare-Vortrag abgeschlossen und nahm mir die Fahnen von *Vater unser* vor; als ich gegen Ende des Monats auch damit fertig war, überarbeitete ich den Shake-speare-Vortrag noch einmal und machte mich dann ohne Pause an die Überarbeitung der großen Geschichte der Frauen, an der ich seit zwölf Jahren arbeitete. Ich versuchte sie erneut zu kürzen. Anfangs war es ein Fünftausend-Seiten-Manuskript gewesen; inzwischen hatte das Ganze noch dreitausend Seiten. Aber es mußte noch weiter gekürzt werden.

Außerdem ging ich jeden Tag schwimmen, und im Juli war ich so weit, daß ich mit dem Auto selber zur Krankengymnastik in den Ort fahren konnte. Die Einkäufe machten Candace und ich gemeinsam, und beim Kochen gab ich die Anweisungen, und sie setzte sie um – mit ausgezeichneten Ergebnissen. Am Wochenende, wenn Candace frei hatte, kamen mich meist die Kinder besuchen. Es war eine Wohltat, sie so häufig zu sehen.

Ende Juli besuchten mich meine Hexenschwestern übers Wochenende. Ich bestellte bei einem Partyservice ein Abendessen und dazu gleich ein vorbereitetes Picknick (Salade Niçoise) für den nächsten Tag, an dem wir einen Ausflug nach Tanglewood unternehmen wollten. Am Wochenende darauf besuchte ich mit den Kindern einen Brecht-Abend in einer ansässigen Kunstgalerie und fuhr am Sonntag mit ihnen zum Picknick nach Tanglewood. Manchmal gingen wir Samstag nachmittags zu den Konzerten von Aston Magna, einer ausgezeichneten Gruppe, die in einer Kirche in Great Barrington Alte Musik zum besten gab. Es war ein wunderbarer Sommer voller Vergnügungen, der mir weit mehr Freude brachte, als ich zu hoffen gewagt hätte – wenn ich es mir erlaubt hätte, überhaupt zu hoffen. Ich war nicht gesund, aber es ging mir gut. Ich empfand Dankbarkeit, daß ich noch am Leben war. Und ich wurde von Woche zu Woche kräftiger.

Als die Abreise nach Kanada näher rückte, beschloß ich, es allein zu versuchen. Candace hatte mir zwar angeboten, mich zu begleiten, obwohl sie normalerweise am Wochenende frei hatte. Aber ich fühlte mich so gut, daß ich das Experiment wagen wollte. Ich würde keine großen Strecken zu Fuß zurücklegen müssen, und wenn ich jemanden fand, der mir die Tasche trug, wäre es sicher zu schaffen. Gesagt, getan. Candace fuhr mich nach New York (diese Strecke war mir allein immer noch zu weit), und ein Taxi brachte mich zum Flughafen. Ich kam am Freitag, dem 6. August, in Stratford an; gleich am ersten Abend traf ich Jean Davison zum Essen, eine kanadische Bibliothekarin. Ich hatte sie 1980 kennengelernt, auf einer China-Reise, die auf eine Initiative Großbritanniens zurückging (zu dieser Zeit die einzige Möglichkeit für eine Amerikanerin, China zu besuchen). Damals waren wir mit dem Zug von Victoria Station zum Ärmelkanal gefahren, dann mit der Fähre nach Calais und wieder mit dem Zug nach Paris und weiter nach West-Berlin, Ost-Berlin, Warschau (wo mich polnische Freunde am Bahnsteig mit einem riesigen Blumenstrauß überraschten), Moskau, Ulan Bator (wo wir zehn Tage festsaßen – wegen einer Flut in der Wüste Gobi), dann weiter nach Peking, Nanking, Shanghai, Nanch'ang, Ch'ang-sha, Kanton und Hongkong. Es war eine turbulente Reise gewesen, was teilweise an unserem unkundigen Reiseleiter lag und teilweise daran, daß die Veranstalter kein Ersatzprogramm für unvorhergesehene Zwischenfälle bereithielten. Aber ich freundete mich mit einigen Mitreisenden an und hatte mit Jean seitdem regelmäßig Briefkontakt.

Ich sollte meinen Vortrag am Sonntag halten. Am Samstag nahm Pat Quigley, mein Festivalbetreuer, mich auf eine Sightseeingtour durch Stratford mit, das sich seit meinem letzten Besuch vor mehr als zwanzig Jahren kaum verändert hatte. Als ich am nächsten Tag meinen Vortrag hielt, wurde ich von einem wunderbaren Publikum verwöhnt; es bestand hauptsächlich aus Frauen (wie meistens bei mir), aber diesmal hatte ich es mit feministischen Shakespeare-Forscherinnen zu tun, die mir brillante Fragen stellten; die Diskussion war ein Genuß. Anschließend aß ich mit Michele Landsberg, der Kolumnistin des *Toronto Star*, und ihrer Freundin Ellen De Noon zu Abend. Wir hatten soviel Spaß zusammen, daß ich die beiden einlud, mich in den Berkshire Hills zu besuchen.

Ein paar Dinge auf dieser Reise fand ich anstrengend (beispielsweise lag das Schlafzimmer meiner Hotelsuite eine Treppe höher als der Wohnraum, das Badezimmer dafür eine

236

Treppe tiefer). Ich war bei allem etwas langsam; Spaziergänge durch die Stadt waren etwas beschwerlich. Aber das einzige ernsthafte Problem schuf mir meine Eitelkeit – ich fühlte mich grauenhaft, als ich vor aller Augen auf unübersehbar wackligen Beinen zum Podium schritt. Am Ende jedoch nahm ich auch das mit einem Achselzucken hin und sagte mir, das würde sich geben, sobald ich kräftiger wäre; ich führte meine Probleme beim Gehen auf die Muskelschwäche nach dem Koma zurück.

Ende August besuchten mich Gloria Beckerman und Perry Birnbaum, meine alten Freunde aus Hofstra-Tagen, für ein paar Tage in den Berkshire Hills. Candace kochte wunderbare Mahlzeiten für uns und war eine so reizende Gastgeberin, daß die beiden sie ins Herz schlossen. Am Tag ihrer Abreise kamen die Kinder, und am nächsten Morgen brachen wir nach Maine auf.

Die Idee zu dieser Reise hatten Barbara und Rob gehabt. Sie lieben die schöne Landschaft dort und fahren häufig hin, um unter Pinien zu zelten und an der Küste entlangzuwandern. Dieses Jahr luden sie Jamie und mich ein mitzukommen. Sie wußten, daß ich nicht im Zelt übernachten konnte, und organisierten deshalb, in ständiger Rücksprache mit uns, eine zehntägige Reise mit Reservierungen in Bed-and-breakfast-Pensionen. Wir fuhren zuerst nach Freeport, wo Jamie und Barbara ihrer Einkaufslust frönten, während Rob seufzte und ich schimpfte, daß es überall die gleichen Angebote gab. Dann machten wir in Deer Isle halt, um Esther und Bob Broner zu besuchen, die dort jedes Jahr den August verbringen; sie gaben an diesem Tag eine große Party, an der wir für ein paar Stunden teilnahmen. Von ihrem Haus aus hat man einen phantastischen Blick auf das Meer: Bob hatte mir eine Zeichnung davon geschickt, als ich krank war. Ich hatte die Zeichnung manchmal bei meinen Visualisierungsübungen benutzt, als Bild einer Traumlandschaft – und das war sie tatsächlich.

Von dort fuhren wir nach Bar Harbor, wo wir die üblichen Touristenattraktionen abklapperten – Wale beobachten, Bootsfahrt an der Küste entlang, Besuch der Fischerdörfer und des Acadia National Parks auf Mount Desert Island, dann eine Fahrt über den Mount Cadillac und zum Abschluß ein Abendessen im Jordan-Pond-Restaurant, wo drei von uns Hummer aßen. Rob ist nie darüber hinweggekommen, wie ich einmal bei uns zu Hause Hummer kochte, als er acht oder neun Jahre alt war. Ich füllte das Spülbecken mit Salzwasser und warf die Hummer hinein, um sie noch am Leben zu halten, bis ich sie in den Topf werfen würde. Eines der Tierchen krabbelte heraus. Rob sah es über den Küchenboden kriechen und begriff schlagartig, daß es bei lebendigem Leib gekocht werden sollte. Seitdem hat er nie wieder Hummer gegessen und ruft jedesmal, wenn *wir* Hummer essen, mit hoher, piepsender Stimme: «Ich will leben, ich will leben!»

Von Bar Harbor aus fuhren wir zum Moosehead Lake, den Jamie grauenhaft fand. Es war kalt dort, und unsere Hütte war ein bißchen primitiv, aber dafür lag sie direkt an dem wunderbaren See. Jamie und Barbara machten eine Fahrt mit dem Tretboot, während wir erst auf einem kleinen Motorboot herumschipperten, um die wild lebenden Tiere zu beobachten, und anschließend auf einem großen Motorboot den See in all seinen Ausläufern erkundeten. Abends aßen wir im Road Kill Café, dessen Speisekarte uns dazu inspirierte, während der nächsten paar Tage einen Wettbewerb im

Ausdenken der abscheulichsten Gerichte aus überfahrenen Tieren zu veranstalten. Dieses Spiel war vollkommen kindisch, aber wir hatten einen Heidenspaß.

Auf der Rückfahrt übernachteten wir in einer Bed-and-Breakfast-Pension in Portsmouth, New Hampshire, einer Stadt, die uns bezauberte. Sie besitzt eine «Altstadt», die erst um die Jahrhundertwende entstanden, aber sehr reizvoll ist; Strawberry Banke war ein wunderschönes Museumsstädtchen mit Häusern aus der Zeit der ersten Besiedlung, die man vor dem Abbruch bewahrt, restauriert und zu architektonischen Ausstellungsstücken gemacht hatte. Ein paar von ihnen beherbergten alte Wohnungen und Läden, andere hatten fast Villencharakter. Es gab ein Zweifamilienhaus, dessen rechte Haushälfte mit Wohnung und Laden im Zustand des 18. Jahrhunderts restauriert war, während die (ebenso alte) linke Haushälfte, zuletzt in den dreißiger Jahren bewohnt, im Stil der dreißiger Jahre erhalten war, mitsamt Möbeln und Haushaltsgegenständen aus dieser Zeit. Die Gemischtwarenhandlung war ebenfalls aus den dreißiger Jahren. Ich war fasziniert von diesem Gebäude, es rührte mich fast zu Tränen. Da ich in den dreißiger Jahren groß geworden bin, trug mich der Anblick der alten Gerätschaften in meine Kindheit zurück, was mir – allen unglücklichen Erinnerungen zum Trotz – naheging.

Aber ach, auch unsere Idylle hatte ein Ende: Ich war so hingerissen von unserer Reise, daß ich gar keine Lust mehr hatte, nach Hause zurückzukehren. Aber in ein paar Tagen sollte ich Besuch bekommen: Michele und Ellen aus Toronto. Es war September geworden, die Badesaison war vorüber, aber die Tage waren immer noch mild und golden. Als meine

Gäste wieder fort waren, begann ich die korrigierten Fahnen von *Vater unser* zu lesen; danach kehrte ich zur Geschichte der Frauen zurück. Am Wochenende kam mein lieber Neffe Ricky Smith mit seiner Frau und lud mich zum Abendessen in ein Restaurant in der Nähe ein. Wir hatten einen amüsanten Abend.

Es war Zeit, nach New York zurückzukehren. Candace fuhr mich ein letztes Mal hinunter, und dann trennten wir uns: Sie kehrte in ihr altes Leben zurück, und ich wollte versuchen, allein zurechtzukommen. Natürlich hatte ich immer noch Isabelle, die mir Einkäufe und Besorgungen abnahm, aber den Rest würde ich allein schaffen müssen. Über den Sommer hatte ich einige Fortschritte gemacht. Ich konnte mit einigem Herzklopfen allein duschen (baden noch nicht), ich konnte leichtere Gegenstände heben (ein Topf Pasta allerdings war mir immer noch zu schwer), ich konnte eine halbe Stunde Auto fahren – mehr nicht. Und ich konnte an meinem Computer arbeiten, wenn ich mir ein paar Kissen in den Rücken stopfte und zurückgelehnt saß.

Ich kann nicht behaupten, daß ich irgendwann so etwas wie Triumph verspürt hätte – dafür war ich zu angeschlagen –, aber ich empfand es als sehr befriedigend, daß ich allein in ein Taxi steigen konnte, um nach fast einem Jahr zum erstenmal wieder an der Sitzung eines PEN-Ausschusses teilzunehmen – und daß ich am nächsten Tag zu einem Treffen der Hexenschwestern bei Gloria fahren konnte und in der Lage war zu schlucken, zu *essen*.

Ich hatte den Wunsch, meine tränenreichen Vorwürfe bei unserem letzten Treffen wiedergutzumachen, und schrieb deshalb ein Gedicht für den Abend. Zu Ehren meiner Freundinnen lehnte ich mich an Rimbauds *Une saison en enfer* an – der Titel schien mir passend für das, was ich durchgemacht hatte. Rimbaud hatte sich dem Experiment verschrieben, all seine Sinne zu «verwirren», um über das gewöhnliche Leben hinauszugehen und ein *voyant* zu werden, ein «Seher des Unbekannten». Er glaubte, daß der Dichter/Seher das Ideal eines Lebens in Harmonie erreichen kann, wie es in der Antike noch existierte. Der Dichter wird dann zum Befreier von Mensch, Tier, Sprache und sogar der Frau, deren «ewige Sklaverei ein Ende haben wird». (Rimbaud widmete *Une saison en enfer* seiner Mutter: «... meiner ersten Lehrerin der Poesie / in der Literatur wie im Leben».) Unter dem Einfluß von Alkohol, Haschisch und anderen Drogen schrieb er als «ein Verdammter, der der Hölle geweiht ist», im Delirium, unter Qualen, unter Halluzinationen. Auch zur Einsamkeit ist der Dichter in diesem Gedicht verdammt, in dem er sich einmal als großen Künstler sieht, der das Leben zu überschreiten vermag, und ein andermal als einfachen Bauern. Die Liebe aber wird darin als etwas gebrandmarkt, das dem, was der Dichter braucht, nicht angemessen ist.

Ich wollte meine Erfahrung mit der seinen vergleichen und darüber hinaus meine weibliche seiner männlichen Perspektive gegenüberstellen. Auch ich hatte Drogen eingenommen, aber nicht freiwillig, sondern aus Notwendigkeit; und mein Ziel war nicht Erkenntnis, sondern Genesung gewesen. Ich war wie er durch die Hölle gegangen, aber auf dieser Reise hatte *ich* ein Leben in Harmonie entdeckt – mein eigenes. Der große Unterschied zwischen ihm und mir bestand darin, daß ich mich zum erstenmal im Leben geliebt gefühlt hatte – trotz all meiner Widerstände dagegen. Meine Freundinnen und meine Kinder hatten mir ein neues Leben geschenkt, indem sie meine Hölle in eine Art von Himmel verwandelt hatten.

Davon wollte ich in meinem Gedicht erzählen, und von meiner Dankbarkeit, trotz allem noch am Leben zu sein. Ich wollte meinen Freundinnen mitteilen, daß sie es, gemeinsam mit meinen Kindern, geschafft hatten, mir eine Liebe zu geben, wie ich sie als Kind nie erfahren durfte.

Während dieser Woche im September war ich in Hochstimmung – zum erstenmal seit vergangenem Weihnachten konnte ich mich wieder frei bewegen; zum erstenmal seit vergangenem Oktober hatte ich wieder die Kraft, allein durch die Stadt zu schlendern, zwei Stunden in einem Kino zu sitzen und Popcorn zu knabbern und anschließend nach Hause zu gehen und einen Artikel zu schreiben. Ich *war* auf dem Weg der Besserung, ich *hatte* bereits große Fortschritte gemacht, und ich *würde* mein altes Leben zurückgewinnen und mein altes Ich wiederfinden.

Am Tag nach dem Treffen des Hexenzirkels fuhr Jamie mit mir fürs Wochenende in die Berkshire Hills. Ich war in blendender Laune. Am Sonntag fuhren wir nach Millbrook, New York, weil wir den «Cup Garden» in Innisfree sehen wollten. Dieser «Cup Garden» ist nach dem Vorbild japanischer Teichgärten um einen See herum angelegt und ausschließlich aus natürlichen Landschaftselementen zusammengesetzt, die nur wenig verändert sind; die Anlage besteht aus lauter in sich geschlossenen Gartenbildern, durch die ein Weg von einem Ende zum anderen führt. Ich hatte dummerweise vergessen, eine Wasserflasche mitzunehmen, und mir am Eingang nicht klargemacht, daß man, wenn man einmal auf dem Weg war, nur bis zum Ende weitergehen oder umkehren konnte. Es gab keine Abkürzungen, und der Weg war insgesamt deutlich länger als eine Meile, wahrscheinlich sogar an die zwei Meilen – etwas viel für mich. Anfangs hatte ich keine Probleme, aber als wir etwa zwei Drittel der Strecke hinter uns hatten, wurde ich müde. Es gab nirgends eine Sitzgelegenheit zum Rasten, also mußte ich bis zum Ende durchhalten. Das tat ich auch. Und am Ausgang fand ich eine freundliche Frau, die mich aus ihrer Wasserflasche trinken ließ. Ich war hundemüde, hatte den Marsch aber heil überstanden. Dachte ich.

Am nächsten Tag hatte ich Rückenschmerzen.

Glücklicherweise hatte ich an diesem Tag einen Termin bei meinem Krankengymnasten. Eine Bändermassage brachte mir vorübergehend Linderung, aber als ich mit Jamie nach New York zurückfuhr, hatte ich schon wieder grausame Schmerzen. Ich rief eine Masseurin an, die mir jemand empfohlen hatte. Als ich ihr schilderte, wie schlimm meine Schmerzen waren, kam sie zu mir und gab mir eine Massage, die mir wiederum ein klein wenig Erleichterung verschaffte. Ganz zum Schluß sagte sie plötzlich: «Und jetzt versuchen wir es noch mit ein bißchen Shiatsu.» Noch ehe ich protestieren konnte, versetzte sie mir einen Schlag auf den Rücken. Ich schrie auf.

Sie hatte mir einen Wirbel gebrochen.

Herbst 1993 bis Frühjahr 1994

MEIN SCHREI jagte der Masseurin einen derartigen Schreck ein, daß sie nicht gehen wollte, ehe ich nicht von einem Arzt untersucht worden wäre. Ich rief Edie Langner an, meine Internistin, die ich seit einem Jahr nicht mehr gesehen hatte, und sie überredete ihre damalige Praxiskollegin Lucy Painter dazu, einen Hausbesuch bei mir zu machen. Aber ein Wirbelbruch ist leider unsichtbar. Als Dr. Painter ankam, waren die Schmerzen etwas abgeklungen. Sie glaubte, ich hätte eine Muskelverspannung, und verordnete mir ein paar Tage Bettruhe.

Am nächsten Tag waren die Schmerzen nicht mehr auszuhalten; heute weiß ich, daß die Schmerzen bei einem Wirbelbruch erst am nächsten Tag so richtig schlimm werden. Meine Freundinnen waren sich alle einig, daß Rückenschmerzen «die schlimmsten» sind. Jede Bewegung trieb mir die Tränen in die Augen – ins Bett zu steigen oder aus dem Bett aufzustehen war der wahre Horror –, aber ich nahm an, daß sich eine Muskelverspannung ebenso anfühlte. Ich blieb drei Tage im Bett; am vierten Tag kämpfte ich mich hoch. Ich ging nach unten, packte jede Menge Kissen auf meinen Schreibtischsessel und machte mich wieder an die Arbeit.

Wenn ich meine Kalendereintragungen aus dieser Zeit anschaue, erschrecke ich noch heute bei der Vorstellung, wie sehr ich mich trotz meines Wirbelbruchs verausgabte. Ich saß an meinem Computer und redigierte die Geschichte der Frauen. Wenn ich mir ins Gedächtnis rufe, was für Schmerzen ich damals ausstand, erscheint es mir unbegreiflich, daß ich nur drei Tage Arbeit verlor. In meinem Kalender steht, daß ich ins Theater ging, daß ich meinen Vater zu einem Augenarzt begleitete, daß ich ihm ein Abendessen kochte, daß ich ihn ins Krankenhaus brachte, wo sein grauer Star operiert wurde, und daß ich noch einmal für ihn kochte, weil er am nächsten Morgen erneut zum Arzt mußte, nachdem es bei der Operation eine kleine Komplikation gegeben hatte. Ich kann mich gut erinnern, all diese Dinge getan zu haben. Wie ich mich dabei fühlte, weiß ich nicht mehr. Außerdem empfing ich noch verschiedene Makler, da ich mich dazu entschlossen hatte, meine Wohnung zu verkaufen.

Mein Anruf bei Dr. Langner hatte ihre Besorgnis geweckt. Ein paar Tage später rief sie mich an und bat mich, in ihre Praxis zu kommen. Am 12. Oktober, fast zwei Wochen, nachdem ich mir den Wirbel gebrochen hatte, saß ich schließlich bei ihr und erzählte ihr von meinen mörderischen Schmerzen. Edie erkundigte sich nach den Details meines Krankheitsverlaufs: Sie hatte mich seit der Krebsdiagnose nicht mehr gesehen. Es war nicht einfach, ihrer Bitte nachzukommen; da ich mich bei anderen Ärzten in Behandlung begeben hatte, hatte ich keine Veranlassung gesehen, sie aufzusuchen. Es war mir nie in den Sinn gekommen, sie auf dem laufenden zu halten, damit sie den Überblick über das Ganze behalten konnte. Ich wußte, daß die Spezialisten sich von ihr nichts hätten sagen lassen. Und während meiner Krebsbehandlung wollte ich nicht zu ihr gehen: Ich wußte, daß ihr Mann – der ebenfalls am Sloan-Kettering behandelt worden war – an Krebs gestorben war, kurz bevor ich meine Diagnose bekommen hatte, und daß sein Tod ihr das Herz gebrochen hatte; ich wollte ihre Wunden nicht wieder aufreißen.

Jetzt aber breitete ich mit riesengroßer Erleichterung meine ganze Geschichte vor ihr aus. Sie interessierte sich für alle Details und gab mir keinen Augenblick lang das Gefühl, ich wäre zu ausführlich oder strapazierte ihre Geduld. Das war die Lösung: Sie *wollte* sich einen Überblick über meinen Organismus in seiner Gesamtheit verschaffen – genau das, wonach ich mich so lange gesehnt hatte. Sie schickte mich zu einem Rückenspezialisten, der mir sagte, ich müsse ein Stützkorsett tragen, und mir ein Muskelrelaxans verschrieb. Die Schmerztabletten halfen, wenn ich sie regelmäßig schluckte, was ich allerdings nur ein Weilchen tat.

Inzwischen hatte meine Kehle sich wieder verengt, und ich mußte mir einen neuen Termin für eine Endoskopie geben lassen. Aber zumindest wußte ich jetzt, daß es jemanden gab, der sich um mich kümmerte, jemanden, den ich ohne Scheu anrufen konnte und bei dem ich keine Angst zu haben brauchte, daß ich nicht zurückgerufen würde – wie es bei meinem Onkologen immer wieder vorkam.

Am Samstag ging ich mit Herb Weiss ins Kino und anschließend ins Restaurant. Am Sonntag traf ich Carol und Esther zum Essen. Und am Montag morgen trat ich zur Endoskopie im Sloan-Kettering an. Rob begleitete mich; anschließend fuhren wir zu mir und ließen ein Abendessen kommen (ich glaube, von Rainbow Chicken). Charlotte hatte mich eingeladen, sie am folgenden Wochenende zu besuchen, und da ihr Landhaus näher lag als das meine, traute ich mir zu, die Fahrt im Auto allein zu schaffen. Aber als ich etwa drei Viertel der Strecke hinter mir hatte, konnte ich vor Schmerzen kaum noch sitzen. Ich weiß nicht, wie ich die Fahrt durchgestanden habe; ich saß vollkommen verkrampft und verdreht hinter dem Steuer und verbrachte dann den Rest des Wochenendes schmerzgekrümmt auf Charlottes Sofa. Am Sonntag abend brachten Charlotte und ihre Freundin Miranda mich nach Hause; eine fuhr meinen Wagen, die andere ihren eigenen.

Edie Langner hatte mir für den Rücken Krankengymnastik verordnet und mich zu einer Tanztherapeutin im Ansonia-Haus geschickt. Als ich am Montag morgen zu ihr kam, machte sie mit mir einige Übungen und sagte mir dann, ich müsse ein Stützkorsett tragen. Also kaufte ich mir endlich eines und trug es schon am selben Abend bei einem Opernbesuch in der Met. Ich hatte zu Beginn der Saison eine Reihe von Opernkarten bestellt, um mich für all die versäumten Highlights der letzten zwei Jahre zu entschädigen. In dieser Woche gab es zwei Aufführungen – *Stiffelio* an der Met und *Madame Butterfly* (die ursprüngliche Version, die ich noch nie gesehen hatte) an der City Opera.

Am nächsten Tag hatte ich einen Termin bei meinem Onkologen. Er nahm meine Rückenschmerzen sehr ernst, da es häufig vorkommt, daß bei einer Wiederkehr des Krebses als erstes die Knochen befallen werden, insbesondere das Rückgrat. Noch am selben Nachmittag bekam ich ein Knochenszintigramm. Als er mich anrief, um mir den Befund mitzuteilen, begann er: «Ich muß Ihnen leider sagen ...» – und mir blieb das Herz stehen. Doch dann fuhr er fort: «... daß Sie eine Kompressionsfraktur haben.» Er hatte mir wieder einmal einen Stoß in die Magengrube versetzt. So war es Ende Oktober geworden, ehe ich erfuhr, daß ich mir einen Wirbel gebrochen hatte, daß die Schmerzen nicht von einer Muskelverspannung herrührten und daß ich allen Grund gehabt hatte zu weinen. Der Onkologe erklärte mir, die Bestrahlung habe vermutlich mein Rückgrat beschädigt (obwohl ich dafür angeblich gar nicht genug Strahlen abbekommen hatte). Er drosch leere Phrasen; ich hatte fortgeschrittene Osteoporose und mußte jederzeit damit rechnen, mir wieder etwas zu brechen. Ich mußte mich vorsehen.

Ich trug weiterhin mein Stützkorsett und reduzierte die Einnahme der Schmerztabletten auf zweimal täglich – morgens und abends. Ich traf meinen Verleger Jim zum Abendessen, ging zur Lesung eines brillanten neuen Theaterstücks von Janet Neipris und verbrachte einen Abend mit Gloria, erst im Kino, dann im Restaurant. Aber schon mein nächster Termin bei der Krankengymnastik brachte die Höllenqual zurück. Ich brach die Behandlung ab. Aber meine gesellschaftlichen Unternehmungen setzte ich fort. Die Kalendereintragungen der folgenden Wochen lesen sich, als hätte ich die Zähne zusammengebissen, um – koste es, was es wolle – mein altes Leben wieder aufzunehmen; fast jeden Abend gab es eine Party, ein Abendessen oder einen Ausflug ins Varieté, wo Donna McKechnie auftrat; an einem Nachmittag nahm ich an einer mehrstündigen Diskussion über Pornographie und Zensur teil, die in *Ms.* abgedruckt werden sollte. Tagsüber arbeitete ich an der Geschichte der Frauen, ging zum Röntgen oder zur Kernspintomographie, oder aber ich empfing Immobilienmakler.

Anfang November hatten sich die Schmerzen auf etwas niedrigerem Niveau eingependelt, aber sie waren immer noch da. Der dumpfe Druck war eine ständige Mahnung, bestimmte Bewegungen zu vermeiden oder nur ganz langsam zu machen. Ich trug das Stützkorsett jeden Tag, obwohl ich nicht den Eindruck hatte, daß es half. Das Muskelrelaxans nahm ich jetzt nur noch einmal täglich. Da ich mich nicht lange genug aufrecht halten konnte, um mir die Mahlzeiten selbst zuzubereiten, engagierte ich ein paar junge Männer, die an den Abenden, an denen ich daheim war, für mich kochten. Charlotte empfahl mir einen Osteopathen von beeindruckender Reputation und ebensolchem Selbstbewußtsein. Leider halfen seine exorbitant teuren Behandlungen überhaupt nicht.

Am 20. November kam meine Freundin Beatrix Campbell aus England angereist, um mit mir meinen Geburtstag zu feiern. Da sie während meiner Krankheit nie Zeit gehabt hatte, überraschte sie mich jetzt mit einem Besuch. Wir redeten stundenlang, und unsere Gespräche waren wie immer ungewöhnlich lebhaft und aufregend. Meist sprechen wir über Politik, ihr Spezialgebiet, erlauben uns aber ausführliche Abschweifungen. Die Kinder hatten eine Dinnerparty im Café des Artistes arrangiert, einem meiner Lieblingsrestaurants (da es dort Potaufeu gibt – in Amerika eine Rarität). Am nächsten Tag überredete ich Bea, mit mir einkaufen zu gehen: Ich wollte Geburtstagsgeschenke für Rob und Jamie besorgen. Ich weiß nicht, ob sie es genossen hat; falls nicht, ließ sie es sich jedenfalls nicht anmerken. Abends gingen wir gemeinsam in die Met und sahen uns *Rusalka* an, und danach saßen wir bei mir zu Hause zusammen mit Ann Jones und ließen uns ein hübsches Mahl schmecken, das einer meiner Köche vorbereitet hatte.

Bea reiste bald wieder ab, aber die geselligen Unternehmungen in meinem Kalender reißen bis zum Ende des Jahres nicht ab. Ich hatte Karten für *Les Troyens, Angels in America* und *All in the Timing*; es gab Partys bei Lisa Alther und bei Alix Kates Shulman, es gab ein Hexenschwesterntreffen, eine Weihnachtsfeier an Heiligabend, ein Abendessen mit Gloria und Carol. Aber davor gab es noch ein Essen mit Charlotte in einem altfranzösischen Restaurant an der West Side. Wir hatten gerade zu Ende gegessen, da überfiel mich ein rasender Schmerz in der Seite. Vielleicht waren es Blähungen – hatte ich zu lange nichts gegessen? Das hatte schon häufiger unangenehme Folgen nach sich gezogen. Vielleicht war es auch das Stützkorsett – es war extrem eng und schnürte mich in der Taille und am Unterleib ein. Ich sagte zu Charlotte, ich müsse sofort nach Hause. Auf der Fahrt öffnete ich das Stützkorsett, aber der Schmerz ließ nicht nach. Ich legte mich ins Bett und fühlte mich hundeelend. In der Nacht bekam ich auch noch Schüttelfrost; mir klapperten die Zähne, und mir wurde einfach nicht warm.

So ging es bis zum Morgen. Irgendwann wurde mir klar, daß ich vermutlich Fieber hatte und es klug wäre, Edie anzurufen – womöglich hatte ich mir einen Grippevirus eingefangen. Als Edie meine Symptome hörte, erhob sie die Stimme; sie sagte, ich solle *sofort* in die Notaufnahme des St. Luke's Roosevelt fahren; sie und Lucy würden mich dort erwarten; ich hätte eine Infektion, möglicherweise eine Nierentzündung. Als sie merkte, daß mir vor der Notaufnahme graute, sagte sie, ich solle mir keine Gedanken machen; sie und Lucy kämen umgehend dorthin und würden mir beistehen.

Verwirrt zog ich mich an und versuchte ein paar Dinge fürs Krankenhaus einzupacken, aber ich war wie benebelt. Isabelle half mir. Ich rief die Kinder an und erzählte ihnen, was passiert war. Sie sagten, sie würden so schnell wie möglich ins Krankenhaus kommen. Als ich in der Notaufnahme eintraf, ging es mir bereits ziemlich schlecht: Ich kann mich an die Vorgänge dort kaum noch erinnern. Ich weiß, daß die Kinder da waren, erinnere mich aber nicht mehr daran, Lucy oder Edie gesehen zu haben – erst später, als ich die Aufnahmeprozedur längst hinter mir hatte. Ein neuer Arzt namens Frank Lowe, ein Urologe, an den Edie mich verwiesen hatte, untersuchte mich und sagte mir, ich hätte eine Nierenentzündung und bräuchte etwas, das für mich nach Operation klang. Keine Operation, sagte ich. Ich wollte um keinen Preis unter's Messer.

Aber ich war nicht in der Verfassung, eine solche Entscheidung zu treffen. Ich war im Fieberwahn, ich litt höllische Schmerzen und zitterte am ganzen Leib. Am nächsten Tag, vielleicht war es auch zwei Tage später, kamen Frank und Edie gemeinsam an mein Bett. Fast förmlich sprachen sie auf mich ein. Sie sagten, ich würde sterben, wenn ich mich nicht dem Eingriff unterziehen würde, den Frank vorgeschlagen habe. Es sei keine Operation im eigentlichen Sinn, sie müßten lediglich einen Schlauch in meine Niere einführen, um den Eiter abzusaugen, der wegen meiner vielen Nierensteine nicht von allein abfließen könne. Im Glauben, ich schwebe in unmittelbarer Lebensgefahr, stimmte ich zu.

Sie brachten mich eilig in den OP. Ich bekam eine Narkose und kann mich an nichts erinnern, außer daran, daß Dr. Lowe, als ich wieder hinausgeschoben wurde, zu seinem Assistenzarzt sagte: «Wir haben sie gerade noch rechtzeitig erwischt. Eine Stunde später, und sie wäre tot gewesen.» Der andere Arzt pflichtete ihm bei.

Ein halbes Jahr später lag ich noch einmal im gleichen Operationssaal (ich sollte während der nächsten Jahre noch häufiger dorthin zurückkehren) und lernte eine Krankenschwester kennen, die bei jenem ersten Eingriff assistiert hatte. Sie ließ einen Freudenschrei los, als sie mich erkannte. Dann fiel sie mir um den Hals und sagte, sie wäre überglücklich, mich zu sehen, und freue sich riesig, daß es mir besserginge. Sie könne sich noch gut an mich erinnern: «Es war kurz vor Weihnachten, ich hatte schon einen Flug gebucht – ich wollte über die Feiertage nach Hause –, da kam Dr. Lowe und sagte, ich müsse hierbleiben, weil Sie in Lebensgefahr schwebten und sofort operiert werden müßten. Also blieb ich. Mein Gott, das werde ich nie vergessen. Es ging Ihnen wirklich sehr schlecht. Und hinterher sagte der Doktor, wir hätten Ihnen das Leben gerettet. Ich war so stolz.» Dann küßte sie mich.

Von Soziobiologen wird immer wieder behauptet, Aggressivität und Egoismus seien Grundeigenschaften der menschlichen Spezies, aber diese Leute übersehen, daß wir Opfer bringen für jene Menschen, die wir lieben, und daß diese Art von Liebe in unserem Leben eine große Rolle spielt. Ich erinnere mich an diese Krankenschwester mit größter Sympathie, aber ich weiß nicht einmal ihren Namen. Dabei bin ich sicher, daß ich sie danach gefragt habe, als sie mich ansprach – ich konnte ihn mir bloß nicht merken. Umgekehrt bin ich sicher, daß sie mich nie vergessen wird, und das nicht deshalb, weil ich irgend etwas darstelle oder getan habe, sondern weil *sie* etwas für mich getan hat. Das, was sie getan hat, trug dazu bei, mein Leben zu retten; sie hat mir etwas geschenkt. Aber vor allem hat sie *sich selbst* etwas geschenkt, indem sie ein Opfer brachte; daß ich überlebte, war *für sie* ein Geschenk; ihr Mitgefühl mit mir hat *sie* reicher gemacht. All die Liebe, die sie anderen gibt – denn ich bin zweifellos nicht die einzige Patientin, die von ihrer Großherzigkeit profitiert hat –, wird ihr eines Tages vergolten werden und Zufriedenheit bescheren. Ich glaube, so funktioniert das Leben. Anstatt nach dem Gen für Altruismus zu suchen, sollten die Verhaltensforscher einmal bedenken, daß Altruismus für den Gebenden selbst eine Bereicherung darstellt, genauso wie in der Liebe der Liebende mehr profitiert als der Geliebte oder wie Tugend in Wahrheit sich selbst belohnt und aggressives Verhalten die eigene Strafe nach sich zieht.

Der Schlauch wurde eingeführt, aber mein Befinden besserte sich nicht. Der Eiter floß nur langsam ab, da die Nierensteine ihn nach wie vor behinderten, und das Fieber wollte nicht sinken. Ich bekam die üblichen Krankenbesuche, aber ich war nicht mein übliches, aufgeräumtes «Krankenhaus»-Ich. Ich war niedergeschlagen, ich hatte das Gefühl, alles hätte sich gegen mich verschworen. Edie und ich hatten uns so angestrengt, mein Wohlbefinden zu erhalten: Edie hatte sich seit langem wegen meiner schwachen Nieren gesorgt und deshalb regelmäßig meinen Urin nach Vorboten einer Niereninfektion untersucht – zum letzten Mal *eine Woche*, bevor ich ins Krankenhaus kam. Und ich hatte all ihre Anweisungen strikt befolgt. Was hätten wir denn sonst noch tun können? Gerade eben hatte ich mich von den schlimmsten Rückenschmerzen erholt, gerade eben hatte ich angefangen, wieder gesund zu werden. Ich hatte mir solche Mühe gegeben, trotz allem zu funktionieren, eine positive Grundeinstellung zu behalten, mein altes Leben und mein altes Wohlbefinden wiederzugewinnen. Und jetzt lag ich wieder über Weihnachten im Krankenhaus, und alle Pläne für die Feiertage waren zunichte.

Seit ich aus dem Koma erwacht war, war ich nicht mehr so deprimiert gewesen. Ich hatte es satt, krank zu sein; ich hatte es satt, in Krankenhäusern zu liegen und mir Narkosen und Spritzen und Schläuche verpassen und mich von einem Fremden nach dem anderen abhören zu lassen. Ich kann die Ärzte nicht zählen, die mich während meiner Krankheit behandelt und mir Ratschläge erteilt haben; manche von ihnen bekam ich gar nicht zu Gesicht, viele von ihnen kannte ich nicht, und an viele kann ich mich gar nicht mehr erinnern. Wenn ich diejenigen zusammenzähle, die ich selber sah, die ich kennenlernte oder an die ich mich wenigstens erinnere, komme ich auf rund fünfzig verschiedene Ärzte. Ich fühlte mich wie die namenlose Kreatur in Becketts *Wie es ist*, der/ die durch den Schlamm kriecht und sich dauernd einbildet, in der Ferne ein Licht zu sehen, ein Ziel, an das er/sie vielleicht gelangen kann. Mir erging es sogar noch schlimmer: Ich begegnete im Schlamm andauernd Ungeheuern, denen ich zu entkommen oder die ich zu ignorieren trachtete. Ich hatte keine Ahnung, wie lange ich den Kampf noch durchhalten würde. Ich wollte kein Leben in Selbstmitleid leben, aber die Verzweiflung drückte mich nieder.

Die Entzündung war so hartnäckig, daß die Ärzte mich nicht ohne zusätzliche Vorbeugungsmaßnahmen entlassen wollten. Sie drängten mich, mir einen Stent in die Niere einsetzen zu lassen. Sie erklärten mir, ein Stent sei ein dünner Plastikschlauch, den ich weder sehen noch spüren, der aber dafür sorgen würde, daß trotz meiner Nierensteine alles abfließen könne. Bei einer Ultraschalluntersuchung konnte ich die Nierensteine mit eigenen Augen sehen – es waren eine Menge. (Ich weiß nicht, ob ich sie schon hatte, bevor ich krank wurde; Chemotherapie kann die Bildung von Nierensteinen zumindest begünstigen.) Ich fragte den Urologen, ob es nicht möglich sei, die Nierensteine zu entfernen; er sagte, im Prinzip schon, aber es gebe zwei Arten von Nierensteinen, die man auf unterschiedliche Weise entfernen müsse; er nannte mir irgendeine vage Begründung, weshalb es bei mir im Augenblick nicht gemacht werden könne. Also gab ich meine Einwilligung zu dem Stent, zumal der Urologe mir sagte, damit wäre ich vor weiteren Nierenentzündungen sicher. Bei diesem Eingriff traf ich die Krankenschwester wieder, die meinetwegen damals ihren Flug abgesagt und mir das Leben gerettet hatte.

Nach dem zweiwöchigen Krankenhausaufenthalt war ich sehr geschwächt. Einige Jahre später sagte mir ein Nierenspezialist, daß Nierenpatienten durch Krankenhausaufenthalte in besonderem Maße geschwächt würden – warum, wisse man nicht. Im Durchschnitt bräuchten sie für jeden Krankenhaustag hinterher eine Woche Erholung. Da ich das damals noch nicht wußte, fühlte ich mich nur elend, mutlos und mißlaunig. Wieder schlich ich kraftlos in meiner Wohnung herum, und wieder hatte ich Schwierigkeiten, meine Bewegungen zu kontrollieren.

Vater unser erschien Anfang Januar. Es war geplant, daß ich eine PR-Tour mache. Wegen meines Krankenhausaufenthalts wurde die Tour abgesagt, aber auch nichts anderes unternommen – keine Anzeigen, keine Werbung. Das beeinträchtigte den Verkauf des Buches. Und da ich seit fast zwei Jahren nicht gearbeitet hatte und meine Behandlungskosten sich mittlerweile auf über eine halbe Million Dollar beliefen (wovon die Versicherung nur einen Teil trug), war ich darauf angewiesen, daß das Buch sich verkaufte. Abgesehen davon ärgerte ich mich über die Kritiken. Sie nannten das Buch «spannend», «leicht zu lesen». Dabei hatte ich immens viel von mir selbst in dieses Buch gesteckt; in gewisser Hinsicht war es eine Antwort auf das wichtigste Buch, das ich je gelesen hatte. Aber Literaturkritiker, weibliche wie männliche, nehmen Romane von Frauen selten ernst; mit wenigen Ausnahmen, den sogenannten «ernstzunehmenden Autorinnen»

– wer diesem erlauchten Kreis angehört, das wird früh entschieden –, werden Frauen rezensiert, als schrieben sie mit dem Uterus. Romanen von Frauen wird unterstellt, sie seien autobiographisch und spiegelten das sexuelle und emotionale Leben der Autorin wider. Obwohl Inzest in *Vater unser* eine wichtige Rolle spielt, ist das Grundthema des Buches nicht Inzest, wie alle Kritiken behaupteten, sondern der Haß zwischen vier Frauen, der aus ihren fundamental verschiedenen Anschauungen über das Leben erwächst. Keine der Rezensionen stellte die Frage, welche Rolle Inzest in diesem übergeordneten Thema der Disharmonie unter Frauen spielt – keine erfaßte das Thema als solches überhaupt.

Schreiben ist immer eine einsame Tätigkeit, aber das Gefühl der Einsamkeit wird noch tausendmal größer, wenn ein Buch auf absolutes Unverständnis stößt. Der Grund für das Unverständnis ist manchmal Dummheit, aber viel häufiger eine Blindheit, die im Geschlecht des Autors begründet ist. Daß Frauen keine ernstzunehmenden Bücher schreiben, ist ein Vorurteil, das bei weiblichen wie männlichen Kritikern gleichermaßen verbreitet ist; sie nähern sich den Werken männlicher und weiblicher Autoren mit unterschiedlichen Erwartungen. Ich wußte, daß es mir nach derart sprachlosen Reaktionen auf mein Buch nicht leichtfallen würde, noch einmal die Leidenschaft und die intellektuelle Glut aufzubringen, mit der ich *Vater unser* geschrieben hatte.

Zwei Wochen nach meiner Entlassung aus dem St. Luke's Roosevelt mußte ich mich wieder einer Endoskopie im Sloan-Kettering unterziehen. Obwohl der Eingriff schmerzlos und Dr. Gerdes immer sehr freundlich war, bedeutete es wieder einen Tag im Krankenhaus mit allem, was dazugehörte: stundenlanges Warten, Auskleiden in einer kalten Kabine, ein kaltes, papierenes Krankenhaushemd anziehen, warten, warten, warten, Nadeln in den Arm gestochen bekommen, auf einem kalten Metalltisch im Operationssaal liegen, ein Formular unterzeichnen müssen, auf dem stand, ich sei darüber informiert, daß der bevorstehende Eingriff mit Risiken verbunden und im schlimmsten Fall tödlich ausgehen könne, und hinterher in einer riesigen Lagerhalle von Krankensaal langsam wieder zu sich kommen. Es bedeutete wieder einen Tag im Elefantenmist. Ich hatte es zum Sterben satt.

In den Wochen nach meiner Entlassung brauchte ich ständig ärztlichen Beistand, und zwischen den vielen Arztterminen und meinen depressiven Stunden sah ich kaum Freunde. Meine Schwester half mir schließlich aus diesem Loch heraus. Sie wußte, daß ich den Winter normalerweise in Florida verbrachte, und als klar war, daß ich nicht in der physischen Verfassung war, mich allein zu versorgen, bot sie an, mich zu begleiten. Da ich die Kälte hasse, nahm ich das Angebot begeistert an, und Ende Januar flogen wir zusammen hinunter.

Florida war eine Prüfung für mich. Das Gebäude, in dem ich wohne, ist relativ neu und hat Sicherheitstüren, die so schwer sind, daß ich sie kaum öffnen kann. Wenn ein starker Wind wehte (was im Winter fast immer der Fall ist), waren die Türen nach draußen für mich eine unüberwindliche Barriere. Noch heute bekomme ich die Haustür nur auf, wenn ich mich mit meinem ganzen Gewicht dagegenlehne und sie langsam aufdrücke. Die Hilfe meiner Schwester war Gold wert. Sie fuhr den Wagen, den ich gemietet hatte. Sie öffnete die verdammten Türen. Sie trug die schweren Gemüsetüten vom Markt nach Hause und die Fünfkilosäcke Honeybell-Orangen, die ich so liebe. Wir kochten zusammen und räumten zusammen auf.

Die Zeit in Florida war nach dem Krebs die erste Phase, in der ich versuchte, im großen und ganzen allein zurechtzukommen, und ich fand es sehr schwer. Dinge nicht tun zu können oder etwas zu versuchen und zu scheitern, machte mich gereizt. Noch dazu, wenn ich Schmerzen hatte oder wenn etwas schiefging. Ich litt darunter und sagte mir, auf der Suche nach einer Ausrede, das liege an meinen ständigen Schmerzen. Ich wußte nicht, daß Gereiztheit ein Symptom von Traumatisierung ist.

Trotzdem hatte ich mit Isabel eine Menge Spaß, und mit den körperlichen Kräften kam allmählich auch die Überzeugung zurück, daß ich am Ende doch wieder gesund werden würde. Meine Depressionen verflogen ebenfalls. Im Jahr zuvor hatte ich großen Plänen zugestimmt, im Glauben, ich würde sie trotz meiner physischen Handikaps realisieren können. Ich hatte zugesagt, für *Vater unser* eine PR-Reise nach Holland zu unternehmen, anschließend nach Australien zur Buchmesse in Adelaide zu fahren und, etwas später, eine einwöchige PR-Tour durch England zu machen. Ein Unwetter im Nordosten verzögerte Isabels und meine Rückkehr aus Florida, aber schließlich kamen wir doch nach New York. Ein paar Tage später saß ich im Flugzeug nach Amsterdam.

Es war fürchterlich kalt dort, und die Straßen waren vereist; mit meinem geschwächten Körper, meinem Wirbelbruch und meinem morschen Rückgrat traute ich mich nicht, in der Stadt herumzuspazieren. Dennoch war ich überglücklich, wieder in Amsterdam zu sein, und dachte dauernd an die melancholischen Todesahnungen, die mich bei meinem letzten Besuch verfolgt hatten. Ich traf Anneville und Nettie zu einem Abendessen, und am nächsten Abend meinen liebenswürdigen niederländischen Verleger Maarten Asscher. Die meiste Zeit aber saß ich im wunderbaren Hotel de l'Europe und gab Interviews.

Am Freitagabend kehrte ich nach New York zurück, gab mehreren australischen Journalisten Telefon- und Fernseh-interviews (ein paar von ihnen hatten mich bereits vor mei-ner Abreise nach Holland interviewt), und am Montagabend flog ich nach Los Angeles. Dort blieb ich über Nacht und ließ mich am nächsten Morgen von einem Taxi an der Küste nordwärts zum Getty-Museum fahren. Es faszinierte mich, daß dieses prachtvolle Gebäude mit seinen wundervollen Kunstschätzen nicht langsam gewachsen, sondern mit einem immensen Geldaufwand fast über Nacht aus dem Boden ge-stampft worden war. Am selben Abend flog ich nach Austra-lien.

Meine letzte Australienreise lag dreizehn Jahre zurück, und ich rechnete damit, dieselbe Kultur vorzufinden, die ich 1977 und 1979 kennengelernt hatte. Damals waren die Australier extrem fremdenfeindlich gewesen, vor allem Schwarzen und Asiaten gegenüber. Der weiße, männliche Australier war in jenen Jahren der häßliche Amerikaner des Südlichen Pazifik gewesen; und von den weiblichen Journalisten, denen ich In-terviews gab, waren viele am Ende in meinem Hotelzimmer in Tränen ausgebrochen – etwas, das mir sonst nirgendwo auf der Welt je passiert war. In einem feinen Restaurant in Mel-bourne, wo ich mit einer Gruppe von Verlegern speiste, hat-te ich schockiert mit angehört, wie der Kellner dem ganzen Tisch in aller Ausführlichkeit einen antisemitischen Witz er-zählte.

Allerdings war ich nie in Adelaide gewesen, einer Provinz im Süden, die für ihr zweijährliches Festival der Künste berühmt ist. Die Reise nach Adelaide dauerte lange, so daß ich ziemlich müde war, als ich ankam. Aber ich wurde gleich in Beschlag genommen – von Mary Beasley, damals Staatssekretärin im Wirtschaftsministerium von Südaustralien und Vorsitzende des Komitees zur Hundertjahrfeier des Frauenwahlrechts (Südaustralien war das erste Land der Welt, in dem die Frauen das Wahlrecht erhielten – 1894), und Suzie Mitchell, Leiterin der Autorenwoche innerhalb des Festivals der Künste. Die Festivalorganisatoren hatten die wunderbare und humane Idee, die Autoren ein Wochenende lang von den Medien abzuschirmen, um ihnen Gelegenheit zu geben, sich gegenseitig kennenzulernen, sich von der Anreise zu erholen und sich Adelaide anzuschauen. Ich hatte so etwas noch bei keinem anderen Festival erlebt und empfand es als ein wunderbares Stimulans. Anstelle von Interviews bot man uns Ausflüge zu landschaftlichen Attraktionen in der Umgebung oder zum Schwimmen an und große Abendessen mit reichlich Wein. Dieses Wochenende gab mir Gelegenheit, eine Reihe neuer Bekanntschaften zu machen: Deirdre Bair, deren faszinierende, intelligente und unbestechliche Biographie von Simone de Beauvoir auf mich die unselige Wirkung gehabt hatte, mir die Frau, die ich mir zum intellektuellen Vorbild erkoren hatte, gründlich zu vermiesen; Sara Paretsky, deren Detektivgeschichten mir wegen ihres ausgeprägten Gespürs für soziale Ungerechtigkeit gefallen; und schließlich Rosie Scott, eine australische Romanautorin, deren Bücher mich durch ihren Reichtum an Geschichten und ihre Menschlichkeit beeindruckt hatten.

Als ich wieder in der Stadt war, bekam ich zu meinem Erstaunen ein ganz anderes Australien zu sehen. Es gab sehr viele Asiaten, und die Restaurants (die bei meinem letzten Besuch die Qualität britischer Dorfgasthäuser gehabt hatten, mit nahezu ungenießbarem Essen) boten eine einfallsreiche, von asiatischen Einflüssen inspirierte einheimische Küche – in New York würde man es «Asian fusion» nennen. Das Essen war ausnahmslos köstlich, und ich sah überall Zeichen des Respekts oder immerhin der Toleranz für die Kultur der australischen Ureinwohner und der Asiaten sowie für andere sexuelle Orientierungen.

Das Land, das ich sah, war das Gegenteil des Australien von 1977. Es kommt selten vor, daß sich aus einer Kultur der Borniertheit und Engstirnigkeit Offenheit und Harmonie entwickeln; das Umgekehrte ist weit häufiger der Fall. Aber ich war gerührt und beeindruckt von der Anständigkeit der Weißen auf diesem Kontinent, die den Mut gefunden hatten, den Schmerz über ihre verlorenen englischen oder irischen Wurzeln und ihre Angst vor dem Fremden, das die Völker dieses Erdteils für sie verkörperten, zu überwinden, sich von ihren Vorurteilen zu lösen und sich Ideale wie Offenheit und Toleranz zumindest auf die Fahne zu schreiben. Der Lohn für diejenigen, denen dieser Schritt gelungen war, waren Harmonie und Zufriedenheit: Das Australien von 1994 war sehr viel glücklicher als das von 1977.

Mit Rosie Scott unternahm ich Spaziergänge durch die Nebenstraßen von Adelaide und einen Bootsausflug auf dem Fluß. Ihre Bücher sind von einer Sinnlichkeit und Lebendigkeit, wie ich sie nur bei wenigen anderen Autorinnen gefunden habe – mir fallen nur Colette und Edna O'Brien ein –, und doch zugleich in hohem Maße politisch. Literaturkritiker tendieren dazu, politische Haltungen bei Autorinnen nicht wahrzunehmen; diejenigen von uns, die sich der Geschlechterpolitik widmen, werden dem feministischen

Ghetto zugeschlagen, und Autorinnen, die sich mit nationalen oder globalen Problemen befassen, werden – wie die Argentinierin Luisa Valenzuela – von der Kritik nicht zur Kenntnis genommen. Rosie war als Mensch ebenso angenehm und unterhaltsam wie als Autorin, und obwohl wir uns nur ein paarmal getroffen haben, pflegen wir seitdem eine herzliche Korrespondenz. Elmore Leonard war auf der Buchmesse anwesend, aber ich habe nicht mit ihm gesprochen, ebensowenig wie mit einer Gruppe englischer Schriftsteller, zu der auch David Lodge gehörte, den ich in den siebziger Jahren kennengelernt hatte – bei einer Joyce-Tagung, glaube ich. Er sah damals so jung aus, daß ich ihn für einen Studenten hielt, dabei war er bereits ein anerkannter Autor und Lehrer.

Susie und Mary übernahmen die Regie über meine freien Stunden und gingen mit mir zu vielen Festivalveranstaltungen – unter anderem in eine brillante Inszenierung von Purcells *Dido und Aeneas* unter der Regie von Mark Morris sowie in ein Stück von Patrick White, dem australischen Nobelpreisträger. Bei letzterem verließ ich die Aufführung vorzeitig, weil ich Whites verklemmte, enge, kleinmütige Weltsicht nicht ertrug, der kein Vorurteil fremd war – er repräsentierte das Australien, das ich in den Siebzigern kennengelernt hatte. Außerdem gab es Abendessen mit Verlegern und mit Mary und Susie und Deirdre und Rosie in lauter guten Restaurants, und natürlich Interviews und Podiumsdiskussionen und Vorträge. Von Adelaide aus flog ich nach Sidney, wo ich weitere Interviews gab und Peter Solomon (und seine Familie) besuchte, den ich aus dem Harvard Graduate Council kannte. Der Höhepunkt meines Sidney-Aufenthalts – und vermutlich auch der Höhepunkt des gesellschaftlichen

Lebens in Sidney – war ein riesengroßer, mehrstündiger Straßenumzug: die Mardi-Gras-Parade – so hieß sie, auch wenn Mardi Gras schon längst vorüber war. Freunde einer Freundin, die ich in der Stadt getroffen hatte und die sich liebenswürdigerweise als meine Fremdenführer anboten, hatten auf einer verglasten Tribüne, von der aus man die Parade verfolgen konnte, Sitzplätze für uns reserviert. Da ich die langen Stunden im Stehen nicht durchgehalten hätte, war ich dafür dankbar.

Für jemanden, der das alte Australien gekannt hatte, war das Erstaunlichste an diesem Umzug, daß es sich um eine Schwulen- und Lesbenparade handelte. Angeführt wurde sie von einer Gruppe junger, schwarz gekleideter Lesben, den «Dykes on Bikes», die auf schweren Motorrädern vorbeibrausten und der Menge zuwinkten, die sie mit lautem Johlen begrüßte. Ansonsten bestand der Umzug fast ausschließlich aus Männern, die allerdings mehrheitlich blonde, auftoupierte Frisuren, hochhackige Schuhe und hautenge Glitzerkleider trugen. Wie sie in diesem Outfit stundenlang marschieren konnten, ist mir ein Rätsel. Viele von ihnen hatten sich als Doubles berühmter Frauen ausstaffiert – am stärksten vertreten waren Mary Tyler Moore, Doris Day, Jackie Kennedy, Margaret Thatcher und Bronwyn Bishop, eine Schattenministerin der Liberalen Partei, deren einzige Sünde darin zu bestehen schien, daß sie ehrgeizig, weiblich und Trägerin einer blonden, toupierten Haartracht war. Jedesmal, wenn sie erschien – und es gab zig Exemplare von ihr –, ging ein ausgelassenes Grölen durch die Menge. Meine australischen Freunde haben mir erzählt, eine Zeitlang sei das Gerücht gegangen, Bishop solle im Fall eines Wahlsiegs der Liberalen Premierministerin werden, worauf die Presse, um das zu verhindern, sie erst auf den Schild gehoben und dann fal-

lengelassen habe. Die Presse war erfolgreich. Am Ende mußte Bishop sich im Kabinett der Liberalen mit dem Posten
einer Stellvertreterin des Verteidigungsministers begnügen.

Alles in allem fand ich die Parade ein wenig ärgerlich,
denn im Grunde beleidigte sie die Frauen: als ob spitze, kegel-
förmige Brüste, ausladende Hinterteile, auftoupierte Frisuren, hohe Absätze und hauteng Kleider das Wesen der Frau
ausmachten – und all diese Attribute reklamierten die Männer auch noch für sich. In Wirklichkeit huldigten diese Kerle
dem Phallus, bloß: Wo waren die Phallussymbole? Mir war nur
ein einziges aufgefallen, eine von zwölf Männern aufgerich-
tete Rakete, bereit zum Abschuß ins All; der Rest der Parade
zeigte nichts als übergroße weibliche Geschlechtsmerkmale.

Ich glaube nicht an einen grundlegenden Unterschied
zwischen den Geschlechtern und freue mich immer, wenn
Männer sich zu Eigenschaften bekennen, die normalerweise
Frauen zugeschrieben werden – Eigenschaften wie Mitgefühl, Fürsorglichkeit, Hilfsbereitschaft und Toleranz. Ich glaube, daß eine Aufwertung dieser Eigenschaften das einzige ist,
was die Welt retten kann. Aber um diese Qualitäten ging es
hier gar nicht. Hier wurden andere Eigenschaften gefeiert; ich
mußte an eine Figur aus *Frau am Abgrund der Zeit* denken (vielleicht Marge Piercys größtes Buch): Ihr Körper hat die Form
einer Sanduhr und ist nur für das männliche Begehren geschaffen. Die Männer auf dieser Parade waren allesamt Klone
dieser Figur.

Am 7. März reiste ich von Sidney nach Melbourne weiter,
um dort für mein Buch zu werben; am 9. März flog ich zum
Great Barrier Riff. Ich hatte noch nie im Leben einen so
idyllischen Ort gesehen. Auf Hayman Island wohnte ich in
einem Häuschen direkt am Strand. Das Meer war so warm

und ruhig, daß ich trotz meiner Schwäche und meines angeschlagenen Zustands darin schwimmen konnte. Anschließend setzte ich mich mit einem Buch in einen bequemen Liegestuhl und sah aufs Meer hinaus. Ich nahm an einem Hubschrauber- und Bootsausflug zum Riff teil und entdeckte eine reiche, farbenprächtige Unterwasserwelt voller Pflanzen und bunter Fische, die sich inmitten des Ozeans meilenweit ausdehnt. Mein Besuch war nur kurz, aber die Erfüllung eines lang gehegten Wunsches.

Ich genoß den Aufenthalt in Australien sehr, vor allem wohl, weil es mir dort gutging – seit meinem ersten Wirbelbruch hatte ich mich nicht mehr so kräftig und beweglich gefühlt, vielleicht sogar seit dem Beginn meiner Krankheit nicht mehr. Und ich begann wieder Illusionen zu hegen und mir vorzustellen, ich könnte vielleicht doch wieder rundum gesund werden und mein «altes Selbst» zurückgewinnen. Die Heimreise dauerte eine Ewigkeit – den Tag, den ich auf dem Hinflug gewonnen hatte, verlor ich auf dem Rückflug wieder. Am Sonntag, dem 13. März, landete ich auf dem John F. Kennedy Airport, und am fünfzehnten kam ich in Florida an. Rob und Barbara erwarteten mich dort bereits; sie wollten mir beim Kauf eines neuen Autos behilflich sein. Sosehr ich meinen Porsche liebte – ich brauchte einen Wagen, in dem ich einen besseren Halt für meinen Rücken hatte und der bequemer zu fahren war als der Sportwagen, der so viele Armbewegungen erforderte. Wir gingen systematisch auf die Suche, und ein paar Tage später hatte ich einen Lexus gekauft, den ich bis heute mit großer Zufriedenheit fahre. Danach flogen Rob und Barbara zurück nach Hause, und ich blieb allein in Florida, um mich zum erstenmal, seit ich krank geworden war, ohne jede Hilfe durchzuschlagen.

Das Alleinleben war immer noch schwer, wenn auch nicht mehr so hart wie im Jahr davor, aber es dauerte nicht lange, da tauchte ein neues Problem auf – ich mußte häufig Wasser lassen, was stets mit Schmerzen und oft mit Blut einherging. Ich plagte mich zwar schon länger mit diesem Problem herum, aber mit einemmal verschlimmerte es sich drastisch. Ich beschloß, mir vor Ort einen Arzt zu suchen. Bei meinem ersten Aufenthalt in Florida in den siebziger Jahren war ich einmal bei einem Internisten gewesen. Er hatte meinen ersten Roman gelesen und machte einiges Aufheben um mich und meinen Ruf. Aber im Verlauf einer gynäkologischen Untersuchung, auf der er bestand, verhielt er sich so merkwürdig, daß ich nie wieder zu ihm gegangen war. Seitdem hatte ich mich an meine New Yorker Ärzte gehalten – was in all den Jahren, in denen ich keine gesundheitlichen Probleme hatte, nicht weiter schwierig gewesen war. Nun suchte ich nach einem Urologen und bekam schließlich von jemandem, dem ich vertraute, einen Namen genannt. Edie hatte von dem Mann allerdings noch nie etwas gehört und empfahl mir, vorsichtshalber doch lieber nach New York zu kommen und zu Dr. Lowe zu gehen.

Ich beschloß, die urologische Untersuchung im März machen zu lassen, wenn ich ohnehin in New York wäre, um mit meinen Freundinnen zu feiern. Esther veranstaltete am 26. März ihr Frauen-Passahfest (über das sie ein Buch geschrieben hat, *The Telling*), und am Tag darauf gab es (zwei Tage verspätet) eine Geburtstagsfeier für Gloria. Den Rest der Zeit in New York verbrachte ich in Arztpraxen, aber niemand konnte mir sagen, was mir fehlte.

Ich mußte nach England fliegen, um dort Werbung für *Vater unser* zu machen, aber bevor ich abflog, brauchte ich wieder eine Endoskopie. Am 11. April, als ich meine Zelte in Florida abbrach, fühlte ich mich großartig. Durch das tägliche Schwimmen hatte ich Farbe bekommen und meine Muskulatur ein wenig gekräftigt, so daß ich mein Handgepäck selber aus dem Flugzeug tragen konnte. Es war nicht ganz leicht, etwas über zehn Kilo, aber ich bildete mir ein, es tragen zu können, zumindest für eine Weile. Und als es mir dann doch zu schwer wurde – blieb ich da etwa stehen, stellte es ab und sah mich nach einem Gepäckwagen um? Keineswegs. Ich trug es weiter. Am nächsten Tag hatte ich heftige Schmerzen und verfluchte mich – aber auf die Idee, daß ich mir schon wieder einen Wirbel gebrochen hatte, kam ich nicht. Ich ließ einen Masseur kommen und packte die Koffer für London.

Ich brachte meine Interviews, Mittag- und Abendessen hinter mich, ging sogar noch ins Theater und hatte trotz der Schmerzen großen Spaß. Ich hatte meine Schmerztabletten dabei, aber wahrscheinlich nahm ich immer zu wenig, so daß sie ihre Wirkung nicht voll entfalten konnten. Edie sagt, wenn man Schmerztabletten nimmt, darf man nicht warten, bis der Schmerz sich wieder meldet – das heißt, man muß die zweite Tablette schlucken, bevor die Wirkung der ersten nachzulassen beginnt. Das habe ich nie getan. Trotzdem bleibt es eine merkwürdige Eigenschaft von Schmerzen, daß man sich später nicht unbedingt an sie erinnern kann. Ich habe diesen Londonbesuch als rundum angenehm in Erinnerung.

Am Ende traf ich mich mit Beatrix Campbell, um mit ihr nach Essex zu fahren, wo wir Germaine Greer besuchten. Germaine war wieder einmal die liebenswürdigste, sprühendste, geistreichste Gastgeberin, die man sich denken kann. Zum Mittagessen ging sie in den Garten ihres schönen alten Hauses hinaus und schnitt frische Kräuter für die köstliche Tomatensauce, die sie uns zur Pasta servierte. Abends nahm sie uns zum Dinner ins Newnham College in Cambridge mit, an dem sie lehrt.

An diesem Abend hätte ich mir gewünscht, Virginia Woolf wäre von den Toten auferstanden und hätte erleben können, daß die Oxbridge-Frauen heutzutage kein ungenießbares Essen mehr ertragen müssen. Die Professorinnen des Newnham College aßen exquisite Stubenküken. Wir genossen den Abend mit diesen klugen, gewitzten, gebildeten, charmanten, freundlichen Frauen – die ganz anders sind als viele der Männer, die ich am High Table in Oxford kennengelernt habe.

Am nächsten Tag brachen wir nach Kent auf – diesen Teil Englands hatte ich bei früheren Besuchen immer nur gestreift. Ich wollte die Canterbury Cathedral sehen – und war dann enttäuscht. Ich hatte in England noch keine Kirche gesehen, die von so geschmacklosem touristischem Buden-Schnickschnack verschandelt war – wie man ihn von anderen Orten wie dem Mont-Saint-Michel oder dem Petersdom zur Genüge kennt. Später machte ich mit Bea in einem merkwürdigen Gasthaus halt, dessen Möblierung aus einem Spukschloß zu stammen schien, in dem wir aber ausgezeichnet aßen. Und als wir weiter durch die schöne Landschaft von Kent fuhren, dankte ich wieder einmal dem Himmel, daß ich all meinen Gebrechen zum Trotz so eine Reise machen durfte.

Mai 1994 bis Dezember 1996

UNMITTELBAR NACH meiner Rückkehr mußte ich aus der Wohnung ausziehen, in der ich fünfzehn Jahre lang gelebt hatte, denn ich hatte sie verkauft. Der Umzug ging längst nicht so leicht über die Bühne wie frühere Umzüge – meine Rückenschmerzen machten ihn zur Tortur. Eine zusätzliche Erschwernis war, daß mir meine Assistentin, Isabelle de Cordier, gekündigt hatte, da sie nach mehreren Jahren vergeblicher Suche endlich einen Job in ihrer Branche, der Architektur, gefunden hatte. Sie kam dennoch jeden Tag nach Feierabend und half mir, wo sie konnte – wie sie es immer getan hatte.

Meine Wohnung an der Central Park West Avenue war im Grunde immer zu groß für mich gewesen. Acht Zimmer und fünf Badezimmer für eine Person – das war mir von Anfang an leicht pervers vorgekommen, aber ich hatte dem prachtvollen Blick auf den Park nicht widerstehen können. Als ich damals überlegte, ob ich sie kaufen sollte, hatte ich – aus Aberglauben, nehme ich an – meine Mutter um Rat gefragt. Die Wohnung sei so groß, hatte ich zu ihr gesagt, daß ich schon den Tag kommen sehen würde, an dem ich sie nicht mehr würde bezahlen können. Und dann wäre ich bestimmt am Boden zerstört. «Ach was», hatte sie gesagt, «du wirst froh sein, sie loszuwerden. Erst verliebt man sich in eine Wohnung, aber irgendwann hat man sie satt», sagte sie. «Irgendwann kommt der Tag, an dem du wieder ausziehen willst.» Sie hatte recht behalten: Die einzigen Dinge, die ich vielleicht vermissen würde, wären der begehbare Schrank neben dem Badezimmer mit der Duschkabine, von der aus man im Spiegel den Park sehen konnte; der offene Kamin in meinem Arbeitszimmer, die geräumige Küche und die Pförtner, die allesamt so reizend und liebenswürdig waren, daß ich mich stets gefreut hatte, nach Hause zu kommen. Ein Problem war nur, wohin mit all den Möbeln, Bildern und vor allem Büchern aus meiner riesigen Wohnung? Leid tat es mir lediglich um meine Bibliothek, die ich verkleinern mußte, aber als ich etwa ein Drittel meiner Bestände einer Bücherei in Berkshire gespendet hatte, stellte ich fest, daß meine eigene Sammlung sich dadurch verjüngt hatte.

In diesem Frühjahr hatte ich Lesungen im Crone's Bookstore in Boston und im Harbourfront in Toronto. Nach meiner Rückkehr ging ich zu meinem Onkologen, der eine Kernspintomographie anordnete: Sie zeigte, daß ich mir im vergangenen April tatsächlich einen zweiten Wirbel gebrochen hatte. Aber auch diesmal war keine Spur von Krebs zu entdecken. Die Rückenschmerzen hatten inzwischen natürlich nachgelassen, aber mein Bewegungsradius schränkte sich mehr und mehr ein. Edie fand eine wunderbare neue Krankengymnastin für mich, Frania Zins, die nach der Feldenkrais-Methode arbeitet und mir seitdem geholfen hat, kräftiger zu werden, mich gerader zu halten und mich so zu bewegen, daß sich die Schmerzen nicht verschlimmerten. Zwar habe ich nach wie vor chronische Schmerzen, aber im Vergleich zu früher leide ich nicht mehr so sehr darunter, obwohl ich im Januar 1996 noch eine dritte Kompressionsfraktur erlitt.

Den größten Teil dieses Frühjahrs erholte ich mich in den schönen Berkshire Hills. Der Hexenzirkel kam mich für ein

Wochenende besuchen. Aber an dem Tag, als sie ankamen, hatte ich so viel Blut im Urin, daß ich es mit der Angst zu tun bekam. Nach vielen Schwierigkeiten – es war das Wochenende um den vierten Juli – hatte ich einen Arzt (den ich allerdings nicht kannte) *und* eine Apotheke, die Notdienst hatte, ausfindig gemacht; Gloria und Carol fuhren für mich zur Apotheke und holten die Medikamente ab. Anschließend rief ich noch bei Harold Greenberg an, Barbaras Mann, der meine Ängste beschwichtigte – er hatte Verständnis dafür, daß ich beim Anblick von so viel Blut erschrak. Ich wußte ja nicht, was der Grund dafür war. Ich würde nach New York fahren müssen, um mich behandeln zu lassen, aber da ich die Strecke immer noch nicht selber bewältigen konnte, schob ich es vorläufig auf.

Am darauf folgenden Wochenende gab ich ein großes Familienfest (die Kinder übernahmen wieder einmal das Kochen und Aufräumen). Danach brachten mich meine Schwester und Fred Baron nach New York. Eine Computertomographie am nächsten Tag ergab, daß sich weder in der Niere noch in der Blase Anzeichen für Krebs finden ließen. (Wenn man einmal Krebs hatte, ist dies immer das erste, worauf die Ärzte einen untersuchen.) Am Tag darauf entfernte mein Urologe den Stent, denn es stellte sich heraus, daß er die Ursache meiner Blutungen war. Er wollte ihn durch einen neuen ersetzen, aber ich protestierte. Ich fand, daß der Stent genauso viele Probleme verursacht hatte wie die Niere selbst: Ich wollte mein Glück ohne ihn versuchen. Das erwies sich als falsche Entscheidung.

Charlotte fuhr mich zurück in die Berkshire Hills, wo ich den Rest des Sommers verbringen wollte. Nachdem ich die Geschichte der Frauen fertig überarbeitet hatte, konnte ich ein neues Werk beginnen; ich nahm mir den Romananfang wieder vor, den ich während der letzten Monate der Chemotherapie im Krankenhaus geschrieben hatte. Ich hatte den Roman – er sollte *Mein Sommer mit George* heißen – mit dem Gedanken begonnen, daß ich versuchen wollte, zur Abwechslung einmal etwas Leichtes zu schreiben. Angst hatte in dieser Phase mein Leben beherrscht, und ich wollte – ob mir das gelingen würde, wußte ich nicht – etwas Komisches, Satirisches versuchen. Ich hatte den Roman schon im Kopf, aber ihn zu schreiben, würde völlig andere Talente erfordern als *Vater unser*: nicht Tiefgang, sondern Heiterkeit; nicht intellektuelle Schärfe, sondern ironische Leichtigkeit; nicht tiefschürfende emotionale Konflikte, sondern verrückte Gefühle, in einer alltäglichen Sprache erzählt. Ich war alles andere als sicher, ob ich dazu in der Lage wäre; ich war nicht einmal sicher, ob ich es wirklich wollte. Aber ich arbeitete daran.

Die ganze Woche vom 8. bis zum 14. August hatte ich Gäste. Die letzten waren Linsey Abrams und Ann Volks, die übers Wochenende gekommen waren. Am Ende war ich erledigt. Ich kochte, aber ich konnte nicht essen, und ich krümmte mich wieder vor Schmerzen. Die Schmerzen waren anders als bei der letzten Nierenentzündung; ich wußte nicht, was ich von ihnen halten sollte. Am Tag nach Linseys und Anns Abreise ging es mir so schlecht, daß ich einen Krankenwagen rufen und mich ins nächste Krankenhaus bringen lassen mußte. Die Fairview-Klinik ist ein reizendes Haus mit kaum vierzehn Zimmern und einem kleinen, aber exzellenten Ärztestab – wenn auch nur mit wenigen Spezialisten. Man verabreichte mir Antibiotika, diagnostizierte eine Nierenentzündung und sagte mir, ich hätte Glück, weil just am nächsten Tag der Urologe kommen werde. Als er eintraf, ordnete er an, daß ich umgehend nach Pittsfield verlegt würde. Dort werde er einen Schlauch in meine Niere einführen, der sich in einen Beutel außerhalb meines Körpers entleeren könne. Das habe den großen Vorteil, fügte er begeistert hinzu, daß es ihm die Möglichkeit verschaffe, mir Iodamid lokal zu injizieren (ein Kontrastmittel, das mich bei innerer Anwendung umgebracht hätte – das wußte ich, obwohl er es mir nicht sagte). Auf diese Weise könne er sehen, was in meinem Innern vor sich gehe. Als ich das hörte, rief ich den (exzellenten) Internisten der Klinik an und beschwor ihn, mich nach New York zu verlegen.

Die Fahrt in die Stadt zu organisieren, dauerte eine Ewigkeit. Der Internist wollte sicher sein, daß ich während der langen Reise in sicheren Händen war, und bestand darauf, daß mich im Krankenwagen medizinisches Personal begleitete. Das trieb den Preis des örtlichen Krankentransportunternehmens auf über eintausendfünfhundert Dollar. Die Fahrt war in der Tat sehr lang und unbequem – bei aller berechtigten Sorge des Arztes: Auf dem Rücksitz eines, sagen wir, Lincoln Town Car, hätte ich mich weniger elend gefühlt. Als ich den freundlichen jungen Sanitäter, der mich begleitete, um ein fiebersenkendes Mittel bat, da ich mich fiebrig fühlte, sagte er, er hätte nicht einmal Aspirin da. Bei meiner Ankunft im St. Luke's Roosevelt war meine Temperatur auf 40,6 Grad Celsius geklettert.

Ich verbrachte neun Tage im Krankenhaus und bekam während meines Aufenthalts eine Lungenentzündung. Außerdem hatte ich Schmerzen im Arm und in der Brust; als ich der Krankenschwester sagte, ich hätte das Gefühl, ich hätte einen Herzinfarkt gehabt, ignorierte sie es. Ich willigte ein, daß der Urologe mir einen neuen Stent einsetzte; ich hatte eindeutig keine andere Wahl. Unmittelbar nach meiner Entlassung fuhren Rob und Barbara mich für das bißchen Sommer, das vom Jahr noch blieb, in die Berkshire Hills zurück. Geschwächt, niedergeschlagen, meiner ganzen Lage überdrüssig, versuchte ich erneut, mich innerlich auf Akzeptanz und Heiterkeit zu polen. Edie gab mir den Rat, mir für den Notfall einen Arzt in den Berkshire Hills zu suchen. Der gute Internist, der sich in der Fairview-Klinik um mich gekümmert hatte, nahm keine neuen Patienten mehr auf und verwies mich an seinen jungen Praxiskollegen, der mir gleich bei der ersten Begegnung einen einstündigen Vortrag hielt, sich aber am nächsten Tag, als ich ihn eines Notfalls wegen anrief, nicht mehr an mich erinnern konnte.

Dieser Notfall ereignete sich am Labor-Day-Wochenende. Die Kinder waren zu Besuch, und wir hatten einige schöne Unternehmungen geplant, unter anderem wollten wir am Sonntag zu einer Party in der Nachbarschaft gehen, bei einem Künstlerpaar, das in einem wunderschönen alten Haus auf einem großen Grundstück wohnte und sämtliche Anwohner eingeladen hatte. Ich freute mich darauf, einige meiner Nachbarn zu sehen. Am Samstag setzte ich mich mit meinem Morgentee in der Küche ans Fenster und schlug die Zeitung auf. Plötzlich fühlte ich einen Stich in meiner Speiseröhre. Wegen der Lungenentzündung schluckte ich immer noch Antibiotika und mußte jeden Morgen vor dem Frühstück eine Tablette nehmen. Im ersten Moment dachte ich, sie sei vielleicht steckengeblieben – bei großen Tabletten passierte es mir immer wieder, daß sie beim Schlucken ein Geschwür aufrissen und mich für zwei, drei Tage krank machten. Aber ich fühlte mich nicht krank, nur fürchterlich erschöpft.

Ich sagte den Kindern, irgend etwas stimme nicht mit mir; ich wisse nicht, was es sei, ich fühlte mich nur entsetzlich schwach. Ich legte mich wieder ins Bett und schlief den ganzen Tag und den nächsten Tag ebenfalls; die Kinder wollten ohne mich nicht zur Party gehen und blieben das ganze Wochenende über zu Hause, weil sie sich Sorgen machten. Am Montag kam überraschend Moe Schneider zu Besuch, ein alter Freund aus Collegetagen. Ich hatte ihn seit über zwanzig Jahren nicht mehr gesehen; er war einer der Freunde, die mein Mann bei der Scheidung mitnahm (Freunde werden bei einer Trennung ebenso aufgeteilt wie Hausrat). Ich setzte mich in Schlafrock und Pantoffeln in einen Sessel; glücklicherweise ist Moe ein gesprächiger Mensch, so daß ich nicht viel zu sagen brauchte.

Nachdem ich mehrere Tage lang mit diversen Ärzten aus der Umgebung telefoniert hatte, die mich alle nicht gut genug kannten, um zu wissen, daß ich nicht klagen würde, wenn mir nicht wirklich etwas fehlte (ich kann es ihnen nicht verübeln; es war vermutlich nicht einfach, aus meinen vagen Angaben schlau zu werden), erreichte ich endlich Edie. Sie sagte, ich solle nach New York fahren und mich im St. Luke's aufnehmen lassen. Verzweifelt packte ich meine Sachen: erst vor *elf* Tagen hatte ich das Krankenhaus verlassen. Die Kinder, für die diese Übung inzwischen ebenfalls Routine geworden war, fuhren mich hin und begleiteten mich in die Notaufnahme. Da ich nicht genau erklären konnte, was mir fehlte, hatte ich Angst, daß sie mich nicht aufnehmen würden; aber sie machten keinerlei Umstände, denn mein Blutdruck war so niedrig, daß ich kurz davor war, in einen Schock zu fallen.

Edie und Lucy nahmen zunächst an, ich hätte wieder eine

Nierenentzündung; Dr. Lowe, der Urologe, bestritt das. Ich hielt mich aus dieser Auseinandersetzung heraus. Unmittelbar nach meiner Aufnahme bekam ich eine Lungenentzündung; da ich einen Pleuraerguß hatte, vermuteten Edie und Lucy eine Lungenembolie. Man untersuchte mich hauptsächlich darauf – und natürlich auf Krebs. Erst wurde eine Computertomographie der Brust gemacht, dann eine Lungenventilationsszintigraphie, bei der nach der Injektion eines radioaktiven Kontrastmittels die Atmung untersucht wird. Dann kam eine Pulmonalis-Angiographie, bei der an einer Stelle in der Leistengegend ein Schlauch in den Körper eingeführt und bis in die Herz-Lungen-Gegend hinaufgeschoben wird, um die Lage vor Ort zu untersuchen. Dabei ist man bei Bewußtsein: Es ist nicht schmerzhaft, aber es fühlt sich gruselig an. Dann bekam ich eine Pleurapunktion, bei der einem eine lange Nadel in den Rücken gestochen wird, um Flüssigkeit zu entnehmen. Der Arzt schwor mir, es werde nicht weh tun, aber es tat doch weh, und ich schrie. Ich hörte nicht auf damit, und der arme junge Arzt bekam Angst, daß er womöglich meine Lunge verletzt hatte, was bei dieser Untersuchung vorkommen kann. Er besuchte mich an diesem Tag mehrere Male und verkündete schließlich mit großer Erleichterung, er habe meine Lunge nicht verletzt. Ich entschuldigte mich bei ihm, daß ich geschrien hatte wie ein Baby. Ich sagte ihm, ich sei schon seit so langer Zeit krank, daß mein Körper wie der eines Säuglings reagiere: Wenn man ihm weh tue, schreie er, und ich hätte darüber keine Kontrolle. Ich sagte ihm, die Stelle, an der die Nadel eingeführt worden sei, tue immer noch weh.

«Der Körper hat den Schmerz noch nicht vergessen», sagte ich.

«Derjenige, der den Schmerz verursacht hat, auch nicht.»
Er lächelte reuevoll.

Da keine dieser Untersuchungen eine Lungenembolie oder Krebs an den Tag brachte, ordneten sie eine Echokardiographie an. Sie zeigte, daß ich einen Herzinfarkt gehabt hatte. Ich hatte eine Herzinsuffizienz mit Pleuraerguß. Niemand hatte ernsthaft einen Herzinfarkt in Erwägung gezogen, weil es ein «stummer» Infarkt gewesen war: Ich hatte nur einen kleinen Stich gespürt, und der Infarkt hatte keinerlei größere, klinisch bemerkbare Symptome verursacht.

Da ich im Krankenhaus lag, war ich gezwungen, eine PR-Reise nach Frankreich abzusagen – die wichtig gewesen wäre, da ich dort seit mehreren Jahren nicht mehr gewesen war –, damit fiel auch der geplante Abstecher nach Sligo flach, wo ich meine Freundin Lois Gould in Bertolt Brechts altem Haus an der irischen Küste besuchen wollte, das sie vor kurzem wunderschön restauriert hatte. Daß ich Lois nicht sehen konnte, tat mir natürlich leid – aber die Absage der Frankreich-Reise hatte empfindliche ökonomische Folgen.

Als ich die Lungenentzündung überstanden hatte, wurde ich aus dem Krankenhaus entlassen. Edi und Lucy berieten sich mit einem weiteren Arzt (ich glaube, mit dem netten jungen Mann, der die Pleurapunktion durchgeführt hatte) und nannten mir dann einen Kardiologen, von dem sie meinten, daß ich trotz seines erstklassigen Rufes mit ihm zurechtkommen könnte. Die Kardiologen scheinen zu den unangenehmsten Zeitgenossen innerhalb der Medizinerzunft zu gehören und für ihre Gleichgültigkeit und Arroganz berüchtigt zu sein – weshalb es meinen Freundinnen schwerfiel, sich auf einen zu einigen. Und als sie ihre Wahl getroffen hatten, mußte ich bis Mitte Oktober auf einen Termin warten.

Ich zog die Herzinfarktdiagnose keinen Augenblick in Zweifel, aber da ich nichts weiter als einen Nadelstich gespürt hatte, ging ich davon aus, daß es sich um einen harmlosen, kleinen Infarkt gehandelt hatte. Um so bestürzter war ich, als mir auffiel, daß ich morgens nach dem Aufstehen, wenn ich Tee und Toast gefrühstückt, die Küche aufgeräumt, mich angezogen und mein Bett aufgeschüttelt hatte, ein überwältigendes Bedürfnis verspürte, mich noch mal eine halbe Stunde hinzulegen. Erschöpfung ist etwas, das mich extrem aus der Fassung bringen kann – wie es mir während der Bestrahlung dauernd passiert war.

Der Kardiologe war ein vertrauenerweckender Mann. Er schickte mich zu einem Belastungstest, für den bei mir – da ich nicht gut genug zu Fuß war, um mich auf dem Laufband zu verausgaben – die Injektion eines radioaktiven Isotops ins Blut nötig war. Ein Durchleuchtungsgerät verfolgt den Weg des Isotops durch die Blutbahn bis zum Herzen und deckt auf, ob es Zonen gibt, die nicht durchblutet werden. Diese Untersuchung wurde am 18. Oktober durchgeführt; zwei Tage darauf, am 20., hatte ich den nächsten Termin beim Kardiologen.

Ich datiere den Beginn meines gegenwärtigen Zustands auf diesen Tag. Der Arzt sagte mir, ich hätte eine kongestive Herzinsuffizienz. Er nehme an, der Herzinfarkt sei auf die Schädigung meines Herzens durch die Bestrahlung zurückzuführen. Dieser Schaden sei irreparabel. Im Gegensatz zu anderen Herzleiden könne er nicht durch einen Bypass oder eine künstliche Herzklappe oder irgendeine andere Operation behoben werden. Mein Herz sei zur Hälfte tot. Er zeigte mir die Aufnahmen aus dem Belastungstest, auf denen man mein Herz sehen konnte: die untere Hälfte war schwarz, während der Rest in bunten Farben schillerte, rot, blau und violett. Ich habe nie im Sprechzimmer eines Arztes geweint und tat es auch diesmal nicht, aber an diesem Tag mußte ich mich ungeheuer zusammennehmen, um nicht die Kontrolle über mich zu verlieren. Denn in diesem Moment wurde mir klar, daß ich während all meines Unglücks unbewußt immer gedacht hatte, egal, wie schlimm es auch kommen mag, immerhin habe ich ein starkes Herz. Meine Mutter, die mit weit über siebzig Jahren einen stummen Herzinfarkt gehabt hatte (bei ihr war es tatsächlich nur ein leichter Infarkt gewesen), war zweiundachtzig Jahre alt geworden; und mein Vater war mit seinen achtundachtzig Jahren immer noch kerngesund. Ich hatte geglaubt, nur mein starkes Herz hätte mir geholfen, all die Rückschläge der vergangenen zwei Jahre zu überstehen. Nun erfuhr ich, daß mein Herz zur Hälfte tot und der Schaden nicht zu reparieren war.

Der Arzt verschrieb mir verschiedene Medikamente, verordnete mir aber keine Diät und verbot mir weder bestimmte Aktivitäten noch bestimmte Lebensmittel. Wahrscheinlich ging er davon aus, daß ich über Fett und Cholesterine Bescheid wußte (was ich auch tat) und mich mit weitergehenden Fragen von selbst an ihn wenden würde. Aber wenn ich fürchte, Antworten zu bekommen, die im Widerspruch zu meinen Wünschen stehen, frage ich lieber erst gar nicht. Ich erwähnte nur beiläufig, daß ich in der kommenden Woche zu verreisen gedenke, und drückte mich mit Bedacht so vage aus, daß der Kardiologe nicht auf die Idee kommen konnte, ich wolle seine Meinung dazu erfahren; ich wollte nicht hören, daß ich die Reise absagen sollte. Ich hatte vor, nach Schweden, Norwegen und Deutschland zu fahren, um für *Vater unser* zu werben. Ich teilte lediglich meinen Gastgebern mit, ich sei aufgrund eines Herzinfarkts nicht ganz auf der Höhe meiner früheren Kondition und bitte sie deswegen, meinen Terminplan moderat zu halten. Mein schwedischer Verleger plante daraufhin pro Tag fünf Veranstaltungen und ein formelles Abendessen – weit weniger, als ich früher geschafft habe, und dennoch mehr, als ich mir heute zumuten kann. Das wußte ich damals nicht; man findet nur durch eigenes Ausprobieren heraus, wo die Grenzen der eigenen Leistungsfähigkeit liegen. Mein norwegischer Verleger setzte nur zwei Veranstaltungen und ein Abendessen täglich an, aber am sechsten Tag meiner Reise, dem zweiten Tag in Oslo, war ich so erschöpft, daß mir bei einer mehrstündigen Signierstunde in einem heißen, stickigen Osloer Kaufhaus übel wurde. Ich war nahe daran, in Ohnmacht zu fallen. Dennoch war ich zuversichtlich, daß ich mich wieder erholen würde, bis ich die Tour durch Deutschland antreten müßte, denn bis dahin blieb mir noch eine ganze Woche für mich selbst.

In dieser Woche wohnte ich im Parkhotel Brenner in Baden-Baden, einem großen Haus mit einem wunderschönen Speisesaal. Die Gäste dort wurden zu einem Rundgang durch die prachtvolle Küche eingeladen. Ich koche selbst, aber ich hätte mir nie vorstellen können, was es heißt, *keinerlei* Fertigprodukte zu verwenden – wie es im Brenner gehalten wurde. Die Köche bereiteten nicht nur ihre eigenen Suppenfonds und Saucen zu (damit hatte ich gerechnet), sie buken auch ihr eigenes Brot, inklusive Frühstücksbrötchen und Toast für den Toast Melba; sogar ihre eigenen Nudeln stellten sie her. In der riesigen Küche wimmelte es von Angestellten, während mir der Speisesaal nie überfüllt vorkam.

Baden-Baden ist ein reizvoller Kurort mit hübschen Straßen. Hinter dem Hotel gab es einen schönen Park, der jetzt im Oktober eine herbstliche Farbenpracht trug. Ich spazierte auf dem Uferweg eines kleinen Flusses namens Oos. Der Park erstreckte sich kilometerweit am Ufer entlang, das von zurückgesetzten, beschaulichen Wohnhäusern gesäumt war. Auch die Einheimischen gingen dort spazieren; ich nickte ihnen im Vorübergehen lächelnd zu, erntete aber nur abweisende Blicke. Vielleicht lag es an meiner Kleidung – obwohl es für meinen Geschmack schöne Sachen waren: ein Pullover mit passender Strickjacke in Weiß, Marine und Hellbraun, dazu hellbraune Hosen und Schuhe. Die Frauen, die dort ihre Hündchen ausführten und mir abschätzige Blicke zuwarfen, trugen allesamt Kleider, Mäntel, Hüte, Strümpfe und Schuhe mit Absätzen. Auch die Männer, ebenfalls mit Hunden, waren förmlich gekleidet und benahmen sich distanziert. Ich schwamm in dem wunderbaren Pool des Hotels und nahm an organisierten Tagesausflügen in den Schwarzwald und nach Heidelberg und Straßburg teil. Die Landschaft und die Dörfer in diesem Teil Deutschlands machen, zumindest optisch, einen gepflegten, wohlhabenden und traditionsbewußten Eindruck. Die Schönheit und der Reichtum dieses Landstrichs trugen zu meiner Verwirrung darüber bei, weshalb Adolf Hitler ausgerechnet hier soviel Anklang gefunden hatte.

Als ich meinen Terminplan für die Deutschlandtournee erhielt, bekam ich einen kleinen Schreck. Mein Verlag hatte zehn Tage ohne Unterbrechung eine PR-Veranstaltung nach der anderen geplant; man hatte zwar nur ein oder zwei Interviews und formelle Essen pro Tag vorgesehen – ein himmelweiter Unterschied zu dem Programm, das ich auf meiner letzten Reise absolviert hatte. Wahrscheinlich glaubte man, nicht viel zu verlangen, aber man hatte für *jeden* Abend eine

Lesung anberaumt, genauso wie während meiner Deutschlandtour 1992. Eine Lesung pro Abend klingt vielleicht nicht viel, aber es bedeutete, daß ich mich gegen halb sechs umziehen, gegen sechs Uhr das Hotel verlassen und dann eine Stunde im Auto zu der jeweiligen Buchhandlung fahren mußte. Die Lesung würde um halb acht beginnen und fünfundvierzig bis fünfzig Minuten dauern; Fragen aus dem Publikum würden eine weitere halbe Stunde beanspruchen. Dann wurde von mir erwartet, daß ich Bücher signierte (Europäer lieben signierte Bücher) – weitere fünfundvierzig bis sechzig Minuten –, und erst dann konnte ich zum Hotel zurückfahren. Gegen elf käme ich dort an, ohne Abendessen, aber auch zu müde, um noch etwas zu mir zu nehmen – ganz abgesehen davon, daß die Restaurants in ländlichen Hotels um diese Stunde nicht mehr geöffnet wären.

Am dritten Abend, nach dem dritten dieser fünfstündigen Gewaltakte, hatte ich Angst, einen zweiten Infarkt erlitten zu haben. Ich fühlte mich extrem erschöpft und schwach, genau wie nach dem ersten Infarkt. Die jungen Frauen, die mich begleiteten, brachten mich zum nächsten Krankenhaus – das eine rundum positive Überraschung war. Groß, luftig, sauber, ansprechend möbliert und *leer*. Der Gegensatz zu den amerikanischen Notaufnahmen hätte nicht krasser sein können – obwohl auch die Notaufnahme der Fairview-Klinik in Great Barrington häufig leer ist. In Deutschland mußte der Arzt zu Hause angerufen werden. Er kam umgehend und begrüßte mich liebenswürdig, ja charmant; höflich wie ein südländischer Gentleman komplementierte er mich in sein Sprechzimmer. Er führte ein paar Untersuchungen durch, dann telefonierte er kurz, um einen erfahreneren Kollegen dazuzubitten, der gleich darauf erschien und ebenso höflich war.

Es wurde ein EKG gemacht, und anschließend baten mich die beiden Herren wieder mit ausgesuchter Höflichkeit ins Sprechzimmer. Normalerweise, sagten sie, könnten sie Patienten, die mitten in der Nacht zu ihnen kämen und über Schmerzen in der Brust klagten, wieder nach Hause schikken, da es sich meist nur um Verdauungsbeschwerden handle. In meinem Fall müßten sie zu ihrem größten Bedauern eine Ausnahme machen; es täte ihnen aufrichtig leid, aber sie sähen sich gezwungen, mich zu bitten hierzubleiben, da mein Herz in einem besorgniserregenden Zustand sei.

Ich sagte, ich wüßte, daß ich herzkrank sei, und hätte vor, am nächsten Tag nach Hause zu fliegen. Mir war klar, daß ich mein Leben riskierte, wenn ich die PR-Tour fortsetzte. Ich würde keinen einzigen dieser langen Abende mehr durchstehen. Also organisierte ich am nächsten Tag in aller Eile meine Rückreise. Ich fühlte mich hundeelend dabei, den Verlag im Stich zu lassen – was zugleich bedeutete, mich selber im Stich zu lassen. Ich hatte eine einzige Veranstaltung selbst organisiert, einen Vortrag an der Universität Mainz, auf den ich mich riesig gefreut hatte; aber ich mußte auch das absagen.

Ernüchtert reiste ich nach Hause und suchte unmittelbar nach meiner Ankunft Edie auf. Als sie fragte, warum ich ihr nichts von meiner geplanten Europareise gesagt hätte, antwortete ich, ich hätte nicht gewollt, daß sie mir von der Reise abriet. Sie mußte mir nicht eigens sagen, daß ich meine Aktivitäten auf ein Minimum zu beschränken hatte. In Zukunft würde ich mehr auf meinen Körper hören.

Der Herzinfarkt setzte den Tagen meiner falschen Illusionen ein Ende. Ich stellte mir nie wieder vor, ich könnte meine alte Stärke, meinen alten Körper, meine alte Energie zurückgewinnen. Die extreme Müdigkeit hielt noch monatelang an. Danach kehrte vorübergehend die frühere Flinkheit in meine Bewegungen zurück – für etwa ein Jahr. Dann wurden andere Probleme wieder schlimmer, und meine Energie ließ nach. Heute denke ich nicht mehr an Genesung, nur noch an kleine Fortschritte und Durchhalten.

Obwohl mich Blut im Urin nicht mehr in Panik versetzte, veranlaßte es mich doch, meinen Urologen Ende 1994 zu bitten, den Stent zu entfernen. Da er wußte, daß ich für den Winter wieder in den Süden reisen wollte, lehnte er ab. In Florida wurden die Blutungen stärker, und ich begann beim Urinieren ständig Schmerzen zu haben, so daß ich im März 1995 nach New York fliegen mußte, um ihn entfernen zu lassen. Inzwischen war ein neues, unangenehmes Problem dazugekommen – im Abstand von einer Stunde hatte ich starken Harndrang und dann Schmerzen beim Wasserlassen. Aber Dr. Lowe schien nicht weiter interessiert. Das überraschte mich – er war stets ein ausgesprochen freundlicher Arzt gewesen; er hatte mich mehrmals im St. Luke's Roosevelt besucht, selbst wenn ich aus Gründen dort lag, die nichts mit seinem Spezialgebiet zu tun hatten. Jetzt schien er das Gefühl zu haben, er könne nichts mehr für mich tun.

Noch während ich in New York war, ließ ich wieder eine Endoskopie im Sloan-Kettering machen. Es war meine sechste und *letzte*. Als ich aus der Narkose erwachte, teilte Dr. Gerdes mir freudestrahlend mit, daß meine Speiseröhre ausgeheilt sei. Er war überglücklich, genau wie ich, aber ich verstand nicht, weshalb ich trotzdem immer noch diese Symptome hatte, diese Schluckbeschwerden. Er erklärte mir, daß Chemotherapie und Bestrahlung sämtliche Weichteile des

Körpers angreifen und daß meine Speiseröhre wahrscheinlich ihre Elastizität eingebüßt habe, ihre peristaltische Kraft. Er verschrieb mir Tabletten dagegen, die ich jeweils eine halbe Stunde vor den Mahlzeiten einnehmen sollte. Ich flog nach Florida zurück und freute mich – über mich selbst und über diesen einen kleinen Fortschritt.

Ich hatte in diesem Jahr etwas getan, wovon ich schon lange geträumt hatte: Seit Jahren hatte ich davon gesprochen, mit Wasserfarben zu malen. Während einem von Jamies Besuchen hatte ich Papier und Farben gekauft und sie gebeten, es mir beizubringen. Sie behauptete, es selbst nicht zu können – sie malte mit Ölfarben (was sie nicht davon abhielt, wunderschöne Aquarellskizzen aufs Papier zu werfen, als sie sich mit meinen Farben hinsetzte). Ich hatte es allein versucht, aber rasch gemerkt, daß ich mit den Farben nicht richtig umzugehen verstand. Jamie hatte mir deshalb zu Weihnachten 1993 Farben, Papier, Pinsel, Palette und Staffelei sowie fünf Stunden Unterweisung bei ihrer Freundin Ophrah geschenkt. Die fünf Stunden bei Ophrah hatten sich fast über das ganze Jahr verteilt, aber sie hatten mir große Freude gemacht.

Malen war – und ist bis heute – für mich das genaue Gegenteil von Schreiben: Ich empfinde es als etwas, das keinen moralischen oder politischen Inhalt hat (was sich nicht auf das bezieht, was *andere* Leute machen); mir gefällt fast nichts von dem, was ich produziere (was ich schreibe, gefällt mir fast immer), aber – und das ist bei einer Perfektionistin wie mir eine Rarität: es macht mir trotzdem riesigen Spaß. Gelegentlich habe ich das Gefühl, ich mache Fortschritte. Ich fühle mich als eine ewige Studentin – aber das macht mir nichts aus. *Es ist egal, wie gut oder wie schlecht meine Bilder werden.* Diese Einstellung habe ich beim Schreiben nie gehabt, nicht einmal zu der Zeit, als ich anfing, täglich zu schreiben. Ich habe mich immer nach meinem Schreiben beurteilt und enormes Gewicht darauf gelegt. Malen dagegen ist etwas Einfaches, Unbeschwertes, weil es keine Rolle spielt, ob mir etwas gelingt oder nicht.

Nach meiner Rückkehr aus Florida suchte ich Edie auf, die mich an einen Nierenspezialisten überwies, um etwas gegen meine Harnwegsprobleme zu unternehmen. Er hieß Sheldon Glabman, und sie schätzte ihn sehr. (Es war Dr. Glabman, der mich später im Mount-Sinai-Krankenhaus morgens weckte, indem er mir die Hand auf die Stirn legte. Er war mir von Anfang an sympathisch gewesen – er ist ein äußerst kultivierter Mann –, aber durch diese Geste wuchs er mir wirklich ans Herz.) Dr. Glabman wiederum überwies mich an einen neuen Urologen. Und der ordnete eine erneute Ultraschalluntersuchung an, bei der meine Nierensteine zu sehen waren, aber keine Anzeichen für Krebs. Der Urologe gab mir Belladonna gegen die Schmerzen beim Wasserlassen, was sie ein klein wenig linderte, aber an den Blutungen und der Häufigkeit des Harndrangs überhaupt nichts änderte.

Ich hatte mich soeben für den Sommer in den Berkshire Hills eingerichtet, als ich plötzlich Schmerzen in der Seite und ein leichtes Fieber bekam. Mittlerweile rechnete ich schon fast damit, daß meine Nierenentzündungen immer feiertags begannen, und pünktlich zum Wochenende des vierten Juli ging es los. Glücklicherweise war meine Tochter da und konnte mich nach New York fahren – die unbequeme, kostspielige Fahrt im Krankenwagen wolle ich kein zweites Mal erleben. Diesmal ging ich ins Mount-Sinai-Krankenhaus, wo mein neuer Arzt arbeitete.

Es war tatsächlich wieder eine Nierenentzündung, und diesmal erwies sich die Behandlung als schwierig. Nachdem er die Infektion unter Kontrolle gebracht hatte, verschrieb Dr. Glabman mir Medikamente, die, so hoffte er, die Nierensteine auflösen würden. Warum man mir diese Medikamente nicht schon früher gegeben hatte, weiß ich nicht. Er sagte, es könne ein Jahr dauern, aber ich müßte die Steine loswerden, damit die Entzündungen endlich aufhörten.

Meine häufigen Krankenhausaufenthalte veränderten mich. Freundlichkeit und Fügsamkeit gehörten der Vergangenheit an. Andererseits war ich vielleicht nie so freundlich und fügsam gewesen, wie ich dachte. Edie und Lucy sahen in mir eine Patientin, die den Ärzten das Leben schwermachen konnte – Edie nannte mich «reizbar» –, und im St. Luke's Roosevelt bin ich nicht wenigen Schwestern und Ärzten auf die Nerven gegangen. Im Sloan-Kettering war ich wohl etwas zahmer gewesen.

Eine junge indische Ärztin im St. Luke's, fast noch ein Mädchen, sollte einen TB-Test bei mir durchführen. Dazu mußte sie mir Blut abnehmen. Am nächsten Tag kam sie noch einmal mit einer Art nadelgespicktem Stempel, den sie mir in den Arm drücken wollte. Während dieser Zeit wurde ich ständig auf Lungenembolien untersucht und kam mir schon vor wie ein Nadelkissen. Ich sagte ihr, ich wolle den zweiten TB-Test nicht. Mir werde schon übel, wenn ich das Ding nur sehe, und ich sei schon genug gestochen worden. Sie bestand auf dem Test. Ich wiederum verweigerte mich, und damit basta. Aber sie ließ nicht locker, bis ich nachgab. Als sie mich mit dem Nadelstempel stach, brach ich in Tränen aus. Hätte die junge Ärztin auch nur die leiseste Ahnung davon gehabt, was ich schon alles durchgemacht hatte, wäre sie vielleicht ein wenig mitfühlender gewesen (wie der junge Mann, der die Pleurapunktion durchgeführt hatte), aber statt dessen machte sie mir Vorwürfe. Ich schluchzte, ich wolle nicht mehr, daß mir weh getan werde, ich wolle sterben. Sie war schockiert.

«Wie können Sie so etwas sagen!» schimpfte sie, dieses zwanzigjährige Gänschen. Sie wies mit einer Kopfbewegung zu Rob, der mich an diesem Tag besuchte. «Schämen Sie sich nicht? Sie sind eine glückliche Frau! Sie haben einen Sohn, Ihr Sohn kommt Sie besuchen! Sie sollten dankbar sein! Eine Frau, die einen Sohn hat, sollte dankbar sein! Sie haben überhaupt keinen Grund, solche Sachen zu sagen!»

Der Wutausbruch, den sie sich damit einhandelte, trieb sie auf den Flur hinaus. Ich habe sie nie wiedergesehen, aber Edie und Lucy erzählten mir, wie bestürzt sie war, und wollten von mir wissen, was vorgefallen sei. Als ich den beiden erzählte, was meinem Wutausbruch vorangegangen war, wechselten sie schmunzelnde Blicke.

Mit fremden Ärzten, die mit ganzen Kompanien von Untergebenen an meinem Bett auftauchten und unterwürfigen Gehorsam erwarteten, wenn sie anordneten, mich vor aller Augen zu untersuchen, machte ich kurzen Prozeß. Aber am häufigsten legte ich mich mit den arroganten Weißkitteln an, die meine Bettnachbarinnen – meist ärmere, schlecht versicherte Frauen – einzuschüchtern versuchten oder mit Grobheiten traktierten. Ich mischte mich ein, weil diese Frauen alles stumm über sich ergehen ließen (wie ärmere Frauen es meistens tun). Besonders unangenehm sind die Ärzte zu armen, farbigen Frauen, und manchmal machte es mir regelrecht Spaß, diese Kerle zurechtzuweisen. Im Mount Sinai standen einmal acht Männer (lauter ausgebildete Ärzte: Sie waren zu alt, um noch Studenten zu sein) um das Bett meiner Zimmergenossin herum, einer schönen, schwarzen Frau Anfang Dreißig, und sahen auf ihren geschundenen Körper hinab (die Arme hatte so viele Operationsnarben, daß sie aussah, als hätte man sie für medizinische Experimente mißbraucht). Der Anführer des Pulks teilte ihr mit, daß sie noch einmal unters Messer müsse. Als ich sie mit lauter Stimme warnte, ihm bloß nicht zu glauben, sondern unbedingt noch eine zweite Meinung einzuholen, stieß einer der jüngeren Ärzte ein Kichern aus. Unzählige Weißkittel zogen am Bett dieser Frau vorbei – daß derselbe Arzt zweimal kam, war die Ausnahme. An einem anderen Tag behauptete ein Arzt, sie bilde sich ihre Schmerzen nur ein (seit Tagen litt sie unter Schmerzen, ohne daß irgend jemand etwas dagegen unternahm); er fragte sie, wie alt sie sei. Als sie es ihm sagte, erwiderte er: «Nun ja, für die Menopause sind Sie noch zu jung, aber trotzdem bilden Sie sich das ein. Sonst sind Sie aber geistig gesund?» Sie blickte ihn verstört an.

Ich explodierte. «Wie bitte?» schrie ich. «Wollen Sie damit sagen, daß Frauen in der Menopause geisteskrank sind? Ist das Ihre Meinung? Sind Sie wirklich so einfältig und naiv, das zu glauben?»

Arzt oder nicht, genau das war zweifellos seine Meinung. Er sah mich völlig verunsichert, fast ängstlich an und stürzte aus dem Raum. (Ich hatte sein Vorurteil soeben bestätigt.) Meine Bettnachbarin aber drehte sich mit einem dankbaren Lächeln zu mir um und setzte sich gleich am nächsten Tag gegen einen Arzt zur Wehr, der sie herablassend behandelte.

Ich hatte die ganze Zeit über an meinem Roman *Mein Sommer mit George* geschrieben und überarbeitete das Manuskript während meines Krankenhausaufenthalts im Juli 1995. Am Tag nach meiner Entlassung schloß ich die Überarbeitung ab. Dann fuhr ich, so schnell es ging, in die Berkshire Hills zurück. Wieder war ich geschwächt und brauchte Hilfe beim Tragen und Heben von schweren Dingen; und wieder kam ich langsam wieder zu Kräften.

Eines Abends Ende September ging ich in New York mit meiner Tochter – wir hatten gerade in einem Off-Broadway-Theater *Ecstasy* gesehen – zur nächsten Straßenecke, um nach einem Taxi zu winken, und plötzlich lag ich rücklings auf dem Gehsteig. Die Leute um uns herum erschraken alle und wollten helfen – vor allem die Frauen –, aber zum Glück war Jamie bei mir, die mich nach Hause brachte. Am nächsten Tag ging es mir wieder gut, aber ich war dennoch beunruhigt. Ich rief Dr. Lieberman an, den Neurologen am Sloan-Kettering, und bat ihn um einen Termin. Er ordnete eine Kernspintomographie an, bei der herauskam, daß die Chemotherapie mein Gehirn geschädigt hatte. Glücklicherweise beschränkte sich die Schädigung auf das Kleinhirn – die kognitiven Teile des Gehirns waren intakt. Aber Dr. Lieberman sagte, der Schaden sei irreversibel und durch keine Therapie zu beheben.

Eine Weile machte ich mir Sorgen, daß ich stürzen könnte, wenn ich alleine wäre. Ich haßte die Vorstellung, rund um die Uhr jemanden um mich haben zu müssen, der auf mich aufpaßte. Aber es ist seitdem nur noch ein einziges Mal vorgekommen. Dennoch markierte der Vorfall den Beginn einer deutlichen Verschlechterung: Seitdem fällt mir das Gehen schwerer; mir ist oft schwindlig, und es passiert mir immer wieder, daß ich gegen eine Wand laufe; oft kommt es mir so vor, als ob ich gleich hinfallen würde, und manchmal breche ich dann tatsächlich zusammen. Wenn ich stehe oder gehe, muß ich mich zwischendurch immer wieder setzen und ausruhen. Aber daß ich ohnmächtig wurde, wenn ich hinfiel, ist mir seitdem nicht mehr passiert.

In diesem Jahr hatte ich keine weiteren gesundheitlichen Probleme, wenngleich sich meine Harnwegsgeschichten nicht besserten.

Im Januar 1996 flog ich nach Florida. Vielleicht hatte ich mehr Ehrgeiz oder mehr Energie als üblich – ich habe in Florida weniger Hilfe als an allen anderen Orten, und die Umstände dort sind für mich schwierig. Jedenfalls fiel mir nach einer Weile auf, daß meine Rückenschmerzen zunehmend stärker wurden. Ich versuchte sie zu ignorieren und fand jeden Tag eine andere Erklärung: daß ich am Tag zuvor zu lange geschwommen war oder den Sack Orangen nicht selber nach Hause hätte tragen sollen. Ende Februar flog ich nach England, um am Sheldonian Theatre die Oxford Amnesty Lecture zu halten; ich war ganz aufgeregt darüber, in diesen historischen Hallen auftreten zu dürfen. Anschließend blieb ich noch ein paar Tage in London und traf mich mit Verlegern. Ich wohnte im Connaught, meinem Lieblingshotel in England, einem wunderschönen, luxuriösen Haus mit einem großen Speisesaal. Abgesehen von der exquisiten Mittags- und Abendkarte bot die Küche allmorgendlich ein tadelloses Drei-Minuten-Ei – in meinen Augen der wahre Prüfstein für die Qualität einer Hotelküche.

Ende März mußte ich mir eingestehen, daß sich meine Rückenschmerzen seit geraumer Zeit stetig verschlimmerten, und ich konsultierte meinen Arzt in Florida. Er schickte mich zum Röntgen und ordnete ein Knochenszintigramm an. Ich hatte erneut eine Kompressionsfraktur. Der Arzt verordnete mir Krankengymnastik. Aber ich war bereits in Behandlung bei einer Kraniosakraltherapeutin, die mir half, die Schmerzen erträglich zu halten; und die zusätzliche konventionelle Krankengymnastik schien keine weitere Besserung zu bringen.

Meine Harnwegsprobleme wurden ebenfalls gravierender, und als ich nach New York zurückkam, suchte ich wieder meinen neuen Urologen auf. Er führte eine Zytoskopie durch und stellte fest, daß meine Blase mit Blut gefüllt war, entdeckte aber keine Anzeichen von Krebs. Der nächste Schritt war eine Computertomographie, für die ich mir einen Termin in einem Krankenhaus in Canaan, Connecticut, geben ließ. Da der Arzt nicht angegeben hatte, ob als Kontrastmittel Iodamid injiziert werden sollte, wollte der medizinisch-technische Assistent nicht fortfahren, ohne zuvor eine ärztliche Zustimmung einzuholen. Da ich dem Urologen nicht hundertprozentig vertraute (er hatte mich bei mehreren Terminen versetzt), ließ ich den medizinisch-technischen Assistenten bei Edie anrufen, die Iodamid strikt untersagte. Also ging ich wieder nach Hause, es gab keine Computertomographie und keine weiteren Untersuchungen. Edie, der Nierenspezialist, Dr. Glabman und der neue Urologe hatten Krebs zweifelsfrei ausgeschlossen. Edie wollte nicht, daß ich Iodamid bekäme (das schwere Nierenschäden nach sich ziehen und in meinem Fall tödlich sein konnte), so daß eine Computertomographie wenig erbracht hätte. Ihr abschließendes Urteil lautete, die Chemotherapie habe meine Harnwege geschädigt, eine Behandlung sei nicht möglich, und ich würde deshalb mit den Konsequenzen leben müssen. Das sollte die Standardantwort auf alle meine Probleme werden.

In der Tat lautet so die Diagnose bei fast allen gesundheitlichen Problemen, die ich gegenwärtig habe. Glücklicherweise zeigte das Medikament, das meine Nierensteine auflösen sollte, Wirkung, so daß sie binnen drei Monaten verschwunden waren, wie sich bei einer erneuten Ultraschalluntersuchung und einer Röntgenaufnahme zeigte. Edie verschrieb mir noch einmal eine Dosis Antibiotika und untersuchte abschließend noch einmal meinen Urin, um sicherzugehen, daß kein Entzündungsherd zurückgeblieben war. Nachdem ich infektfrei war und keine Nierensteine mehr hatte, standen meine Chancen gut, auch weiterhin entzündungsfrei zu bleiben. Bis heute hatte ich keine Nierenentzündung mehr, und seit eineinhalb Jahren habe ich keine Nacht mehr im Krankenhaus verbracht (allerdings war ich immer wieder zu ambulanten Behandlungen dort). Da mich jeder Krankenhausaufenthalt geschwächt hatte, fielen damit auch die zermürbenden Phasen der Entkräftung und mühsamen Rekonvaleszenz weg. Ich bin dankbar für die Ruhepause, aber erlaube mir nicht den Schluß, auf dem «Weg der Besserung» oder gar Genesung zu sein. Mein Gehvermögen wird zunehmend schlechter, da die Neuropathie an den Füßen fortschreitet; die Schwindelgefühle aufgrund des Hirnschadens haben vermutlich eine ähnliche Prognose, da die Auswirkungen der Toxine und der Bestrahlung für den Rest meiner Tage anhalten werden.

Wenn ich mich konzentriere, kann ich geradeaus gehen. Wenn ich abgelenkt bin und vergesse, mich auf das Stehen oder Gehen zu konzentrieren — was mir beispielsweise auf großen Partys passiert –, wird mir schwindlig, ich fühle mich schwach und habe das Gefühl, gleich zu fallen. Ich fürchte mich davor, daß ich eines Tages nicht mehr ohne Hilfe werde gehen können, aber das läßt sich nicht vorhersagen, und ich weigere mich, meine guten Jahre damit zu verbringen, mir scheußliche Dinge auszumalen, die vielleicht gar nicht eintreten werden. Regelmäßige Feldenkrais- und Kraniosakraltherapie für meine Rücken- und Armprobleme haben mich in die Lage versetzt, mich ein kleines bißchen gerader zu halten und den Armradius ein klein wenig zu vergrößern. Ich habe sogar Momente, in denen ich ganz ohne Schmerz bin. Mein Herz ist ein bißchen kräftiger geworden, und meine Nierenfunktion etwas besser. Diese Veränderungen geschahen von selbst; sie sind Zeichen für die wunderbare Fähigkeit des Körpers, sich selbst zu regenerieren.

Bilanz: Frühjahr 1997

NACH ALL DEN Hochs und Tiefs der Jahre 1992, 1993, 1994 und 1995, nach den tiefen seelischen Erschütterungen, den Augenblicken voller Euphorie, in denen ich glaubte, wieder gesund werden zu können, und den unvermeidlichen Enttäuschungen, die darauf folgten, habe ich ein Stadium der Gelassenheit erreicht. Nach Jahren voller Schmerzen, Furcht und schwerer Krankheit bin ich in einem Zustand angelangt, der von eingeschränkter Gesundheit, aber relativer Ruhe gekennzeichnet ist. 1996 war das erste Jahr seit meiner Diagnose im Jahr 1992, in dem ich keine Nacht im Krankenhaus verbrachte. Da jeder Krankenhausaufenthalt mich geschwächt und meine Muskulatur zurückgebildet hatte, hatte ich zum erstenmal die Chance, wieder kontinuierlich zu Kräften zu kommen. Natürlich wußte ich zu Beginn des Jahres nicht, was auf mich zukommen würde, und es fehlte auch nicht an beunruhigenden Momenten, wenn ich plötzlich Blutungen oder heftige Schmerzen bekam, die mich in lähmende Angst versetzten.

Momentan geht es mir relativ gut. Mein Rücken schmerzt fast ständig, aber ich kann es ertragen, ausgenommen wenn ich müde bin; regelmäßige Medikamenteneinnahme und eine eiweißreduzierte Diät halten meine Nieren in Schach; die Harnwegsprobleme sind unverändert – ich habe stündlich Harndrang und kann nie eine ganze Nacht durchschlafen, aber seit ich weiß, daß es sich dabei nicht um Krebssymptome handelt, bin ich deswegen nicht mehr ständig in Sorge.

Vor ein paar Monaten habe ich Reynolds Prices Bericht über sein Krebsmartyrium gelesen, *Ein zweites Leben*. Price hatte Wirbelsäulenkrebs und bekam hochdosierte Bestrahlung. Als Folge davon ist er jetzt beidseitig gelähmt. Er schreibt, daß schlimme Wirbelsäulenverletzungen fast immer die Nerven schädigen, die die Blasenfunktion kontrollieren. Die meisten doppelseitig und vom Hals abwärts Gelähmten haben Probleme beim Entleeren der Blase; sie verlieren oft die Kontrolle über das Wasserlassen und sind anfällig für Blaseninfektionen. Monatelang glaubte ich, meine Harnwegsprobleme, die erst 1995 begannen, seien eine Spätfolge der Bestrahlung. Price hatte noch ein anderes Problem, das ich auch habe: Er nennt es «Stürme» in den Nerven des Rückens und der Beine und beschreibt es als ein Jucken wie von Brennesseln, nur sehr viel stärker. Seit meinem Koma hatte ich immer wieder diesen «Brennessellkoller», wie ich es nenne, ein Kribbeln und Brennen, das sich um das Zwerchfell herum und über den ganzen Rücken zieht. Es kann extrem unangenehm sein und kommt oft aus heiterem Himmel, wenn ich einen Arm etwas zu weit strecke oder eine zu schnelle Bewegung mit dem Oberkörper mache. Meine Kraniosakraltherapeutin Susan Trider hat mir vor einigen Jahren gesagt, sie hätte einmal, als sie mich massierte, ein merkwürdiges Prickeln gespürt – obwohl ich ihr nie von meinem «Brennesselkoller» erzählt hatte. Ihre Arbeit hat Erfolge gezeitigt – das Gefühl überfällt mich mittlerweile sehr viel seltener.

Mein Gehvermögen und mein Gleichgewichtssinn haben mit der Zeit erheblich nachgelassen, aber ich falle nicht mehr regelmäßig hin. Und seit mich eine Naturheilkundlerin, Dr. Ember Carianna, und Susan Trider (beide in Florida) gezielt auf Chemotherapie- und Bestrahlungsfolgen behandeln, kann ich wieder etwas besser gehen. Susan hat mir eine Visualisierungsübung beigebracht, bei der man sich die Zahl «8» über dem erkrankten Körperteil vorstellt. Sie hat eine eigene Theorie über diese Zahl, über die sie derzeit eine wissenschaftliche Arbeit schreibt. Die Zahl «8» ist nicht nur das Symbol für Unendlichkeit und die Form des Möbiusbandes, sondern sie beschreibt auch eine «natürliche» Bewegung: Wenn man die Augen schließt, während man aufsteht, vollführt der Körper automatisch eine Bewegung, die der Zahl «8» folgt. Ich stelle mir bei meinen Visualisierungsübungen vor, wie die Zahl «8» in meinem Kleinhirn, meinen Bandscheiben, meiner Blase und in anderen geschädigten Körperteilen rotiert. Wenn ich mir vorstelle, daß sie um meinen ganzen Körper rotiert, während ich einen Flur entlanggehe, scheine ich mich gerader zu halten. Einer von Susans Patienten, ein beidseitig Gelähmter, hat wieder angefangen, sich zu bewegen, nachdem er lange Zeit diese Visualisierungsübung gemacht hat. Seit mehreren Jahren gehe ich während der Monate, die ich in Florida verbringe, regelmäßig zu Susan zur Kraniosakraltherapie. Die übrigen Therapien – die Visualisierung von Achtern und die homöopathische Behandlung bei Dr. Carianna – wende ich noch nicht lange genug an, um viel darüber sagen zu können, wenngleich ich das Gefühl habe, daß sie schon in den wenigen Monaten positive Folgen gezeitigt haben.

Wenn ich von meinem «gegenwärtigen Zustand» spreche, meine ich tatsächlich immer nur den Moment – schon morgen kann es sich ändern, und wahrscheinlich zum Schlechteren hin. So haben sich beispielsweise meine Harnwegsprobleme während einer Englandreise im vergangenen Juni verschlimmert. Wieder zu Hause, rief ich Edie an und bat sie, mir ein Medikament zu verschreiben, von dem ich gehört hatte, daß es einer professionellen Golfspielerin mit chronischer Blasenentzündung geholfen hatte. Edie schickte mich statt dessen zu Dr. Suzanne Frye, einer Urologin, die hofft, meine Symptome durch einen ambulanten Eingriff – ich müßte also nicht ins Krankenhaus – lindern zu können. Ich vertraue ihr, weil sie in ihrer Praxis eine Zytoskopie bei mir durchgeführt hat, von der ich so gut wie nichts gespürt habe; als mein letzter Urologe die gleiche Untersuchung vornahm, lag ich schreiend auf dem Untersuchungsstuhl. Anschließend hatte der Mann mir entnervt versichert, das Problem sei, daß ich zu eng gebaut sei. Wobei das Problem eher seine Unkenntnis der weiblichen Anatomie war. Ich finde, männliche Urologen sollten ein Schild an ihrer Praxis anbringen: «Behandlung nur für Männer» und davon absehen, Patienten zu behandeln, deren Anatomie ihnen fremd ist, denen sie Schmerzen verursachen, ohne ihnen am Ende helfen zu können, und dafür auch noch Rechnungen zu stellen. Seit ich diesen Absatz geschrieben habe, war ich mehrmals bei Dr. Frye, und meine Symptome sind merklich zurückgegangen. Inzwischen wache ich nachts nur noch zwei- oder dreimal auf und habe die berechtigte Hoffnung, daß sich das in Zukunft noch weiter verbessern wird. Außerdem habe ich durch eine Akupunkturbehandlung wieder ein Gefühl in den Füßen bekommen.

Vor kurzem hat man mir eröffnet, ich hätte Diabetes. Da ich kein Übergewicht habe, kaum Süßigkeiten esse und auch nicht erblich vorbelastet bin, wundert mich das. Ich muß meinen ohnehin schon strengen Diätplan weiter einschränken und mich jeden zweiten Tag zweimal täglich mit einer Nadel in den Finger stechen, um meinen Blutzucker zu messen. Davon abgesehen, bringt der Diabetes keine Beeinträchtigungen mit sich. Es war nur ein weiterer Schlag für jemanden, der gegen Schläge schon fast unempfindlich ist.

Fast jeder Teil meines Körpers hat durch die Chemotherapie und die Bestrahlung bis zu einem gewissen Grad Schaden genommen. Ich schlucke jeden Tag vierzehn verschreibungspflichtige Medikamente, einige davon zweimal täglich, sowie fünf weitere bei gegebenem Anlaß. Ich gebe über tausend Dollar im Monat für Medikamente aus, für die meine Versicherung nicht aufkommt. Ich wende noch einmal mehr als die Hälfte dieser Summe jeden Monat für Krankengymnastik auf, auf die ich wahrscheinlich für den Rest meiner Tage angewiesen sein werde. Auch das ist nicht von der Versicherung gedeckt. Die Naturheilmittel sind billiger: zur Zeit nehme ich sechs verschiedene. Das einzige Problem ist, daß ich den lieben langen Tag Tabletten schlucken muß.

Man sieht mir an, daß ich eine schwere Krankheit durchlitten habe: Meine Haut ist durch den Gewichtsverlust und durch die Austrocknung während der Chemotherapie runzlig geworden; teilweise hat sich das zurückgebildet, aber nicht ganz. Fremde scheinen mir auf den ersten Blick anzusehen, daß ich irgendeine Behinderung habe; oft reicht mir jemand die Hand, um mir zu helfen. Einerseits ist das erfreulich, andererseits ärgert es mich. Es macht mich immer glücklich, wenn Leute hilfsbereit, freundlich und altruistisch sind; aber auf der anderen Seite gefällt es mir nicht, dauernd daran erinnert zu werden, wie gebrechlich ich wirke. Beim Gehen stütze ich mich gern auf den Arm eines anderen, nicht zur Entlastung, sondern wegen des Gleichgewichts. Ich weiß, daß ich am Arm eines anderen sicherer gehe. Aber oft machen mich die Leute, die mir ihren Arm anbieten, auf jede

Stufe aufmerksam; dann möchte ich sie anknurren (wie meine nörglerische Mutter, als sie alt war): «Ich bin schwach auf den Beinen, aber nicht blind!» Manchmal tue ich das auch.

Man hört oft, daß eine Chemotherapie den Sexualtrieb abtötet, was bei mir ganz sicher der Fall ist. Die Zeiten heftigen, unwiderstehlichen Begehrens hatte ich ohnehin schon hinter mir gelassen (das ist der triftigste Grund, den ich kenne, seine Lust auszuleben, solange sie lebendig ist: Sie ist kein dauerhafter Teil des psychosomatischen Systems). Aber jetzt fühle ich in dieser Hinsicht überhaupt nichts mehr. Natürlich gab es in der letzten Zeit auch keinen Reiz, der es geweckt hätte – und in meinem Alter bedarf es mächtiger Reize, um sexuelle Lust zu wecken. Sicher sein kann ich also nicht. Aber ich bin froh, daß ich reichhaltige sexuelle Erfahrungen gesammelt habe, solange ich es noch konnte.

Es ist von Vorteil, daß ich mein Leben hauptsächlich im Sitzen zugebracht habe und die Dinge, die ich am liebsten tue, sitzende Tätigkeiten sind. Ich schreibe, lese, male gern, ich spiele gern Klavier, und ich unterhalte mich gern mit Freunden – all das tut man im Sitzen. Was wäre gewesen, wenn ich eine Profi-Golfspielerin gewesen wäre? Oder eine Bergsteigerin? Aber wenn ich das gewesen wäre, wäre meine Beinmuskulatur stärker, und ich hätte dafür andere Probleme. Ich bin davon überzeugt, daß Krankheiten als erstes die schwachen Stellen des Körpers treffen. Ich war nie gut zu Fuß, auch als ich noch gesund war, weil ich meine Beine als Kind zuwenig trainiert habe; und Nierenkrankheiten kommen in der Familie meiner Mutter häufig vor.

Trotz allem habe ich mir so etwas wie Vitalität bewahrt, eine Leidenschaft und Begeisterungsfähigkeit, die nicht nachlassen, auch wenn ich mich manchmal wundere, woraus sie sich speisen. Das bedeutet, daß ich Spaß haben kann. Fast alles, was ich im Laufe eines Tages mache, bereitet mir Freude – und bevor ich es tue, Vorfreude. Die Dinge, die mir unangenehm sind (wie beispielsweise die meisten Arztbesuche – ausgenommen die bei Edie Langner –, das lange Sitzen in Wartezimmern oder das Steckenbleiben im New Yorker Verkehrschaos), sind unvermeidlich und passieren auch Leuten, die kerngesund sind. Aber die Jahre, in denen ich kopfüber im Elefantenmist steckte, sind im großen und ganzen vorüber.

In früheren Zeiten war es bei Schriftstellern üblich, seine (in der Regel adligen) Gönner/Leser um Vergebung dafür zu bitten, daß man ihre Zeit in Anspruch genommen hat. Sogar ein großer Poet wie Edmund Spenser glaubte sich für seine bescheidenen Künste entschuldigen und eilfertig versichern zu müssen, wie sehr er zu gefallen hoffe. Solche Demutsgesten sind dem Leser des zwanzigsten Jahrhunderts fremd, aber am Ende dieses Buches empfinde ich das Bedürfnis, meine Leser um Nachsicht für meine ausführliche Schilderung persönlichen Elends zu bitten. Ich fühle mich unwohl, wie jemand, der anderen obsessiv stundenlange Erörterungen seiner letzten Operation aufnötigt. Vielleicht habe ich dieses Bedürfnis, weil ich dieses Buch zwar durchaus in der Hoffnung geschrieben habe, daß auch andere es nützlich und interessant finden werden, aber auch aus persönlichen Gründen.

Wenn ich während der letzten vier Jahre von Leuten nach all dem gefragt wurde, was mir passiert war, beschränkte ich mich meist auf kurze Erklärungen. Wenn allerdings jemand neugierig war und nachhakte, erzählte ich ihm die ganze Geschichte. Ich erzählte sie wieder und wieder. Das Erzählen selbst war kein Problem, aber es verwirrte mich, daß ich die Geschichte erzählen *mußte* und daß ich sie immer und immer wieder erzählen konnte, ohne je zu ermüden. Das Schlimmste war, daß ich dabei jedesmal einen Kloß im Hals hatte und den Drang verspürte zu weinen – vor allem, wenn ich auf Dinge zu sprechen kam, die mit dem Koma zu tun hatten. Ich fragte mich, ob ich irgendeine Sache noch nicht verarbeitet hatte, ob ich irgend etwas verdrängte.

Judith Herman schreibt, daß nicht verarbeitete traumatische Erfahrungen in einem eigenen «aktiven Gedächtnis» gespeichert werden, das eine «innere Tendenz dazu hat, seine Inhalte immer wieder von neuem zur Darstellung zu bringen». Das Trauma kann nur gelöst werden, wenn der Überlebende ein neues «Bewußtseinsschema» entwickelt, mit dem er das Geschehene begreift. Sie zitiert Doris Lessing, die in ihrer Autobiographie *Unter der Haut* berichtet, wie ihr Vater immer wieder seine Geschichten aus dem Ersten Weltkrieg erzählte: «Er erzählte sie wieder und wieder, mit den gleichen Worten und Gesten, in den gleichen, schablonenhaften Sätzen.» Obwohl es bei mir nicht dieses Ausmaß erreicht hatte, hatte ich das Gefühl, wenn ich je in die Lage kommen wollte, die Vergangenheit ruhen zu lassen, dann mußte ich mich auf eine systematische Weise mit meinen Erinnerungen befassen und die Erinnerungen derer, die mir nahestehen, mit einbeziehen. Ich habe das Gefühl, das ist durch dieses Buch geschehen, auch wenn ich nicht weiß, welche magischen Vorgänge das zuwege gebracht haben.

Viele Menschen erwarten von den Überlebenden schwerer Krankheiten oder Unfälle Aussagen, die ihre intuitiven Vorstellungen von Gott oder einem letzten Daseinsgrund bestätigen. Ich habe nichts dergleichen zu bieten. Zu keiner Zeit während meiner Krankheit oder meiner Genesung glaubte ich, Teil eines höheren Zwecks oder ein Rädchen in irgendeinem göttlichen Plan zu sein. Ebensowenig fühlte ich mich zu einem besonderen Martyrium auserwählt, wie es Menschen zu ergehen scheint, die die Frage umtreibt: «Warum gerade ich?» Wenn jemand behauptet – stets mit einem wissenden Blick, einer Unterstellung höheren Wissens –, es müsse einen Grund dafür geben, weshalb ich überlebt habe, ich müsse etwas Besonderes sein, dann denke ich (ohne es auszusprechen): Soll das etwa heißen, daß es unter den zig Millionen, die in Auschwitz, Hiroshima oder Bhopal umgekommen oder irgendeinem verrückten Amokläufer vor die Flinte geraten sind, niemanden gab, der etwas Besonderes gewesen wäre? Nur ich soll etwas Besonderes sein? Ich soll von all den Menschen, die Speiseröhrenkrebs bekommen haben, die einzige sein, die es wert war, gerettet zu werden? Der Gedanke, man sei gerettet worden, weil man eine besondere Aufgabe zu erfüllen habe, ist letztlich eine Kränkung: Er unterstellt, daß es von größerer Bedeutung ist, bestimmte Aufgaben zu erfüllen, als einfach nur dazusein.

Manche mögen einwenden, daß unser Leben, wenn es keinem höheren Zweck dient, keinen Sinn hat. Aber was bedeuten solche Aussagen wie die, das Leben habe einen Sinn oder es habe keinen? Warum sollte das Leben eine Bedeutung haben, die außerhalb von uns selbst liegt? Ist es für unseren Seelenfrieden notwendig, daß wir uns in etwas eingebunden fühlen, das größer ist als wir selbst, in dem der einzelne nur ein kleines Rädchen ist, das zur Summe des Guten oder des Bösen beiträgt? In Wirklichkeit wissen wir nicht einmal, was Gut und Böse ist: Mir scheint, diese Frage ist das, worin der Mensch am häufigsten irrt. Der Anspruch, das Leben solle einen Sinn jenseits seiner selbst haben, würdigt das Leben herab. Unser Leben als solches hat genug Sinn: Wir wollen uns lebendig fühlen, wir haben bestimmte Wünsche, die sich nicht nur auf materielle Dinge beziehen, sondern auch auf Erfahrungen. Wir wollen von mindestens einem anderen Menschen geliebt werden und vielen etwas bedeuten; wir wollen unsere Talente einsetzen, wo immer sie liegen. Wir wollen in unserer kleinen – oder größeren – Welt unseren Beitrag leisten und respektiert werden. Wir beurteilen unser Leben und uns selbst danach, wie weit wir unsere selbstgesteckten Ziele erreichen, welche Gefühle wir uns selbst gegenüber haben, und vor allem danach, welche Qualität unser Leben im Alltag hat. Mehr brauchen wir nicht. Die Vorstellung einer Gottheit, die wie ein Schulmeister über die guten und schlechten Taten eines jeden von uns Buch führt, kommt mir kindisch vor. Was hätte das für einen Sinn in einer Welt, in der das Böse und Häßliche so unendlich viel verbreiteter sind als die Tugend, so daß wir jedesmal staunen, wenn uns das Gute begegnet.

Wenn wir sterben, besitzen wir nichts als unsere Erfahrungen. Sie sind das einzige im Leben, was wir weitgehend selbst bestimmen können. Wir haben keinen Einfluß darauf, wo wir geboren werden, welches Geschlecht, welche Hautfarbe, welche Größe, Intelligenz und welche Talente wir haben; wir sind nur begrenzt in der Lage, unseren sozialen oder ökonomischen Status zu ändern; und wir haben überhaupt keinen Einfluß auf die Irrungen und Wirrungen der Geschichte, deren Launen und Zufälle uns in einem Konzentrationslager, einer Friedensperiode, einer wirtschaftlichen

Depression oder einem aufregenden Zeitalter der Renaissance zur Welt kommen lassen. Die meisten von uns verbringen den Großteil ihres Lebens damit, sich mit den unabänderlichen Gegebenheiten des Daseins zu arrangieren. Aber wir selbst wählen die Art und Weise, wie wir diese Gegebenheiten annehmen, wie wir mit ihnen zurechtkommen, wie wir über sie denken und fühlen und auf sie reagieren. Diesen Bereich des Lebens, den Bereich der Erfahrungen, können wir zum allergrößten Teil selbst bestimmen; die Erfahrungen sind das, was unsere Persönlichkeit und die Qualität unseres Lebens ausmacht. Die Erfahrungen – und nicht Erfolg, Wohlstand, Macht oder Ruhm – sind das einzige, woran wir unser Leben wirklich messen können. Und nur wir selbst können «ein Urteil» über unser Leben fällen. Je reicher, tiefer und vielfältiger unsere Gedanken und Gefühle, je ausgedehnter und intensiver unsere Beziehungen und unser Austausch mit anderen Menschen, desto reicher ist unser Leben. Sobald wir alt sind und zurückblicken, zählt nur noch das. Alles andere ist nebensächlich.

Eine Krankheit oder eine Katastrophe zu überleben, ist vor allem eine Frage des Glücks. Dennoch glauben vor allem wir Amerikaner gern, wir könnten unser Schicksal beeinflussen, indem wir nicht rauchen, nicht trinken und uns keinen exzessiven (oder keinen «falschen») Sex erlauben – wenn wir Sport treiben und uns gesund ernähren, leben wir ewig –, aber ich halte diese Vorstellung für Aberglauben. Eine gesunde Lebensweise erhöht allenfalls unsere Chancen, länger zu leben – vorausgesetzt, wir kommen nicht bei einem Flugzeugabsturz oder durch die Bombe eines Terroristen um. Meine Lebensweise vor der Krankheit war alles andere als gesund, und trotzdem habe ich überlebt. Keiner weiß, warum.

Die Ärzte am Sloan-Kettering zucken die Achseln: Sie haben schlichtweg keine Antwort auf diese Frage. In einem Krankenhaus-Rundbrief wurde meine Genesung als «Wunder» bezeichnet. Ich fragte meinen Onkologen, ob er vorhabe, etwas über meinen Fall zu publizieren. «Nein», sagte er. «Ich habe bei Ihnen genau das gleiche gemacht wie bei jedem anderen Patienten auch. Ich weiß nicht, warum gerade Sie überlebt haben. Mein Verdienst ist es nicht.»

Ebenso halte ich nichts von der Annahme, das Leben sei immer besser als der Tod – dieser Glaube ist fast universell; die Menschen halten unbeirrbar an ihm fest, ohne darüber nachzudenken. Mir war dieser Gedanke schon immer suspekt, und als ich tatsächlich «tot» war – so empfand ich es –, fühlte ich mich in dieser Ruhe und Stille unglaublich wohl. Es war ein so tiefer Friede, wie ich ihn noch nie im Leben empfunden habe. Und wenn ich versuchte, aus ihm aufzutauchen oder in ihn zurückzusinken (wie es nach meinem ersten Erwachen aus dem Koma dauernd geschah), blieb stets die Sehnsucht da, in diese Sanftheit, diesen Frieden zurückzukehren. Der Tod ist ein Freund. Ich fühle noch immer, daß das wahr ist.

Als ich etwa achtzehn war, las ich André Malraux' *Conditio humana*, einen Roman über den chinesischen Bürgerkrieg, der mich damals tief bewegte. Von den vielen Szenen, die mir im Gedächtnis geblieben sind, gab es eine, in der Kyo – der Held – im Gefängnis sitzt. Ein alter Mann wird vor seinen Augen vom Wärter grausam verprügelt; Kyo steht in seiner Zelle, die Hände am Gitter, und protestiert. Der Wärter tritt zu ihm und schlägt ihm hart mit seinem Knüppel auf die Hände. Kyo verspürt große Schmerzen, aber er weigert sich, die Hände wegzunehmen. Später verspricht man ihm, ihn am Leben zu lassen, wenn er seine Genossen verrät. Wenn er es nicht tut, soll er genau wie die anderen in das kochende Kesselwasser einer Dampflok geworfen werden – Tschiang Kai-scheks Methode, sich der Kommunisten zu entledigen, die sich ihm einst in Shanghai guten Glaubens angeschlossen hatten. Kyo wählt den Tod.

Zu der Zeit, als ich das las, hatte ich noch nie daran gezweifelt, daß das Leben das höchste Gut ist. Ich dachte lange und intensiv darüber nach, so weit eine Achtzehnjährige eben über so etwas nachdenken kann; das Leben erschien mir als das Wertvollste überhaupt – ich stellte eher jene in Frage, die behaupteten, die Ehre oder der Glaube an Gott oder das Vaterland seien höher zu bewerten als das eigene Leben. Auf der anderen Seite gibt es im Leben Dinge, die wir nicht akzeptieren können, weil sie so verdorben sind, daß sie einem das Leben vergiften würden, wenn man sich auf den Handel einließe, sie zu akzeptieren, um am Leben zu bleiben. Ich kam damals zu dem Schluß, daß die Frage nach dem höchsten Gut eine Frage ist, die nicht entschieden werden kann, und ich bin nie über diesen Punkt hinausgekommen.

Bevor ich krank wurde, hatte ich über zehn Jahre lang an einer Geschichte der Frauen gearbeitet, die von den prähistorischen Zeiten bis zur Gegenwart reicht. In vielen Gesellschaften, die ich beschrieb, war das Los der Frauen abscheulich; Frauen waren harten und grausamen Gesetzen unterworfen, und es hatte den Anschein, als ob ihr Leben nicht weniger hart und grausam war. Während ich über diese Epochen las und schrieb, hatte mich oft das blanke Entsetzen gepackt, und ich hatte mich des Gedankens nicht erwehren können, daß der Tod zuweilen eine Erlösung ist: Wenigstens ruhten die armen Seelen jetzt in Frieden.

Als Normalsterblicher kommt man selten in Situationen wie Kyo; wenn gewöhnliche Menschen den Tod wählen, sind die Gründe dafür undramatisch und nicht unbedingt eine Frage der Moral. Wenn jemand sich für den Tod entscheidet, weil er schreckliche Schmerzen hat (körperliche oder seelische), weil er alt, hilflos und abhängig ist oder weil ihm der unausweichliche physische Verfall bevorsteht, kann man darüber kein moralisches Urteil fällen. Es ist eine praktische Entscheidung, die aus praktischen Gründen getroffen wird. Sich unter solchen Umständen für den Tod zu entscheiden, ist nur dann eine Frage der Moral, wenn man *Leiden als einen moralischen Wert betrachtet* – und zwar nicht nur das Leiden des Betroffenen selbst, sondern auch das der Menschen, die einem nahestehen. Daß das Leiden ein Wert an sich sei, ist eine Anschauung, die in einer autoritären Ethik gründet, die Gehorsam und Furcht vor dem Höherstehenden, sei es der Staat, sei es Gott, für notwendig hält. Eine solche Ethik fordert vom einzelnen, sich dem Willen einer höheren Macht zu fügen, und gibt ihm nur dann das Recht zu sterben, wenn die höhere Macht seinen Tod verfügt. Das Bestreben, sein Leben selbst in die Hand zu nehmen und nach den eigenen Wünschen zu leben, wird von ihr als Abfall vom rechten Glauben gebrandmarkt. Seit ich denken kann, bin ich ein Gegner dieser Art von Ethik gewesen – und habe darin die Entscheidung für das Leben und gegen den Tod gesehen.

Zudem ist es eine Tatsache, daß die meisten Menschen sich mit allen Fasern ans Leben klammern. Das Leben ist den Menschen kostbar, egal, wie krank sie sind, egal, wie groß ihre Schmerzen sind. Das ist eine grundlegende und nahezu allgemeingültige Wahrheit. Menschen, denen es so schlecht geht, daß kein Lächeln mehr auf ihre Lippen kommt, beißen dennoch die Zähne zusammen und wollen um jeden Preis weiterleben. Nicht von ungefähr sahen die Menschen in den Konzentrationslagern es als ein Zeichen des Mutes an, wenn einer von ihnen sich umbrachte: Das Leben der Lagerinsassen war in keiner Weise lebenswert, und doch ertrugen sie es in wehrloser Passivität. Ein Selbstmord dagegen war eine heroische Tat. Über Moishe Feldenkrais, den Erfinder der Feldenkrais-Methode, wird erzählt, daß er sich jeden Tag von neuem für das Leben entschied, obwohl er am Ende fast vollständig gelähmt war; und ein kürzlich übersetztes Buch beschreibt das Leben eines Mannes, der nur noch die Augenlider bewegen konnte und dennoch am Leben hing. Als meine Mutter bereits im Koma lag, klammerte sie sich noch fünf Wochen lang ans Leben, obwohl ihr letztes bewußtes Erlebnis eine schreckliche Demütigung war: Als sie aufstehen wollte und merkte, daß sie an einen Stuhl gefesselt war, schrie sie entsetzt meinen Vater an, er solle sie nach Hause bringen. Ruth McKechnie hing sogar noch am Leben, als man sämtliche Maschinen abgeschaltet hatte.

Wir alle kennen Fälle, in denen Ärzte über einen Todkranken sagen, er würde sofort sterben, wenn man das Beatmungsgerät abschalte. Wenn seine Angehörigen dann nach verzweifeltem Ringen ihre Zustimmung geben und die Maschinen abgeschaltet werden, bleibt der Patient nicht selten noch Tage oder Wochen am Leben, auch wenn er schon im Koma liegt. Mein Schwiegervater Robert French wurde mit Mitte Dreißig plötzlich sehr krank. Er hatte quälende Schmerzen, aber kein Arzt konnte ihm sagen, was ihm fehlte. Nach Jahren schwerer Krankheit (er war arbeitsunfähig, er konnte nicht gehen, nicht essen und nur unter Schmerzen aufrecht sitzen) ging er in die Mayo-Klinik. Man operierte ihn und fand Darmtuberkulose; man nahm an, daß er im Ersten Weltkrieg in Frankreich Fleisch gegessen hatte, das Giftgas ausgesetzt gewesen war und daß dies seine Eingeweide ruiniert hatte. Man entfernte einen Großteil seines Dickdarms und schickte ihn zum Sterben nach Hause. Monatelang lag er siechend in einem Schlafzimmer im ersten Stock. Ein Arzt aus der Nachbarschaft kam ihn jeden Tag besuchen. Jeden Tag sagte der Arzt, der Mitleid mit seinem schmerzgepeinigten Patienten hatte: «Bob, ich lasse dir ein paar zusätzliche Morphiumtabletten hier auf dem Nachttisch liegen. Wenn du sie brauchst, da sind sie.» Bob nahm sie nie, auch wenn seine Schmerzen noch so schlimm waren. Und eines Tages stand er von seinem Krankenlager wieder auf und lebte noch weitere zwanzig Jahre.

Ich glaube, daß die meisten von uns wie Bob French sind. Mir selbst erging es ähnlich. Als ich mich bereits damit abgefunden hatte, daß ich sterben würde, und mich auf den Tod vorbereitete, wurde ich jedesmal, wenn ich ihm nahe kam, von etwas anderem gepackt, etwas Tieferem, Stärkerem, Elementarerem. Manche nennen es Willenskraft – ein verschwommener Begriff – und behaupten voller Bewunderung, ich hätte davon eine ganze Menge. Aber ich kann keine Verdienste in Anspruch nehmen für etwas, das mir gar nicht bewußt ist. Daß ich einen unheilbaren Krebs und ein tödliches Koma überlebt habe, schreibe ich anderen Dingen zu: dem Glück, den Genen der Familie meines Vaters und der Liebe meiner Familie und meiner Freunde. Aber obwohl ich meinen erbärmlichen Zustand oft verflucht habe – ich wollte eindeutig leben.

Da sich die meisten Menschen verzweifelt ans Leben klammern – selbst diejenigen, die körperliche oder seelische

Schmerzen leiden –, würden wir als Spezies kein Risiko eingehen, wenn wir ein Mittel zum Suizid zugänglich machen würden. Ich weiß mit Sicherheit (und wußte es auch damals), daß ich selbst an meinem absoluten Tiefpunkt, als ich nach dem Koma so hilflos war und allen meinen Freundinnen sagte, ich wolle sterben, ein solches Mittel nicht benutzt hätte, selbst wenn ich es zur Verfügung gehabt hätte. Ich sprach zwar täglich vom Tod, aber ich unternahm keinen konkreten Schritt in Richtung Selbstmord. Tatsache ist im Gegenteil, daß ich viel unternahm, damit ich wieder auf die Beine kam. Ich führte gewissermaßen Verhandlungen – sowohl mit dem Leben als auch mit dem Tod.

Ich habe den festen Glauben, daß der Tod ein Freund ist, dem man dankbar in die Arme sinkt, wenn die Zeit dafür gekommen ist. Und ich bin der Überzeugung, daß der Mensch das Recht hat, sein Leben zu beenden, wenn er das möchte. Die Auseinandersetzung um die Euthanasie in unserem Land kommt mir blind und verbohrt vor, sie kreist um die falschen Fragen. Es wird darüber gestritten, ob das gemeine Volk irgend jemandem – einem Arzt oder einer Kommission von Experten – die Autorität darüber einräumen soll, ob eine Person sterben darf oder nicht. Das unterwirft den Akt der Selbsttötung einer Autorität und nimmt ihm dadurch seine Freiheit. Jedem Erwachsenen, der den Wunsch zu sterben äußert, sollte ein Mittel zugänglich sein, seinem Leben ein Ende zu setzen – ein Rezept, ein Gift, was auch immer. Ob der Betreffende das Gift tatsächlich nimmt – und wann er es tut –, ist seine Sache. Ich glaube nicht an die These, daß sich unzählige depressive Menschen aus einem Augenblicksgefühl heraus umbringen würden, wenn ein Mittel zum Suizid allgemein zugänglich wäre. Selbstmord ist ein extremer Schritt, den man nur unternimmt, wenn man sich in einer extremen Lage befindet. Im übrigen frage ich mich ernsthaft, was für ein Denken dahintersteckt, wenn man glaubt, man bräuchte den Tod nur zugänglich zu machen und schon würden sich unzählige Menschen für ihn entscheiden. Wir sind intelligent und stark genug, um für unser eigenes Leben die Verantwortung zu übernehmen, und wir alle – fast alle – klammern uns fast abergläubisch ans Leben.

Auch wenn ich 1993 täglich mit dem Tod verhandelte, bin ich heute zutiefst dankbar, daß ich überlebt habe. Und ich bin für alles dankbar, was mir dabei geholfen hat. Ich hege keinen Groll gegen die Ärzte, die mein Koma möglicherweise durch Unachtsamkeit verursacht haben, oder gegen die «Therapie», die der Grund meiner gegenwärtigen Beschwerden ist. Da geschah nichts aus bösem Willen; die Ärzte haben für mich getan, was sie konnten. Daß die Behandlung von Krebs bis auf den heutigen Tag grausam ist, ist nicht der Fehler der Ärzte, die ja alles tun, um verträglichere Behandlungsmethoden zu entwickeln. Einzelne Ärzte können sorglos und arrogant oder fürsorglich und engagiert sein, aber der medizinische Betrieb im ganzen, die riesige, gleichgültige Maschinerie, hat getan, was sie konnte, und durch irgendein Glück, irgendeinen Zufall habe ich überlebt. Sie haben alle getan, was sie konnten und was dem Stand ihres Wissens entsprach. Bis zu dem Tag, an dem man sanftere Therapien gegen Krebs entdeckt, wird die Behandlung bleiben, was sie ist: ein Würfelspiel. Man gibt dem Kranken Gift und sieht zu, wer als erster stirbt – der Krebs oder der Patient. Meine gegenwärtigen Beschwerden sind der Preis, den ich für mein Überleben zu zahlen habe. Sie machen mir in bestimmter

Hinsicht das Leben schwer; aber daß sie nicht schlimmer sind, macht mir das Überleben erträglicher.

Vor kurzem berichtete die *New York Times* über eine Studie, die herausgefunden haben will, daß «Glück» und «Unglück», was auch immer die Worte im einzelnen bedeuten, genetisch vorprogrammiert sind; daß der Grad von Zufriedenheit, den man im Leben erlangt, angeboren und davon unabhängig ist, was einem passiert. Nach jahrzehntelanger Beobachtung bin ich zu dem Schluß gekommen, daß das wahr ist: das, wovon wir glauben, daß es uns glücklich macht (zum Beispiel eine Liebe, die wir für dauerhaft halten, oder viel Geld), macht uns immer nur für Augenblicke glücklich, wenn überhaupt, dauerhafte Liebe gibt es nicht ohne Kummer und Opfer, und Geld scheint zum Wohlbefinden eines Menschen letztlich wenig beizutragen. Genauso verhält es sich mit Dingen, von denen wir überzeugt sind, daß sie uns unglücklich machen (körperliche Verstümmelung, wirtschaftlicher Ruin) – sie drücken uns nur vorübergehend nieder. Der einzige Verlust, von dem ich annehme, daß man ihn nicht verschmerzen kann, ist der Verlust von Menschen, die wir lieben, vor allem von Kindern. Früher glaubte ich, große Armut sei eine Katastrophe, und Menschen mit Behinderungen seien für immer und ewig zu Elend und Entbehrung verurteilt. Ich glaubte, Menschen, die in ihrem Leben viel erreicht haben, hätten ein besseres Leben als Menschen, denen das nicht gelungen ist. Aber unter den unglücklichsten Menschen, die ich je getroffen habe, waren etliche, die eine Menge erreicht hatten, die es zu Wohlstand und mächtigen Positionen gebracht hatten; dagegen gehörten zu den glücklichsten Menschen, die ich getroffen habe, einige bettelarme, unterdrückte, fast versklavte Bauersfrauen in Indien.

Dennoch, genau wie der Verlust eines Kindes verändert einen auch eine schwere Krankheit oder ein Unglück. Dabei betreffen die Veränderungen nicht nur unseren Körper und unsere Seele, sondern auch unsere Wünsche. Unsere Perspektive verschiebt sich; wir wünschen uns andere Dinge, nicht nur weil wir uns verändert haben, sondern auch, weil wir Dinge wahrnehmen, die wir zuvor nie beachtet haben. Für mich war diese Veränderung tiefgreifend: Meine Vorstellung vom Glücklichsein hat sich geändert: Ich bin glücklicher als je zuvor, trotz meiner körperlichen Handikaps.

Ich war mein Leben lang kein besonders glücklicher oder unbeschwerter Mensch. Als junge Frau hing ich bestimmten Ideen an und war darin äußerst leidenschaftlich und streitbar. Für die Religion hatte ich nie etwas übrig, aber es gibt eine Passage in der Offenbarung des Johannes, die ich immer ernst nahm:

Ich weiß deine Werke, daß du weder kalt noch warm bist. Ach, daß du kalt oder warm wärest!
Weil du aber lau bist und weder kalt noch warm, werde ich dich ausspeien aus meinem Munde.
Du sprichst: Ich bin reich und habe gar satt und bedarf nichts! und weißt nicht, daß du bist elend und jämmerlich, arm, blind und bloß ...

(3: 15–17)

Als ich jung war, machte mich jeder Schritt, der mich aus der Hilflosigkeit befreite (für mich das schlimmste Übel) ein Stück zufriedener im Leben. Als ich eine Arbeit gefunden hatte, die mir Freude bereitete, war ich trotz meiner unglücklichen Ehe im Grunde zufrieden. Und als die Ehe zu

Ende war, ich aber noch immer meine Arbeit hatte, die ich liebte, war ich so selig, wie ich es mir damals nur vorstellen konnte. Dennoch war ich immer noch eine Getriebene, voll idealistischen Eifers hinsichtlich der Möglichkeiten der Menschheit und voll des Zornes über die Welt, wie sie ist. Auch wenn ich mein alltägliches Leben genoß – ich lebte in der Zukunft, wo ich das Ideal ansiedelte. In der Zukunft zu leben, heißt in Wirklichkeit, sie ständig zu planen, im Bemühen, sie zu kontrollieren – als ob man durch die bloße intellektuelle Beschäftigung mit der idealen Welt dazu beitragen könnte, sie auferstehen zu lassen. Diese Lebensweise erfordert einen Glauben an die Zukunft – den Glauben, daß eine Zukunft existiert und daß man sie erleben wird oder daß man sie zumindest beeinflussen kann. Meine Krankheit ließ die Zukunft verwelken und blies sie hinweg. Jetzt glaube ich nicht mehr daran, eine Zukunft zu haben (auch wenn ich vielleicht eine habe), und denke vor allem nie über die Zukunft nach. Ich denke selten weiter als bis zum nächsten Tag. Ich plane nur ein paar Monate im voraus (und auch das erst seit kurzem) und habe dabei stets gewisse Vorbehalte im Kopf: Stillschweigend (ohne es auszusprechen) setze ich vor jede Verabredung, die ich treffe, ein «Falls ich noch lebe … Falls es mir dann noch gutgeht …»

Der Verlust der Zukunft ist das beste, was mir je widerfahren ist. Es hat den Horizont meiner Wünsche verändert, die sich jetzt auf die Gegenwart und die unmittelbare Zukunft beschränken – das heißt, auf die nächsten paar Stunden. Indem ich mich auf die Gegenwart beschränke, kann ich mich ihr ganz widmen: den täglichen, kleinen Freuden, der Freude des Augenblicks, der Freude an allem, was ich tue (oder doch fast allem). Glücklicherweise hat meine Arbeit mir immer riesige Freude gemacht, ebenso wie das Zusammensein mit anderen – mit meinen Kindern und meinen Freundinnen. Ich liebe exzellentes Essen und koche auch wieder selbst, obwohl es mir schwerfällt, lange zu stehen. Ich gehe durch den Tag, von einer Freude zur anderen, wie jemand, der durch die Säle einer großartigen Kunstgalerie schreitet.

Ich habe keine großartigen Wünsche mehr. Ich sehne mich nicht mehr nach unsterblicher Liebe, erwarte keine perfekte Harmonie in meiner Familie mehr, brauche kein Leben mehr, in dem alles stimmt (früher habe ich das, so absurd es auch sein mag, immer ersehnt und mir ausgemalt). Ich habe nur noch kleine Sehnsüchte – nach einem Glas kalten Orangensaft, einem guten Buch, nach der Begegnung mit Menschen, die ich liebe. Aber nicht nur in bezug auf mich selbst habe ich keine großen Wünsche mehr; auch hinsichtlich der Welt als Ganzes ist die Zeit der großen Wünsche vorbei. Ich stand an der Grenze des Todes, und diese Erfahrung hat den unverbesserlichen Glauben in mir ausgelöscht, die ideale Welt ließe sich verwirklichen, wenn die Leute nur dies oder jenes täten, wenn sie nur die Augen öffnen würden, wenn sie sich nur erlauben würden, glücklicher zu sein. Sie hat den absurden, unbewußten Glauben in mir zerstört, ich hätte, nur weil ich das Ideal sehen kann, auch eine Verantwortung dafür, es anderen sichtbar zu machen und zu verwirklichen. Das Gewicht dieser Verantwortung war groß, und es tragen zu müssen, machte mich wütend. Und nicht nur das. Ich war auch enttäuscht, daß nichts passierte, obwohl es doch so einfach gewesen wäre.

Die Erfahrung der Todesnähe hat mir zu der Erkenntnis verholfen, daß das Ideal nicht Wirklichkeit werden wird, daß es immer eine Täuschung war, der Tagtraum eines dickköpfigen Kindes; die Erkenntnis hat sich meinem Körper durch Sehnsucht, Elend und Hilflosigkeit eingebrannt – vergleichbar vielleicht mit dem Verurteilten in Kafkas *Strafkolonie*, dem sein Vergehen mit säuregetränkten Nadeln auf den Leib tätowiert wird. Auf so absolute Weise mit Ohnmachtsgefühlen konfrontiert zu werden, hat meinen Zorn gekühlt und meinen Ehrgeiz gemildert. Ich bin nicht länger eine Getriebene. Ich stelle mir nicht länger vor, viel dazu beitragen zu können, daß das Jahrtausend der Menschlichkeit anbricht, oder überhaupt irgend etwas ändern zu können. Ich habe meine schmerzliche Fracht abgeworfen. Ich bin frei. Ich darf mein Leben genießen. Ich lache heute anders als früher, spontaner, voller. Ich bin fast heiter, gelassen geworden.

Ich kann nicht behaupten, ich wäre glücklich darüber, daß ich krank war, aber ich bin glücklich darüber, daß mich die Krankheit, wenn sie mich schon ereilen mußte, dorthin gebracht hat, wo ich heute stehe. Es ist ein besserer Ort als der, an dem ich früher war. Ich bin dankbar, daß ich lange genug leben durfte, um diese Erfahrung zu machen.

Inhalt